Bernhard von Rosenbladt

Freiwilliges Engagement in Deutschland.
Freiwilligensurvey 1999

Empirische Studien zum Bürgerschaftlichen Engagement

Herausgegeben vom

 Bundesministerium
für Familie, Senioren, Frauen
und Jugend

Bernhard von Rosenbladt

Freiwilliges Engagement in Deutschland. Freiwilligensurvey 1999

Ergebnisse der Repräsentativerhebung zu Ehrenamt, Freiwilligenarbeit und bürgerschaftlichem Engagement

Band 1: Gesamtbericht

In Auftrag gegeben und herausgegeben vom Bundesministerium für Familie, Senioren, Frauen und Jugend

3. Auflage

VS VERLAG FÜR SOZIALWISSENSCHAFTEN

Bibliografische Information der Deutschen Nationalbibliothek
Die Deutsche Nationalbibliothek verzeichnet diese Publikation in der
Deutschen Nationalbibliografie; detaillierte bibliografische Daten sind im Internet über
<http://dnb.d-nb.de> abrufbar.

Die 1. und 2. Auflage ist erschienen im Verlag W. Kohlhammer, Stuttgart.
3. Auflage 2009

Alle Rechte vorbehalten
© VS Verlag für Sozialwissenschaften | GWV Fachverlage GmbH, Wiesbaden 2009

Lektorat: Frank Schindler

VS Verlag für Sozialwissenschaften ist Teil der Fachverlagsgruppe
Springer Science+Business Media.
www.vs-verlag.de

Umschlaggestaltung: KünkelLopka Medienentwicklung, Heidelberg
Druck und buchbinderische Verarbeitung: Krips b.v., Meppel
Gedruckt auf säurefreiem und chlorfrei gebleichtem Papier
Printed in the Netherlands

ISBN 978-3-531-16991-0

Vorwort

Bürgerschaftliches Engagement ist aus unserem Land nicht wegzudenken. Es ermöglicht gesellschaftliche Teilhabe, es fördert die Integration von Minderheiten und Randgruppen, es ist ein Garant für wirtschaftliches Wachstum und Wohlstand. Kurzum, es ist für stabile demokratische Strukturen unerlässlich. Bund, Länder und Gemeinden können nur davon profitieren, wenn sie gemeinsam noch stärker in kluge Politik investieren, die bürgerschaftliches Engagement nachhaltig stärkt. Alle können und müssen dazu beitragen, die Strukturen, die über Jahrzehnte in unserem Land gereift sind, zukunftsfähig weiterzuentwickeln: die Kräfte und Organisationen der Zivilgesellschaft ebenso wie die Engagierten selbst, aber auch Wirtschaft und Wissenschaft.

Um das Engagement der Bürgerinnen und Bürger zu unterstützen und stärker anzuerkennen, habe ich die Initiative ZivilEngagement „Miteinander – Füreinander" ins Leben gerufen. Sie bündelt eine Vielzahl neuer Ansätze und guter Ideen und sie vereint alle gesellschaftlichen Akteure, die unsere Zivilgesellschaft stärken wollen. Dazu braucht es eine valide Datengrundlage über den Stand und die Perspektiven des bürgerschaftlichen Engagements in Deutschland. Nur wer um die Defizite und Potenziale weiß, kann kluge Strukturinvestitionen tätigen.

Der vom Bundesfamilienministerium betriebene Freiwilligensurvey ist ein solches öffentliches Informationssystem. Der Freiwilligensurvey ist ein umfassendes Tableau, das detailliert bundes- und landesweite Informationen zu den verschiedenen Bereichen und Formen des freiwilligen Engagements in Deutschland bietet. Die erstmals 1999 gemessene Engagementquote von 34 Prozent aller Bürgerinnen und

Bürger ab 14 Jahren war eine positive Überraschung. Fachexperten hatten diese bis dahin auf nur rund 18 Prozent geschätzt, was weit unter dem Mobilisierungsgrad vergleichbarer Länder in Europa und Amerika liegt. Der zweite Survey 2004 hat einen ersten innerdeutschen Vergleich ermöglicht. Die Engagementquote war auf 36 Prozent gestiegen. Derzeit wird der Freiwilligensurvey zum dritten Mal erhoben. 10 Jahre nach der Ersterhebung wird er auch Trends über einen längeren Zeitraum sichtbar machen.

Es gibt gute Gründe, diese wertvolle Langzeitbeobachtung des bürgerschaftlichen Engagements in Deutschland fortzuschreiben. Der Freiwilligensurvey ist bei Verbänden und in der wissenschaftlichen wie fachpolitischen Öffentlichkeit hoch angesehen. Bereits die Buchveröffentlichung zum ersten Survey war schnell vergriffen und es gibt heute immer noch – 10 Jahre später – zahlreiche Nachfragen nach dem Druckformat. Das bestätigt erfreulich die Kontinuität des Themas. Die vorliegende neue Herausgabe der Ergebnisse des ersten Freiwilligensurvey eröffnet die Möglichkeit, die bisherige Entwicklung im Bereich des bürgerschaftlichen Engagements chronologisch zu verfolgen und den Ergebnissen des 2010 erscheinenden dritten Freiwilligensurveys gegenüberzustellen.

Ursula v. der G...

Ursula von der Leyen
Bundesministerin für Familie, Senioren, Frauen und Jugend.

Inhaltsverzeichnis

Seite

Verzeichnis der Übersichten Seite

Vorbemerkung

Der Bericht entstand im Rahmen des Forschungsprojekts „Repräsentative Erhebung zum Ehrenamt", das durch das Bundesministerium für Familie, Senioren, Frauen und Jugend (BMFSFJ) im Herbst 1998 vergeben wurde. Die Untersuchung sollte sich auf alle Formen ehrenamtlichen Engagements erstrecken, unter Einschluss bürgerschaftlichen Engagements in Initiativen und Projekten und Selbsthilfe. Dieser breite Ansatz hat dann, gestützt durch die Untersuchungsergebnisse, zu der terminologischen Weiterentwicklung geführt, nach der das „freiwillige Engagement" als Oberbegriff für Ehrenamt, Freiwilligenarbeit und bürgerschaftliches Engagement verwendet wird. Die Kurzbezeichnung für die Erhebung lautet nun „Freiwilligensurvey 1999".

Für die Durchführung der Untersuchung wurde ein Projektverbund gebildet, dem vier Institute und folgende Personen angehören:

- Infratest Burke Sozialforschung, München
  Bernhard von Rosenbladt, Sibylle Picot, Karen Blanke

- Forschungsinstitut für öffentliche Verwaltung (FÖV) bei der Deutschen Hochschule für Verwaltungswissenschaften Speyer
  Professor Dr. Helmut Klages, Dr. Thomas Gensicke

- Institut für Entwicklungsplanung und Strukturforschung (IES), Hannover
  Johanna Zierau, Anne Glade

- Institut für Sozialwissenschaftliche Analysen und Beratung (ISAB), Köln
  Joachim Braun, Hans Günter Abt, Ulrich Brendgens

Untersuchungskonzeption und Fragenprogramm für die Erhebung wurden gemeinsam im Projektverbund erarbeitet. Die Durchführung der Befragung und die Aufbereitung der Befragungsdaten lagen in der Verantwortung von Infratest Burke. Befragt wurden fast 15.000 Bundesbürgerinnen und Bundesbürger in der Zeit von Mai bis Juli

1999. Eine erste Runde der Berichterstattung erfolgte noch im gleichen Jahr durch Infratest Burke.[1]

Es folgten eine Reihe vertiefender Auswertungen zu ausgewählten Themenschwerpunkten, die arbeitsteilig von den einzelnen Mitgliedern des Projektverbunds vorgenommen wurden. Die Ergebnisberichte werden in der Schriftenreihe des BMFSFJ in drei Bänden veröffentlicht:

Freiwilliges Engagement in Deutschland.
Ergebnisse der Repräsentativerhebung zu Ehrenamt,
Freiwilligenarbeit und bürgerschaftlichem Engagement

Bd. 1:   Gesamtbericht
         Hrsg.: Bernhard von Rosenbladt

Bd. 2:   Zugangswege zum freiwilligen Engagement und Engagementpotenzial in den neuen und alten Bundesländern
         Hrsg.: Joachim Braun und Helmut Klages

Bd. 3:   Frauen und Männer, Jugend, Senioren, Sport
         Hrsg.: Sibylle Picot

Band 1 ist der hier vorliegende Gesamtbericht des Projektverbunds. Er stellt im ersten Teil Anlage und Ergebnisse der Untersuchung im Überblick dar und enthält im zweiten Teil Kurzfassungen der sieben Einzelberichte. Deren ausführliche Fassung ist in den Bänden 2 und 3 wiedergegeben.

Ein besonderer Dank gebührt der *Robert Bosch Stiftung*, die im Themenbereich des ehrenamtlichen Engagements bereits eine Reihe von Studien und Modellvorhaben unterstützt hat. In der vorliegenden

---

1 Infratest Burke Sozialforschung: Freiwilligenarbeit, ehrenamtliche Tätigkeit und bürgerschaftliches Engagement. Repräsentative Erhebung 1999.
   • Bernhard von Rosenbladt, Sibylle Picot: Überblick über die Ergebnisse, München, Oktober 1999
   • Materialband: Untersuchungsanlage und Methoden, tabellarische Darstellung der Ergebnisse. München, Dezember 1999.
   • Bundesländer im Vergleich. Tabellenband, München, Dezember 1999.
   Alle drei Bände wurden vom BMFSFJ als Projektbericht vervielfältigt und der interessierten Öffentlichkeit zur Verfügung gestellt.

Untersuchung hat die Robert Bosch Stiftung eine Stichprobenaufstockung finanziert, durch die länderbezogene Auswertungen und eine fundiertere Analyse der Situation in den neuen Ländern möglich werden.

Das Forschungsvorhaben wurde von einem *Projektbeirat* begleitet, in den das BMFSFJ Wissenschaftler und Vertreter von Verbänden berufen hatte. Die Mitglieder des Beirats sind im ANHANG aufgeführt. Der Beirat hat mit seinen Anregungen und seiner immer konstruktiven Kritik dem Projekt wichtige Unterstützung gegeben.

Zusammenfassung

(1) Zum Begriff des „Freiwilligen Engagements"

Ehrenamt, Freiwilligenarbeit, Selbsthilfe und vielfältige Formen bürgerschaftlichen Engagements haben in Deutschland eine lange Tradition und sind in vielen gesellschaftlichen Bereichen von großer Bedeutung. Erst in den letzten Jahren aber beginnt sich ein Bewusstsein herauszubilden, das die Vielzahl der einzelnen Bereiche, Formen und Initiativen als Ganzes sieht, als ein gesellschaftliches Handlungsfeld eigener Art. Zunehmend wird der Freiwilligenbereich damit auch ein eigenes Politikfeld. Das von den Vereinten Nationen initiierte „Internationale Jahr der Freiwilligen" (IJF) – das Jahr 2001 – und die Enquete-Kommission des Deutschen Bundestags zur „Zukunft des bürgerschaftlichen Engagements" sind Marksteine dieser Entwicklung.

Es gibt in Deutschland noch keinen allgemein akzeptierten Begriff für dieses Gesamtfeld. Geht es um Arbeit („Freiwilligenarbeit")? Um soziales und politisches Engagement („Bürgerengagement")? Um bestimmte Ämter und Funktionen („Ehrenämter") in gesellschaftlichen Organisationen und Institutionen, vom Vorstand des Sportvereins bis zum Mandatsträger in kommunalen Parlamenten? Um Selbsthilfegruppen oder selbst organisierte Initiativen und Projekte, wie es sie etwa im Gesundheitsbereich oder der Jugendarbeit gibt?

All dies ist gemeint. In der hier vorgelegten Untersuchung wird als Oberbegriff dafür das „freiwillige Engagement" vorgeschlagen – eine Bezeichnung, die zunehmend in Praxis und Politik Verwendung findet und auch eine Brücke zum international gebräuchlichen Begriff der „Volunteers" schlägt.

(2) Gesellschaftliche Bedeutung des freiwilligen Engagements

Es besteht in der Öffentlichkeit und Politik weitgehend Einigkeit über die gesellschaftliche Bedeutung des freiwilligen Engagements. So heißt es in dem Dokument, mit dem die Bundesregierung über die Ziele des IJF informiert:

„Ehrenamt, bürgerschaftliches Engagement und Selbsthilfe sind unverzichtbare Voraussetzung für gelebte Demokratie und humanes Miteinander. In Zeiten globaler Veränderungen wird der gesellschaftliche Zusammenhalt in hohem Maße von der oft wenig sichtbaren und unspektakulären Arbeit bestimmt, die Menschen freiwillig täglich erbringen."

Vorrangige Ziele des IJF sollen demgemäss sein:

- Mehr Menschen für das Ehrenamt begeistern
- Freiwilliges Engagement aufwerten
- Rahmenbedingungen verbessern

(3) Die Untersuchung: Der Freiwilligensurvey 1999

Die Untersuchung wurde im Herbst 1998 vom Bundesministerium für Familie, Senioren, Frauen und Jugend (BMFSFJ) in Auftrag gegeben. Ziel war, einen umfassenden Überblick über das gesamte Feld ehrenamtlichen bzw. freiwilligen Engagements der Bürgerinnen und Bürger zu geben. Grundlage der Untersuchung ist eine repräsentative Befragung der Bevölkerung ab 14 Jahren in Deutschland. Durch einen Finanzierungsbeitrag der Robert Bosch Stiftung konnte die Untersuchung auf eine noch erweiterte Basis mit insgesamt fast 15.000 Interviews gestellt werden. Damit ist es möglich, einerseits das Gesamtfeld des freiwilligen Engagements zu erfassen, andererseits aber auch die Vielfalt und die Differenzierungen innerhalb des Feldes aufzuzeigen.

Es handelt sich in Deutschland um die umfassendste bisherige Untersuchung zu dem Thema. Die Befragung wurde im Sommer 1999 vom Institut Infratest Burke Sozialforschung durchgeführt, das gemeinsam mit einem Verbund weiterer Institute (IES, ISAB, Forschungsinstitut für öffentliche Verwaltung Speyer) auch für die Konzeption und Berichterstattung verantwortlich zeichnet.

(4) Die aktive Beteiligung in Gruppierungen, Organisationen und Einrichtungen

Zwei von drei Bundesbürgerinnen und Bundesbürgern machen irgendwo in einer Gruppierung, einem Verein oder Verband oder einer Einrichtung aktiv mit. Nicht jeder davon wird hier als freiwillig engagiert bezeichnet, sondern nur die Teilgruppe, die in der jeweiligen Gruppierung nach eigener Angabe auch *Aufgaben oder Arbeiten* übernommen hat, die man freiwillig oder ehrenamtlich ausübt. Jedoch ist die aktive Beteiligung der Bürgerinnen und Bürger in den verschiedensten gesellschaftlichen Bereichen – außerhalb der Erwerbsarbeit und außerhalb der Familie – die Grundlage für das weitergehende freiwillige Engagement.

(5) Jeder dritte Bürger gehört in irgendeiner Form zu den „freiwillig Engagierten"

Insgesamt jeder dritte Bundesbürger (34%) ist nach eigener Angabe in irgendeiner Form ehrenamtlich bzw. freiwillig engagiert – und zwar in dem Sinne, dass man in Vereinen, Initiativen, Projekten, Selbsthilfegruppen oder Einrichtungen aktiv mitmacht und dort unbezahlt oder gegen geringe Aufwandsentschädigung freiwillig übernommene Aufgaben oder Arbeiten ausübt.

Die einzelne engagierte Person kann dabei mehrere solcher Tätigkeiten ausüben, d.h. in verschiedenen Feldern oder verschiedenen Gruppierungen bzw. Organisationen tätig sein. Dies kommt in erheblichem Umfang vor. Im Durchschnitt werden 1,6 ehrenamtliche Tätigkeiten pro engagierter Person ausgeübt. Hochgerechnet auf die Gesamtheit von rd. 63 Mio. Bundesbürgern ab 14 Jahren heißt das, dass rd. 22 Mio. freiwillig Engagierte in rd. 35 Mio. ausgeübten Aufgaben oder Funktionen tätig sind.

Die 34%-Quote von freiwillig Engagierten in der Bevölkerung ist keine statische Größe. Vielmehr ist der Freiwilligenbereich durch erhebliche Dynamik und Fluktuation geprägt, also ständige Eintritte, Austritte und Wiedereintritte.

(6) Tätigkeitsfelder:
Nicht nur politisches und soziales Engagement

Freiwilliges Engagement findet in den verschiedensten gesellschaftlichen Bereichen statt. In der Erhebung wurden 14 Tätigkeitsfelder („Engagementbereiche") unterschieden. Unter diesen Feldern ist es der Bereich *Sport und Bewegung*, in dem die größte Zahl an Menschen ehrenamtlich tätig ist oder Freiwilligenarbeit leistet (22% aller Engagierten). Es folgen die Bereiche *Schule/Kindergarten* (11%), *kirchlicher/religiöser Bereich* (11%), *Freizeit und Geselligkeit* (11%) sowie *Kultur und Musik* (10%). In den Bereichen des sozialen und politischen Ehrenamts sind deutlich weniger Menschen tätig. Dazu gehören der *soziale* Bereich (8%) und der *Gesundheitsbereich* (2%), *Unfall- und Rettungsdienst/freiwillige Feuerwehr* (5%), *außerschuli-*

sche *Jugendarbeit* oder *Bildungsarbeit für Erwachsene* (3%), *Umwelt-, Natur- und Tierschutz* (3%), *Politik/politische Interessenvertretung* (5%), *berufliche Interessenvertretung außerhalb des Betriebs* (4%), ehrenamtliche Tätigkeiten im Bereich *Justiz/Kriminalitätsprobleme* (1%) sowie *sonstige bürgerschaftliche Aktivität am Wohnort* (2%).

Freiwilliges Engagement ist demnach – wie ein einfacher Blick auf diese Bereiche zeigt – nicht insgesamt gleichzusetzen mit *politisch-sozialem Engagement*. Letzteres spielt ohne Frage eine wichtige Rolle. Freiwilliges, ehrenamtliches Engagement ist jedoch häufig ganz unpolitisch, nämlich einfach Teil der *Gemeinschaftsaktivität im persönlichen Lebensumfeld*. Die breite Beteiligung der Bürgerinnen und Bürger in diesem Bereich prägt in erheblichem Maß das Gesamtbild, das in dieser Untersuchung vom freiwilligen Engagement gezeichnet wird.

(7) Selbstverständnis

Jeder dritte der freiwillig Engagierten bezeichnet die ausgeübte Tätigkeit als „Ehrenamt" (32%). Häufiger wird die Bezeichnung „Freiwilligenarbeit" als zutreffend gesehen (48%). Seltener werden Begriffe wie „Initiativen- oder Projektarbeit" (7%), „Bürgerengagement" (6%) oder „Selbsthilfe" (2%) gewählt.

(8) Organisatorischer Rahmen der Tätigkeit

Freiwilliges Engagement wird unter sehr unterschiedlichen organisatorischen Rahmenbedingungen geleistet. Mit Abstand am häufigsten ist es ein Verein oder Verband, in dem die Tätigkeit ausgeübt wird (50% der Fälle). Größere Bedeutung haben daneben noch die Kirche bzw. kirchliche oder religiöse Vereinigungen (14%) sowie staatliche oder kommunale Einrichtungen (11%). Quantitativ geringe Bedeutung haben insgesamt gesehen Parteien (4%) oder Gewerkschaften (2%), da sie weitgehend auf ein spezielles Tätigkeitsfeld begrenzt sind. Eher informelle Organisationsformen – Selbsthilfegruppen, Initiativen, Projekte oder sonstige selbstorganisierte Gruppen – bilden in 13% der Fälle den organisatorischen Rahmen der Tätigkeit.

(9) Das freiwillige Engagement ist Teil der demokratischen Kultur

Freiwilliges Engagement findet immer in sozialen Bezügen statt. Häufig, aber keinesfalls immer, ist die Tätigkeit an formale Funktionen in der Gruppe oder Organisation gebunden. 36% der Engagierten charakterisieren ihre Tätigkeit als Leitungs- oder Vorstandsfunktion. 39% üben eine Tätigkeit aus, in die man *gewählt* wird, sind also mit einem Mandat der Gruppe ausgestattet, in der sie aktiv sind. Gleichgültig ob es dabei mehr um die Vertretung von Bürgerinteressen oder die Organisation von Gemeinschaftsaktivität geht, ist dieses freiwillige Engagement Teil der demokratischen Kultur in den verschiedensten gesellschaftlichen Bereichen.

(10) Freiwilliges Engagement ist Teil der persönlichen Identität

Die Aufgaben und Arbeiten, die die freiwillig Engagierten übernommen haben, sind wichtig für die jeweilige Gruppierung, Organisation oder Einrichtung. Sie sind aber auch für die Engagierten selbst wichtig und Teil ihrer Identität als Person. Von zehn freiwillig Engagierten sagen acht, dieses Engagement sei für sie persönlich ein wichtiger Teil ihres Lebens (während die übrigen meinen, dies spiele in ihrem Leben keine wichtige Rolle).

(11) Zeitlicher Umfang der Aktivität

Im Durchschnitt werden für jede ehrenamtliche Aktivität knapp 15 Stunden Zeit pro Monat aufgewendet. Unter Berücksichtigung möglicher Mehrfachaktivität bei den Engagierten ergibt sich daraus pro engagierter Person ein Zeitaufwand von rd. 23 Stunden im Monat oder 5 Stunden pro Woche.

Hinter dem Durchschnittswert steht eine große Bandbreite unterschiedlich zeitintensiver Tätigkeiten, von nur sporadisch ausgeübten Tätigkeiten bis zu solchen mit regelmäßigen Verpflichtungen mehrmals pro Woche. Jeder dritte unter den freiwillig Engagierten wendet pro Woche mehr als 5 Stunden für die entsprechenden Tätigkeiten auf. Dieser Kern hochengagierter Personen macht 11% der Bevölkerung aus.

(12) Leistungen der freiwillig Engagierten

Die freiwillig Engagierten erbringen in ihrer Gruppierung, Organisation oder Einrichtung vielfältige Leistungen. Hauptinhalt der Tätigkeit ist am häufigsten die „Organisation und Durchführung von Treffen oder Veranstaltungen" (48%), gefolgt von „praktischen Arbeiten, die geleistet werden müssen" (35%). Bei anderen Engagierten stehen persönliche Hilfeleistungen im Vordergrund (27%) oder es geht um Informations- oder Öffentlichkeitsarbeit (25%), um Interessenvertretung und Mitsprache (24%), um pädagogische Betreuung oder die Leitung einer Gruppe (23%), um Beratung (20%), um die Organisation / Durchführung von Hilfeprojekten (19%) oder um Mittelbeschaffung (13%).

(13) Anforderungen und Qualifizierung in ehrenamtlichen Tätigkeiten

An freiwillig bzw. ehrenamtlich Tätige werden häufig hohe Anforderungen gestellt, seien es Anforderungen fachlicher Art oder soziale Kompetenz (z.B. mit Menschen gut umgehen können, Organisationstalent usw.). Weiterbildungsangebote sind daher von großer Bedeutung. Für etwa die Hälfte der Engagierten gibt es nach eigener Angabe solche Angebote. Sofern dies der Fall ist, hat die Mehrzahl (70%) auch bereits an entsprechenden Seminaren/Kursen teilgenommen.

Ganz überwiegend sehen sich die freiwillig Engagierten den Anforderungen in ihrer Aufgabe gewachsen. Jedoch fühlt sich immerhin jeder Vierte „manchmal überfordert" (25%). In einzelnen Feldern, etwa dem Gesundheitsbereich, steigt dieser Anteil auf bis zu 40%.

(14) Aufwandsentschädigungen

Freiwilliges Engagement ist definiert durch Aufgaben und Arbeiten, die man „unentgeltlich oder gegen geringfügige Aufwandsentschädigung" ausübt. Die Aufwandsentschädigungen können unterschiedliche Form haben. Eine *Kostenerstattung* von Fall zu Fall („gegen Nachweis") erhält jeder dritte Engagierte. Eine gewisse *finanzielle Vergütung* der Tätigkeit selbst – sei es als pauschalierte Aufwandsentschädigung, als geringfügige Bezahlung oder als Honorar – erhalten 13%. Daneben gibt es in geringem Umfang (5%) Sachzuwen-

dungen, z.B. Fahrscheine oder die private Nutzung von Gruppen-
räumen oder Ausstattungsmitteln. Die Bedeutung von Aufwandsentschädigungen ist dabei in einzelnen Engagementbereichen höher, in
anderen niedriger.

Die Höhe der finanziellen Vergütungen hält sich in engem Rahmen.
In der Mehrzahl der Fälle liegt sie unter 100 DM, selten über 300 DM
im Monat. Die Engagierten, die eine Vergütung erhalten, bezeichnen
die Höhe überwiegend als angemessen.

Bei den Wünschen nach verbesserten Rahmenbedingungen stehen
verbesserte finanzielle Vergütungen für die geleistete Arbeit nicht im
Vordergrund. Immerhin jeder vierte Engagierte hält aber Verbesserungen in diesem Bereich für wichtig.

(15) Erwartungen an freiwilliges Engagement – positive und negative Erfahrungen

Mit freiwilliger, ehrenamtlicher Tätigkeit verbinden sich in erster Linie
altruistische Motive (etwas für das Gemeinwohl tun, anderen Menschen helfen usw.), zugleich aber auch die Erwartung, dass die Tätigkeit Spaß machen soll und dass man mit sympathischen Menschen in Kontakt kommt. Für drei Viertel der Engagierten ist es darüber hinaus wichtig, „Kenntnisse und Erfahrungen zu erweitern". Ein
möglicher beruflicher Nutzen ist dagegen nur für eine Teilgruppe von
rd. 20% von Bedeutung.

Bei den freiwillig Engagierten werden die Erwartungen, die sie mit
der Tätigkeit verbinden, im großen und ganzen offenbar erfüllt.
Hinweise auf Problembereiche geben die Antworten der ehemals
Engagierten, die heute nicht mehr ehrenamtlich tätig sind. Als Grund
für die Beendigung der Tätigkeit wird am häufigsten genannt, der
Zeitaufwand sei zu groß gewesen (37%). In jedem vierten Fall (26%)
werden auch Gründe genannt, die auf eine gewisse Enttäuschung
oder Demotivation schließen lassen (konnte Vorstellungen nicht
verwirklichen; Schwierigkeiten mit Hauptamtlichen; Schwierigkeiten
in der Gruppe; fühlte mich ausgenutzt).

(16) Verbesserungen der Rahmenbedingungen

In der Politik und den Verbänden wird eine Vielzahl von Möglichkeiten diskutiert, um Rahmenbedingungen für ehrenamtliche Aktivität, Freiwilligenarbeit und bürgerschaftliches Engagement zu verbessern und damit entsprechendes Engagement zu fördern. Den Befragten, die selbst ehrenamtlich bzw. freiwillig tätig sind, wurde eine Reihe solcher Vorschläge zur Beurteilung vorgelegt. Die meisten dieser Vorschläge finden in erheblichem Umfang Zustimmung ("Ja, da wären Verbesserungen wichtig").

- An die Organisationen, in deren Rahmen freiwilliges Engagement erfolgt, wird am häufigsten der Wunsch gerichtet, die Bereitstellung der nötigen Mittel für die Arbeit und für bestimmte Projekte zu verbessern (Finanzmittel, Räume, Ausstattung usw.).
- An den Staat werden am häufigsten Erwartungen gerichtet, die sich auf die steuerliche Absetzbarkeit von Unkosten bzw. die steuerliche Freistellung von Aufwandsentschädigungen beziehen, ebenso aber auf eine bessere Information und Beratung über Gelegenheiten zum freiwilligen Engagement.

(17) Differenzierte Problemlagen nach Engagementbereichen

Die Wünsche nach verbesserten Rahmenbedingungen weisen auf spezifische Problemlagen in den verschiedenen Engagementbereichen hin. Das Gewicht einzelner Probleme und entsprechender Maßnahmen ist in verschiedenen Engagementbereichen unterschiedlich. Einzelne Engagementbereiche artikulieren generell mehr Probleme und Handlungsbedarf als andere.

Eine durchgängige Differenzierung ist an der unterschiedlichen "Berufsnähe" der Bereiche festzumachen. Berufsnähe heißt zum einen, dass die freiwillige ehrenamtliche Tätigkeit mit der beruflichen Tätigkeit der Befragten zu tun hat, oder zum anderen, dass die Tätigkeit, die freiwillig Engagierte ehrenamtlich ausüben, in vergleichbarer Weise von anderen Personen als berufliche, bezahlte Tätigkeit ausgeübt wird.

Berufsnahe Bereiche des freiwilligen Engagements in diesem Sinne sind insbesondere die Tätigkeitsfelder im Gesundheits-, Sozial- und Bildungsbereich – klassischen Bereichen für ehrenamtliche Tätigkeit also, die in den vergangenen drei Jahrzehnten durch eine starke Expansion in Verbindung mit zunehmender "Professionalisierung" geprägt waren. In diesem Umfeld sind die Anforderungen und Belastungen für die freiwillig Engagierten besonders hoch und der Ruf nach unterstützenden Maßnahmen besonders ausgeprägt.

(18) Engagementpotenzial

Als „Engagementpotenzial" kann man Personen bezeichnen, die nach eigener Angabe heute oder künftig bereit und interessiert wären, Aufgaben und Arbeiten im Bereich des freiwilligen, bürgerschaftlichen Engagements zu übernehmen. Insgesamt kann man gut ein Drittel der Bundesbürger dem Engagementpotenzial zurechnen. Dabei handelt es sich teilweise um Personen, die bereits Engagementerfahrungen haben – sei es aus einer früheren oder einer derzeitigen Tätigkeit –, und teilweise um Personen, die bisher noch nicht freiwillig engagiert waren.

Der Freiwilligenbereich ist als ein dynamisches System zu verstehen, das durch ständige Eintritte, Austritte und Austauschbewegungen gekennzeichnet ist. Das Potenzial an grundsätzlich interessierten Personen ist eine wichtige Größe für die Stabilität oder gar ein Wachstum des Systems. Der in der Untersuchung sichtbar werdende Umfang des Engagementpotenzials ist beeindruckend und weist auf mögliche Erfolgschancen einer Engagementförderung hin. Das allgemeine Interesse an einem freiwilligen Engagement setzt sich jedoch nicht ohne weiteres in konkretes Handeln um. Die genauere Untersuchung verschiedener Teilgruppen des Potenzials ergibt Hinweise auf Barrieren und mögliche Erfolgsfaktoren einer Förderung.

(19) Zugangswege zum Engagement

Viele Engagierte haben sich erstmals bereits im Jugendalter engagiert, sind aber heute nicht mehr unbedingt in der gleichen Tätigkeit. Engagementverläufe sind oft durch Unterbrechungen und Neueinstiege gekennzeichnet. Jeder vierte Engagierte übt seine derzeitige Tätigkeit erst seit zwei Jahren oder kürzer aus. Der Einstieg erfolgt dabei oft auch noch im höheren Lebensalter.

Fast zwei Drittel der Engagierten haben ihre jetzige Tätigkeit bzw. Aufgabe nicht aufgrund bloßer Eigeninitiative übernommen, sondern weil sie Anstöße und Hinweise von anderen erhalten haben, weil sie angesprochen worden sind. Die Aktivierung von freiwilligem Engagement kann somit durch gezielte und werbende Ansprache gefördert werden, sei es durch andere bereits Engagierte, durch Freunde und Bekannte, über die Medien oder durch Informations- und Kontaktstellen für freiwilliges Engagement.

Das Interesse an Kontakt- und Informationsstellen für freiwilliges Engagement trifft in der Befragung auf positive Resonanz. 30% der Befragten bekunden ein Interesse, sich einmal bei einer solchen Stelle über Möglichkeiten zum freiwilligen Engagement zu informieren. Die Bekanntheit – und das tatsächliche Angebot – von Informations- und Kontaktstellen für freiwilliges Engagement sind noch gering. Insofern existiert eine Diskrepanz zwischen erklärten Informationswünschen und deren Realisierungschancen.

(20) Soziale Bedingungen freiwilligen Engagements

Die Bereitschaft zum freiwilligen Engagement in Gruppen, Vereinen, Organisationen oder Einrichtungen ist Teil der *sozialen Einbindung* einer Person. Sie geht einher mit anderen Formen aktiven, gemeinwohlorientierten Verhaltens („Gemeinsinn"), und sie hat soziale Voraussetzungen, die solche Verhaltensweisen erleichtern und stützen.

Insgesamt sind Personen mit besseren bildungsmäßigen, beruflichen und finanziellen Voraussetzungen und Personen, die sozial stärker integriert sind, eher als andere bereit zur Übernahme freiwilliger, ehrenamtlicher Aufgaben und Arbeiten.

(21) Genderperspektive – Frauen und Männer

Der Anteil der Frauen, die freiwillige, ehrenamtliche Tätigkeiten in Gruppierungen, Organisationen und Einrichtungen ausüben, beträgt 30% gegenüber 38% bei den Männern. Auch der durchschnittliche Zeitaufwand ist bei den Männern höher als bei den Frauen.

Frauen und Männer sind in den verschiedenen Bereichen freiwilliger Arbeit unterschiedlich präsent. In den Bereichen Schule / Kindergarten, sozialer Bereich, kirchlich-religiöser Bereich und dem Gesundheitsbereich dominieren Frauen. Der Frauenanteil liegt in diesen Feldern bei ca. zwei Drittel.

Die insgesamt niedrigere Beteiligungsquote der Frauen erklärt sich im wesentlichen aus ihrer geringeren Präsenz in den eher freizeitorientierten Bereichen, die quantitativ stark besetzt sind (Sport und Bewegung, Freizeit und Geselligkeit), in den Bereichen der politischen und beruflichen Interessenvertretung und dem Bereich Unfall- und Rettungswesen, zu dem auch die freiwillige Feuerwehr gehört.

Das Engagement der Frauen wird stärker familienbezogen und sozial bestimmt. Männer dagegen bevorzugen Bereiche mit einer stärkeren Berufsrelevanz und einem höheren Prestige. Funktions- und Leitungsaufgaben sind ein Kennzeichen ihres Tätigkeitsprofils. Die geschlechtsspezifische gesellschaftliche Arbeitsteilung führt also auch zu einer geschlechtsspezifischen Segmentierung freiwilliger Tätigkeit.

Für den Freiwilligenbereich gilt daher grundsätzlich das Gleiche wie für die Bereiche der Erwerbsarbeit und der Familienarbeit: Eine Verbesserung der Chancengleichheit von Männern und Frauen erfordert die Durchsetzung partnerschaftlicher Modelle in der Rollenverteilung der Geschlechter.

(22) Jugend und freiwilliges Engagement

Jugendliche im Alter von 14 – 24 Jahren sind eine besonders aktive Altersgruppe in der Gesellschaft. Zum einen ist die Aktivität im Sinne des „Mitmachens" in Vereinen, Gruppierungen und Projekten stärker ausgeprägt als in allen anderen Altersgruppen. Zum anderen ist auch die Zahl der freiwillig bzw. ehrenamtlich Engagierten mit 37% sehr hoch. Sie entspricht dem Anteil der Engagierten im Erwerbstätigenalter, und sie liegt noch über dem Anteil der Engagierten ab 60 Jahren.

Die Schwerpunkte jugendlicher Aktivität und jugendlichen Engagements liegen im Bereich unterschiedlichster Tätigkeiten im persönlichen Lebensumfeld. So ist das freiwillige Engagement Jugendlicher in den Bereichen Sport und Bewegung, Freizeit und Geselligkeit, im schulischen, kulturellen und kirchlichen Bereich sowie im Bereich der Rettungsdienste und der freiwilligen Feuerwehr besonders stark ausgeprägt. Dagegen sind Jugendliche dort unterrepräsentiert, wo es im engeren Sinn um soziales und politisches Engagement geht.

Derzeit nicht engagierte Jugendliche zeigen sich sehr häufig nicht abgeneigt, wenn es um ein zukünftiges Engagement geht (63%), und viele Engagierte wären bereit, ihr Engagement auszuweiten (57%). Ein für Jugendliche besonders wichtiger Weg zum Engagement ist dabei der Weg über Freunde und Bekannte bzw. über andere Jugendliche. Gerade wenn es um ein Engagement in eigener Sache geht und um selbst organisierte Formen des Engagements, tun sich Jugendliche zusammen. Dieser Prozess kann im wesentlichen durch die Schaffung geeigneter Rahmenbedingungen gefördert werden. Späteres Engagement hat sehr häufig seine Wurzeln im Jugendalter, und dies akzentuiert die Notwendigkeit früher Förderung.

(23) Senioren und freiwilliges Engagement

Die Senioren und Seniorinnen befinden sich in der nachberuflichen und der nach-familialen Phase ihres Lebens. In dieser Situation können sinngebende Tätigkeiten im Rahmen freiwilligen Engagements besonders wichtig sein. Gleichwohl ist der Anteil der Senioren und Seniorinnen, die freiwillig engagiert sind, in der Altersgruppe der 60- bis 69-Jährigen niedriger (31%) als in der Gruppe der 50- bis 59-Jährigen, die überwiegend noch im Berufsleben stehen (38% freiwillig Engagierte). Deutlich geringer wird der Anteil freiwillig engagierter Senioren dann in der Altersgruppe ab 75 Jahren.

Die Seniorinnen und Senioren sind in allen Engagementbereichen zu finden, auch in generationenübergreifenden Tätigkeiten. Besonders wichtig ist ihnen der soziale Bereich. Hier sollten unter den älteren Menschen Bestrebungen unterstützt werden, eine Kultur der „Hilfe auf Gegenseitigkeit" zu entwickeln.

In der Umbruchphase nach der Beendigung der Erwerbstätigkeit bzw. der familialen Aufgaben besteht ein besonderer Informations- und Beratungsbedarf über Möglichkeiten zum freiwilligen Engagement. Wichtig ist den älteren Menschen auch die Vorbereitung auf neue Aufgaben, die sie freiwillig übernehmen. Seniorenspezifische Angebote für Information, Beratung und Weiterbildung sind daher von besonderer Bedeutung.

(24) Arbeitslose und freiwilliges Engagement

Unter den Arbeitslosen sind 22% freiwillig engagiert, beteiligen sich also aktiv in einer Gruppe, einem Verein, einer Organisation oder Einrichtung und haben dort freiwillige, ehrenamtlich ausgeübte Arbeiten oder Aufgaben übernommen. Der Anteil der Engagierten ist damit deutlich niedriger als in der Vergleichsgruppe der 25- bis 59-Jährigen insgesamt, wo er 37% beträgt.

Der Grund liegt nicht eigentlich in einer geringeren Engagementbereitschaft der Arbeitslosen, sondern bereits eine Stufe davor. Arbeitslose sind in allen Bereichen möglichen Engagements weniger beteiligt, d.h. sie machen weniger mit in Gruppen, Vereinen, Organisationen und Einrichtungen. *Sofern* Arbeitslose irgendwo aktiv mitmachen, ist ihr Engagement dort nicht geringer, sondern eher höher als das der anderen Beteiligten.

Jeder zehnte Arbeitslose mit freiwilligem Engagement verwendet auf die ehrenamtliche Tätigkeit 15 Stunden pro Woche oder mehr und liegt damit in dem kritischen Bereich, in dem nach geltendem Leistungsrecht der Anspruch auf Arbeitslosengeld gefährdet sein kann. Hochgerechnet handelt es sich dabei um rund 60 Tsd. Personen. Unter den Erwerbstätigen gibt es hochgerechnet rund 400 Tsd. Personen, die in gleichem Umfang ehrenamtlich tätig sind. Die pauschale Vermutung, dass bei einer ehrenamtlichen Tätigkeit dieses Umfangs die „Verfügbarkeit für den Arbeitsmarkt" nicht mehr gegeben sei, ist demnach kaum aufrecht zu erhalten. Sie erscheint eher als eine Diskriminierung, die allen Bemühungen zuwiderläuft, Möglichkeiten für das freiwillige Engagement von Arbeitslosen zu fördern.

(25) Regionale Unterschiede

Der Anteil freiwillig engagierter Bürger ist regional unterschiedlich hoch:

- Er ist am niedrigsten in den Großstädten und am höchsten in den kleinen Gemeinden.
- Innerhalb der alte Bundesländer gibt es eine Bandbreite der Engagementquoten zwischen 40% und 31%, wobei das Muster grob gesprochen ein Süd-Nord-Gefälle ist.
- Die neue Bundesländer weisen einheitlich eine niedrigere Engagementquote auf als die alten Länder (im Durchschnitt 28% gegenüber 35%).

Die Untersuchung geht den besonderen Bedingungen in den neuen Ländern in einem eigenen Teilbericht nach. Die mit der politischen und sozialen Transformation nach der Wende gegebene Situation findet ihren Ausdruck darin, dass die älteren Bürger sich oft *nicht mehr* und die Jüngeren sich oft *noch nicht* freiwillig engagieren. Aus unterschiedlichen Motiven – Erfahrungen in DDR-Zeiten, Enttäuschungen über den Verlauf des Vereinigungsprozesses, angespannte wirtschaftliche Situation – stehen viele Menschen dem öffentlichen Bereich mit Distanz gegenüber.

Von Bedeutung ist dabei der Umstand, dass nach dem Wegfall der DDR-spezifischen Strukturen, in denen sich freiwilliges Engagement vollzog, eine Vereins- und Verbandsstruktur, wie sie in den alten Bundesländern besteht, sich noch nicht in gleicher Weise entwickelt hat. So ist generell die Beteiligung der Bürger in den verschiedenen gesellschaftlichen Bereichen geringer. Das gilt selbst für ganz unpolitische Bereiche wie den Sport. Hinzu kommt als Spezifikum die sehr viel geringere Bedeutung des kirchlichen Bereichs. Gegebene Lücken in der Infrastruktur müssen daher unter anderem durch verstärkte staatliche bzw. kommunale Angebote ausgeglichen werden.

Teil A: Der Freiwilligensurvey 1999: Konzeption und Ergebnisse der Untersuchung

Bernhard von Rosenbladt
Infratest Burke Sozialforschung

1. Die Debatte um Ehrenamt und bürgerschaftliches Engagement und die Ziele dieser Untersuchung

Die ehrenamtliche Aktivität von Bürgerinnen und Bürgern in den verschiedensten Tätigkeitsfeldern ist in den vergangenen Jahren als gesellschaftspolitisch bedeutsames Thema zunehmend ins Bewusstsein gerückt. Mit unterschiedlichen Begrifflichkeiten – Ehrenamt, Selbsthilfe, Freiwilligenarbeit, bürgerschaftliches Engagement, Volunteering – werden etwas unterschiedliche Akzente gesetzt. Letztlich geht es aber um dieselbe Sache: Bürger übernehmen – außerhalb ihrer beruflichen Tätigkeit und außerhalb des rein privaten, familiären Bereichs – *Verantwortung* im Rahmen von Gruppierungen, Initiativen, Organisationen oder Institutionen.

Leitbegriffe wie die der „Bürgergesellschaft" oder der „Zivilgesellschaft" (civil society) unterstreichen die Bedeutsamkeit bürgerschaftlicher Aktivität für ein lebendiges, funktionierendes Gemeinwesen. Wissenschaftliche Konzepte wie die des „Sozialkapitals", der „Tätigkeitsgesellschaft" (anstelle der „Erwerbsgesellschaft"), des „Dritten Sektors" zwischen Staat und Wirtschaftsunternehmen thematisieren die bürgerschaftliche Aktivität in unterschiedlichen theoretischen Zusammenhängen. Im Hinblick auf die Zukunft des Sozialstaats knüpft sich an freiwilliges Engagement die Hoffnung, auf diese Weise Potenziale für soziale Unterstützung und solidarisches Handeln in der Gesellschaft gewinnen und fördern zu können.

Besteht demnach über die Bedeutsamkeit des Themas in der politischen und wissenschaftlichen Diskussion weitgehend Einigkeit, so steht es um die empirische Beschreibung der tatsächlichen Gegebenheiten auf diesem Feld sehr viel schlechter. Wie sieht die deutsche Gesellschaft in diesem wichtigen Bereich „gelebter Demokratie" aus? Trifft es zu, dass der Anteil von Bürgern, die ehrenamtliche Tätigkeiten bzw. freiwillige Arbeiten ausüben, in Deutschland niedriger als in anderen vergleichbaren Ländern ist?

Die Bundesregierung kam in ihrer Antwort auf eine parlamentarische Anfrage im Jahr 1996 („Die Bedeutung ehrenamtlicher Tätigkeit für unsere Gesellschaft") zu der Einschätzung, dass aufgrund der unzureichenden Datenlage ein zuverlässiges Gesamtbild fehle. Ende 1997 gab das federführende Bundesfamilienministerium daher eine Reihe von „Machbarkeitsstudien" in Auftrag, um zu klären, wie diese Lücke geschlossen werden könne. Ein Jahr später wurde die „Repräsentative Erhebung zum Ehrenamt" in Auftrag gegeben, über deren Ergebnisse hier berichtet wird.

Die Erhebung soll sich – so der Untersuchungsauftrag – auf ehrenamtliches Engagement im umfassenden Sinn erstrecken, unter Einbeziehung bürgerschaftlichen Engagements in Initiativen, Projekten und Selbsthilfegruppen in allen Bereichen, in denen Menschen heute ehrenamtlich tätig sind. Erwartet werden Aussagen über Umfang und Verbreitung ehrenamtlichen Engagements in der Bevölkerung insgesamt und in verschiedenen Bevölkerungsgruppen. Organisatorische Einbindung und Rahmenbedingungen der ehrenamtlichen Tätigkeit sollen ebenso untersucht werden wie Motivation und Zugänge zum Ehrenamt sowie die Bereitschaft zum Engagement bei Personen, die bisher nicht ehrenamtlich tätig sind.

Der methodische Weg der repräsentativen Bevölkerungsbefragung wurde gewählt, weil nur so ein umfassendes Gesamtbild zu erstellen ist. Ein Informationszugang über Organisationen, bei denen ehrenamtliche Mitarbeiter tätig sind, kann nur zu einer unvollständigen Sammlung von Ausschnitten führen, die nicht zu einem Gesamtbild integrierbar sind.

Eine repräsentative Bevölkerungsumfrage zu diesem Thema braucht, wenn sie differenzierte Informationen auch für Teilbereiche liefern soll, einen größeren Stichprobenumfang, als er in bisher durchgeführten Erhebungen möglich war. Sie muss darüber hinaus auf eine Zufallsauswahl der Befragungspersonen gestützt sein, damit eine Hochrechnung der Ergebnisse möglich ist.

Methodische Anlage der Erhebung

Grundgesamtheit:	Wohnbevölkerung Deutschlands ab 14 Jahren
Stichprobenumfang:	14.922 befragte Personen
Auswahlverfahren:	Zufallsauswahl
Interviewmethode:	Computerunterstützte telefonische Befragung (CATI)
Feldzeit:	Anfang Mai bis Ende Juli 1999

Nähere Erläuterungen siehe Anhang 1

In ihrem inhaltlichen Untersuchungskonzept konnte die Befragung an eine zunehmend breiter werdende wissenschaftliche Diskussion des Themas anknüpfen. Aktuelle Bestandsaufnahmen der Diskussion oder neuere Studien waren zuvor gerade publiziert worden. [2] Seither sind weitere wichtige Arbeiten erschienen.[3] Die Einrichtung einer En-quete-Kommission „Zukunft des bürgerschaftlichen Engagements" durch den Deutschen Bundestag und das von den Vereinten Natio-nen initiierte „Internationale Jahr der Freiwilligen" – das Jahr 2001 – dokumentieren die Bedeutung des Themas auch im politischen Raum.

Das zunehmende Interesse an Fragen des ehrenamtlichen, freiwilli-gen Engagements speist sich aus thematischen Querverbindungen und Bezügen vielfältigster Art. Beher/Liebig/Rauschenbach haben in ihrer breit angelegten sekundäranalytischen Studie zum „Struktur-wandel des Ehrenamts" einen Überblick über diese „unübersichtliche Debatte" gegeben.[4] Wir möchten auf diese Publikation verweisen und hier nur einige Kürzel für verschiedene Diskussionszusammenhänge, die dort näher erläutert sind, aufführen:

- Das gewandelte Interesse am Ehrenamt –
  die Frage nach dem Integrationspotenzial unserer Gesellschaft.

- Ehrenamt als Reaktion auf Bürokratisierung und Kostendruck –
  Krise des Sozialstaats und Eigenarbeit der Bürger.

---

2 Beher / Liebig / Rauschenbach: Das Ehrenamt in empirischen Studien – ein sekundäranalytischer Vergleich, Stuttgart 1998.
 Kistler / Noll / Priller: Perspektiven gesellschaftlichen Zusammenhalts. Empirische Befunde, Praxiserfahrungen, Meßkonzepte. Berlin 1999.
 Klages / Gensicke: Wertewandel und bürgerschaftliches Engagement an der Schwelle zum 21. Jahrhundert. Speyer 1999.
3 Beher / Liebig / Rauschenbach: Strukturwandel des Ehrenamts. Gemeinwohl-orientierung im Modernisierungsprozess. Weinheim und München 1999.
 Evers / Wohlfahrt / Reuter: Bürgerschaftliches Engagement in NRW. Struktu-ren, Funktionen und Restriktionen organisierter Ehrenamtlichkeit in einem Bundesland. Projektbericht, Dezember 1999.
 Zimmer / Nährlich: Engagierte Bürgerschaft. Traditionen und Perspektiven. Opladen 2000.
 Bundesministerium für Bildung und Forschung: Informelle Ökonomie, Schat-tenwirtschaft und Zivilgesellschaft als Herausforderung für die europäische Sozialforschung. Neue Herausforderungen für Forschung und Politik im Spannungsfeld zwischen Schwarzarbeit, Eigenarbeit, Ehrenamt und drittem Sektor. Bonn 2000.
4 Beher / Liebig / Rauschenbach, 1999, S. 17-34.

- Freiwilliges oder bürgerschaftliches Engagement? – Modelle politischer und sozialer Steuerung in der Bürgergesellschaft.

- Die neue staatliche Rolle der Engagementförderung – Bürgerengagement und „aktivierender Staat".

- Ehrenamt und Arbeitsmarkt – Ergänzung oder Substitution?

Eine empirische Bestandsaufnahme, wie sie mit der vorliegenden Untersuchung vorgenommen wird, hat nicht die Aufgabe, diese verschiedenen „Diskurse" selbst weiterzuführen. Sie soll zunächst darstellen, *was ist* – nicht, *was sein sollte* oder *sein könnte*. Die Untersuchungsergebnisse lassen sich jedoch in alle diese Debatten einführen, gewinnen aus dem jeweiligen Diskussionskontext Bedeutung. Unsere Darstellung wird solche thematischen Bezüge in den einzelnen Kapiteln nur skizzenhaft benennen.

Methodische Basis unserer Bestandsaufnahme ist, wie gesagt, eine repräsentative Befragung der Bundesbürger. Dieser Ansatz hat seine Stärken, aber auch seine Begrenzungen.

Es ist Beher/Liebig/Rauschenbach zuzustimmen, wenn sie es für unzureichend halten, allein „die Ehrenamtlichen" in den Mittelpunkt der Betrachtung zu rücken. Vielmehr müsse, wenn man den Strukturwandel des Ehrenamts verstehen wolle, „das konstitutive Umfeld der Ehrenamtlichkeit" den Referenzrahmen der Analyse bilden. Als Bezugspunkte für die Untersuchung von ehrenamtlichem Engagement schlagen sie einerseits die individuellen „Lebenslagen" und andererseits die „institutionellen Settings" vor.[5]

Eine repräsentative Befragung der Bürger stellt vom methodischen Ansatz her die Perspektive der *Individuen* in den Vordergrund, während die Perspektive der *Institution oder Organisation* notwendigerweise im Hintergrund bleibt. Wünschenswert wäre eine gleichrangige Berücksichtigung beider Perspektiven, was allerdings nur in fallstudienartigen Untersuchungsansätzen gelingen kann. In einer repräsentativen Bürgerbefragung wird das organisatorische Umfeld des individuellen Engagements allenfalls in groben Zügen darstellbar sein.

---

5 ebd., S. 9.

Die hier vorgelegte Untersuchung ist auftragsgemäß „umfassend" in dem Sinne, dass sie das gesamte Feld freiwilligen Engagements beschreibt. Sie ist nicht umfassend in dem Sinne, dass sie sämtliche Fragestellungen und Perspektiven abdecken könnte. Im Hinblick auf die organisations- und institutionsbezogene Perspektive ist sie ergänzungsbedürftig, muss also mit den Ergebnissen anderer Untersuchungen zusammen gesehen werden.

Die bereits erwähnte Publikation von Beher/Liebig/Rauschenbach zum „Strukturwandel des Ehrenamts" bietet sich dafür besonders an, weil die Wahl der Themenschwerpunkte ähnlich ist wie in der vorliegenden Untersuchung.[6] Noch akzentuierter ist die Organisationsperspektive in der kürzlich vorgelegten Studie von Evers/Wohlfahrt/Reuter. Die Autoren postulieren, dass die Zukunft des Ehrenamts nicht unabhängig von den Modernisierungskonzepten der Einrichtungen diskutiert werden könne, die den organisatorischen Rahmen ehrenamtlichen Engagements bilden. Im Hinblick auf politische Handlungsansätze schlussfolgern die Autoren, dass nicht die „Techniken und Konditionen freiwilliger Mitarbeit" im Zentrum der Überlegungen stehen müssten, sondern „die Entwicklung von Leitkonzepten einer Modernisierung in Richtung auf die Förderung einer bürgerschafts-freundlichen Infrastruktur von Diensten und Angeboten."[7]

Dies ist sicherlich ein wichtiger gedanklicher Ansatz. Es erscheint uns allerdings nicht nötig, Alternativen der genannten Art als ein Entweder/Oder aufzubauen. Ergebnisse einer repräsentativen Bürgerbefragung, wie sie im vorliegenden Bericht vorgestellt werden, bilden jedenfalls auch für eher institutionell orientierte Handlungsansätze einen wichtigen Informationshintergrund.

Die Untersuchung bezieht sich auf freiwilliges Engagement der Bürgerinnen und Bürger in Gruppen, Vereinen, Organisationen und Einrichtungen. Sie ist dabei so angelegt, dass Untersuchungsergebnisse auf zwei Ebenen entstehen. Die erste ist die der *engagierten Person* – also wer engagiert sich wie und warum? Die Auskünfte der Engagierten über die von ihnen übernommenen Arbeiten und Aufgaben bilden die Grundlage für eine zweite Analyseebene, nämlich die der freiwilligen, ehrenamtlichen *Tätigkeiten*. Diese werden möglichst konkret und anhand von Merkmalskatalogen beschrieben. Der

---

6 Beher/Liebig/Rauschenbach, 1996.
7 Evers/Wohlfahrt/Reuter, 1999., S. 66 und 68.

angestrebte Überblick über das Gesamtfeld des freiwilligen Engagements bleibt dadurch nicht im allgemeinen, sondern wird zugleich eine Darstellung der Vielfalt an bürgerschaftlicher Aktivität, die wir mit dem Begriff des „freiwilligen Engagements" zu fassen suchen.

2. Freiwilliges Engagement

2.1 Die aktive Beteiligung der Bürgerinnen und Bürger in verschiedenen gesellschaftlichen Bereichen

Freiwilliges Engagement in seinen verschiedenen Formen – Ehrenamt, Freiwilligenarbeit, bürgerschaftliches Engagement – darf nicht isoliert und abstrakt gesehen werden. Es ist Teil einer breiter verstandenen Aktivität des „Mitmachens" in Vereinen, Gruppierungen, Organisationen und Einrichtungen. Wir bezeichnen dieses Mitmachen als „aktive Beteiligung" der Bürgerinnen und Bürger in verschiedenen gesellschaftlichen Bereichen.

In der Untersuchung wird das Spektrum möglicher Aktivität erfasst, indem 15 Lebens- und Gesellschaftsbereiche benannt werden, in denen man mitmachen oder sich engagieren kann. Wir bezeichnen diese als die „Engagementbereiche". Ausdrücklich ausgespart sind der berufliche Bereich auf der einen Seite und der familiäre Bereich auf der anderen Seite – auch wenn einzelne Engagementbereiche Bezüge zur beruflichen oder zur familiären Situation haben.

In welcher Weise die möglichen Tätigkeitsfelder abzugrenzen und zu benennen sind, darüber kann man im einzelnen lange debattieren. Die in der Befragung verwendete Bereichsliste ist eine Weiterentwicklung einer ähnlichen Liste, die im Speyerer Wertesurvey von 1997 eingesetzt wurde.[8] In der Befragungssituation dienen die Bezeichnungen der Bereiche und ihre Erläuterung als „Stimulus", der den Befragten die konkreten von ihnen ausgeübten Aktivitäten ins Blickfeld bringen soll.

Frage im Interview:
„Es gibt vielfältige Möglichkeiten, außerhalb von Beruf und Familie irgendwo mitzumachen, beispielsweise in einem Verein, einer Initiative, einem Projekt oder einer Selbsthilfegruppe. Ich nenne Ihnen verschiedene Bereiche, die dafür in Frage kommen. Bitte sagen Sie mir, ob Sie sich in einem oder mehreren dieser Bereiche aktiv beteiligen."

---

8 Klages/Gensicke, 1999.

Übersicht 1 zeigt die 15 vorgegebenen Bereiche – einschließlich der im Interview gegebenen Erläuterungen – und den Anteil der Befragten, die nach eigener Angabe in dem jeweiligen Bereich sich irgendwo aktiv beteiligen. Dabei geht es zunächst noch nicht um freiwilliges Engagement. Die Reihenfolge der Bereiche ist nachträglich nach der ermittelten Zahl aktiv Beteiligter geordnet.[9]

An der Spitze stehen die Bereiche, in denen eine sehr große Zahl von Personen aktiv mitmacht. Das sind durchweg Bereiche, in denen es um Freizeitaktivitäten geht – Sport, Geselligkeit, Kultur und Musik – oder um das unmittelbare eigene Lebensumfeld in Schule und Kindergarten. Erst danach folgen Bereiche, die stärker über das persönliche Lebensumfeld hinausreichen und eher gemeinwohlorientierte Aktivität beinhalten, also das soziale und politische Engagement in verschiedenen Feldern.

Ein Drittel der Bundesbürgerinnen und Bundesbürger ist nach eigener Angabe in *keinem* der 15 Bereiche aktiv beteiligt. Zwei Drittel sind in einem oder in mehreren Bereichen aktiv beteiligt. Dabei werden im Durchschnitt pro Person – sofern man überhaupt irgendwo mitmacht – 2,3 Bereiche genannt, in denen man sich aktiv beteiligt.

Dies ist, wenn man so will, in groben Konturen ein Bild des „Sozialkapitals" der deutschen Gesellschaft. Andere Untersuchungen beschreiben dieses anhand etwas anderer Indikatoren, etwa Vereinsmitgliedschaften. Die „aktive Beteiligung" trifft im Grunde aber besser als die bloße Vereinsmitgliedschaft den Aspekt, der grundlegend ist für Konzepte wie die des Sozialkapitals oder der Zivilgesellschaft – nämlich dass gesellschaftliches Leben und sozialer Zusammenhalt getragen werden von der Aktivität der Bürgerinnen und Bürger.

Was die aktive Beteiligung in den einzelnen Bereichen konkret bedeutet, war hier nicht genauer zu untersuchen. In unserer Erhebung wurde das genauere Nachfragen auf einen bestimmten Punkt konzentriert: nämlich herauszufinden, ob die aktive Beteiligung auch Tätigkeiten einschließt, die unter dem Oberbegriff des „freiwilligen Engagements" den eigentlichen Gegenstand dieser Untersuchung bilden.

---

9 Im Interview war die Reihenfolge der Bereiche also eine andere.

Übersicht 1:
Zahl der aktiv Beteiligten in verschiedenen gesellschaftlichen Bereichen

Bereich	Erläuterung	Aktiv Beteiligte in % [1]
(1) Sport und Bewegung	z.b. in einem Sportverein oder in einer Bewegungsgruppe	37%
(2) Freizeit und Geselligkeit	z.b. in einem Verein, einer Jugendgruppe oder einem Seniorenclub	25%
(3) Kultur und Musik	z.b. in einer Theater- oder Musikgruppe, einem Gesangsverein, einer kulturellen Vereinigung oder einem Förderkreis	16%
(4) Schule oder Kindergarten	z.b. in der Elternvertretung, der Schülervertretung oder einem Förderkreis	11%
(5) Sozialer Bereich	z.b. in einem Wohlfahrtsverband oder einer anderen Hilfsorganisation, in der Nachbarschaftshilfe oder einer Selbsthilfegruppe	11%
(6) Kirchlicher oder religiöser Bereich	z.b. in der Kirchengemeinde, einer kirchlichen Organisation oder einer religiösen Gemeinschaft	10%
(7) Berufl. Interessenvertretung außerhalb des Betriebs	z.b. in einer Gewerkschaft, einem Berufsverband, einer Arbeitsloseninitiative	9%
(8) Umwelt und Naturschutz, Tierschutz	z.b. in einem entsprechenden Verband oder Projekt	8%
(9) Politik und politische Interessenvertretung	z.b. in einer Partei, im Gemeinderat oder Stadtrat, in politischen Initiativen oder Solidaritätsprojekten	6%
(10) Außerschulische Jugendarbeit oder Bildungsarbeit für Erwachsene	z.b. Kinder- oder Jugendgruppen betreuen oder Bildungsveranstaltungen durchführen	6%
(11) Unfall- oder Rettungsdienst, freiwillige Feuerwehr		5%
(12) Gesundheitsbereich	z.b. als Helfer in der Krankenpflege oder bei Besuchsdiensten, in einem Verband oder einer Selbsthilfegruppe	5%
(13) Justiz/Kriminalitätsprobleme	z.b. als Schöffe oder Ehrenrichter, in der Betreuung von Straffälligen oder Verbrechensopfern	1%
(14) Wirtschaftliche Selbsthilfe	z.b. in Tauschbörsen oder Gib-und-Nimm-Zentralen	1%
(15) Sonstige bürgerschaftliche Aktivität am Wohnort	z.b. in Bürgerinitiativen oder Arbeitskreisen zur Orts- und Verkehrsentwicklung, aber auch Bürgerclubs und Sonstiges, das bisher nicht genannt wurde	5%

1) Basis: Wohnbevölkerung ab 14 Jahren (63,5 Mio. Menschen)

2.2 Die Übernahme freiwilliger, ehrenamtlicher Tätigkeiten in Gruppen, Organisationen und Einrichtungen

Es gibt im deutschen Sprachgebrauch keinen eindeutigen, jedermann verständlichen Begriff, der den Gegenstand dieser Untersuchung bezeichnet. Der Begriff „Ehrenamt" – auf den sich noch 1991 das Statistische Bundesamt in seiner Erhebung zu dem Thema ausschließlich stützte – gilt in Fachkreisen heute als zu eng, weil er zu sehr im Sinne traditioneller Formen ehrenamtlicher Mitarbeit in Vereinen und Verbänden verstanden werden könnte und die „neuen" Formen des Engagements – in Initiativen, Projekten, Selbsthilfegruppen – damit nicht hinreichend erfasst würden. Neue begriffliche Angebote wie das des „bürgerschaftlichen Engagements" oder auch des „freiwilligen Engagements" mögen als theoretische und politische Konzepte sinnvoll sein. Welchen Bedeutungsgehalt sie für „den einfachen Bürger" haben, ist jedoch unklar. In einer repräsentativen Befragung sind sie daher nicht ohne weiteres zu verwenden.

Unsere Frageformulierung im Interview stützt sich daher nicht auf einen einzelnen Begriff, sondern beschreibt ausführlicher die Art von Tätigkeiten, um die es geht.

Erläuterungstext im Interview:
„Uns interessiert nun, ob Sie in den Bereichen, in denen Sie aktiv sind, auch ehrenamtliche Tätigkeiten ausüben oder in Vereinen, Initiativen, Projekten oder Selbsthilfegruppen engagiert sind. Es geht um freiwillig übernommene Aufgaben und Arbeiten, die man unbezahlt oder gegen geringe Aufwandsentschädigung ausübt."

Fragentext:
„Sie sagten, Sie sind im Bereich XY aktiv. Haben Sie derzeit in diesem Bereich auch Aufgaben oder Arbeiten übernommen, die Sie freiwillig oder ehrenamtlich ausüben?"

Diese Frage wird für jeden Bereich gestellt, in dem eine Befragungsperson nach vorheriger Auskunft irgendwo aktiv mitmacht. Pro Bereich können bis zu zwei Tätigkeiten angegeben werden, in denen man freiwillig oder ehrenamtlich tätig ist. Als „eine" Tätigkeit gilt dabei alles, was man bei einer bestimmten Gruppe oder Organisation tut. Ist man im gleichen Tätigkeitsfeld noch bei einer anderen Gruppe oder Organisation engagiert, so gilt dies als zusätzliche, eigene Tätigkeit.

Übersicht 2 zeigt pro Engagementbereich die Zahl der aktiv Beteiligten sowie – als Teilgruppe davon – die Zahl der „freiwillig Engagierten". Dieser Begriff steht für diejenigen, die nach eigener Angabe freiwillige, ehrenamtliche Aufgaben und Arbeiten übernommen haben.

Von denen, die sich im jeweiligen Bereich aktiv beteiligen, übt ein unterschiedlich hoher Anteil auch freiwillige, ehrenamtliche Tätigkeiten aus. Der Anteil ist besonders niedrig in Bereichen wie *Freizeit und Geselligkeit* oder *Umwelt und Naturschutz/Tierschutz*. Das heißt, dass es hier viele Personen gibt, die zwar aktiv in der einen oder anderen Form mitmachen, ohne aber freiwillige, ehrenamtliche Arbeiten und Aufgaben übernommen zu haben; dies ist hier lediglich bei einem von fünf aktiv Beteiligten der Fall. Auf der anderen Seite gibt es Bereiche, in denen jeder Zweite, der nach eigener Angabe aktiv mitmacht, auch freiwillige, ehrenamtliche Arbeiten oder Aufgaben übernommen hat. Dazu gehören etwa die Bereiche *Schule/Kindergarten, Unfall-/Rettungsdienste/freiwillige Feuerwehr, Justiz/Kriminalitätsprobleme* und der *kirchlich-religiöse Bereich*.

In absoluten Größen ist der Bereich *Sport und Bewegung* der Bereich mit der größten Zahl freiwillig Engagierter (11% der Bundesbürger). Zahlenmäßig die kleinsten Bereiche sind *Gesundheit, Justiz* und *sonstige bürgerschaftliche Aktivität am Wohnort* (jeweils 1% der Bevölkerung). Der Bereich *wirtschaftliche Selbsthilfe* ist so schwach besetzt, dass er nicht getrennt ausgewertet werden kann. Die weitere Darstellung des freiwilligen Engagements bezieht sich daher nur mehr auf 14 der in der Befragung vorgegebenen 15 Bereiche.

• Über alle Bereiche betrachtet gibt es unter den Bundesbürgern und Bundesbürgerinnen 34%, die eine oder mehrere Tätigkeiten im Sinne „freiwilligen Engagements" ausüben. Im Durchschnitt üben die Engagierten 1,6 solcher Tätigkeiten aus. Daraus ergeben sich hochgerechnet folgende Eckwerte:

Rund 21 Mio. Menschen in Deutschland sind in der einen oder anderen Weise freiwillig engagiert. Die Zahl der freiwillig oder ehrenamtlich ausgeübten Tätigkeiten, die in der Befragung genannt wurden, beträgt hochgerechnet 35 Mio. Tätigkeiten (oder „Fälle" freiwilligen Engagements).

Übersicht 2:

"Freiwillig Engagierte": Die Teilgruppe der aktiv Beteiligten im jeweiligen Bereich, die freiwillige, ehrenamtliche Tätigkeiten übernommen hat

Basis: Wohnbevölkerung ab 14 Jahren

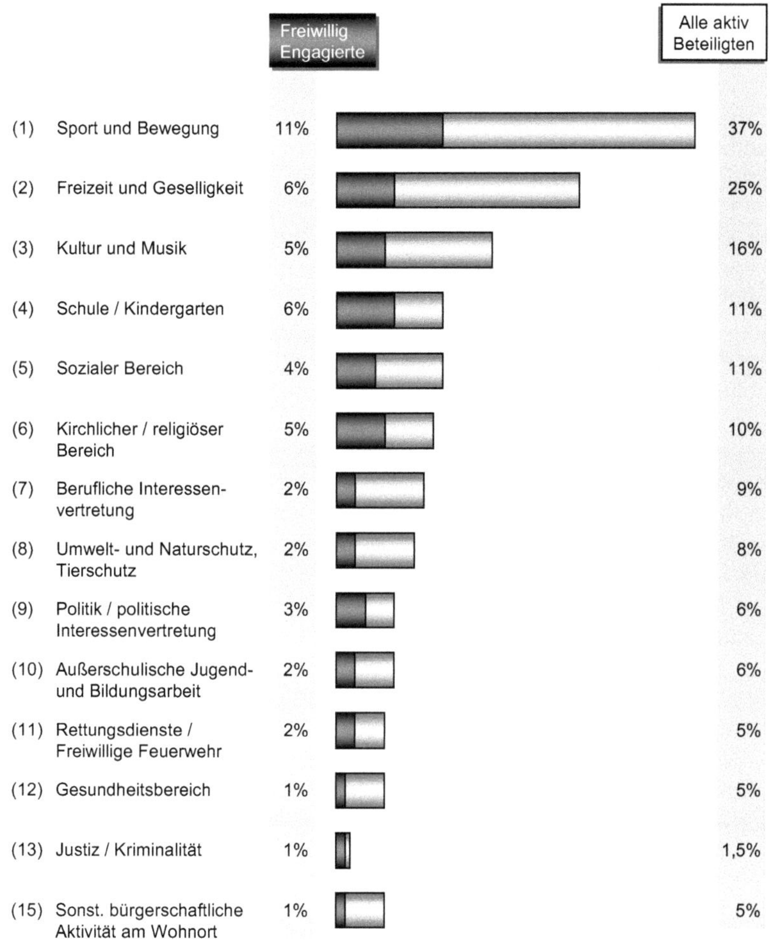

	Freiwillig Engagierte		Alle aktiv Beteiligten
(1) Sport und Bewegung	11%		37%
(2) Freizeit und Geselligkeit	6%		25%
(3) Kultur und Musik	5%		16%
(4) Schule / Kindergarten	6%		11%
(5) Sozialer Bereich	4%		11%
(6) Kirchlicher / religiöser Bereich	5%		10%
(7) Berufliche Interessen- vertretung	2%		9%
(8) Umwelt- und Naturschutz, Tierschutz	2%		8%
(9) Politik / politische Interessenvertretung	3%		6%
(10) Außerschulische Jugend- und Bildungsarbeit	2%		6%
(11) Rettungsdienste / Freiwillige Feuerwehr	2%		5%
(12) Gesundheitsbereich	1%		5%
(13) Justiz / Kriminalität	1%		1,5%
(15) Sonst. bürgerschaftliche Aktivität am Wohnort	1%		5%

© Infratest Burke Sozialforschung, Freiwilligensurvey 1999   ZFROS

Übersicht 3 zeigt die Verteilung der freiwilligen, ehrenamtlich ausgeübten Tätigkeiten nach Bereichen. Auf den größten Bereich *Sport und Bewegung* entfallen allein 22%, auf die vier größten Bereiche zusammen 55%.

Zu berücksichtigen ist, dass die Abgrenzung zwischen den Bereichen nicht immer trennscharf ist. Beispielsweise ist „außerschulische Jugendarbeit oder Bildungsarbeit für Erwachsene" zwar als eigener Bereich ausgewiesen (Bereich 10), doch findet Jugend- und Bildungsarbeit auch innerhalb anderer Bereiche statt und kann von den Befragten auch dort zugeordnet sein. Insofern sind Bereiche mit Querschnittscharakter zahlenmäßig wahrscheinlich unterschätzt.

Die Reihenfolge, in der die Bereiche in Übersicht 3 aufgeführt sind, ist dieselbe wie in Übersicht 1, richtet sich also nach der Zahl der Personen, die in einem Bereich überhaupt aktiv beteiligt sind. Bei dieser Betrachtung ergibt sich ein interessantes Muster. Auf der linken Seite des Kreises stehen die großen Bereiche mit einer großen Zahl von aktiv Beteiligten und freiwillig Engagierten. In diesen Bereichen – *Sport und Bewegung, Freizeit und Geselligkeit, Kultur und Musik,* teilweise auch *Schule oder Kindergarten* – geht es darum, *Gemeinschaftsaktivität im persönlichen Lebensumfeld zu organisieren.* In den übrigen, kleineren Bereichen – angeordnet auf der rechten Seite des Kreises in Übersicht 3 – geht es eher um *politisch-soziales Engagement.*

Sicher ist diese Differenzierung der Bereiche nach zwei Oberkategorien nicht ganz trennscharf. Sie erscheint uns aber wichtig, um die Untersuchungsergebnisse richtig zu bewerten.

- Die Untersuchung zeigt, dass es in Deutschland eine große Zahl an Menschen gibt, die freiwillige, ehrenamtliche Arbeit leisten. Die Zahl ist größer, als sie sich nach den meisten bisherigen Untersuchungen darstellte.

Es wäre jedoch verfehlt, dieses Engagement insgesamt mit politisch-sozialem Engagement gleichzusetzen. Letzteres spielt ohne Frage eine wichtige Rolle. Freiwilliges Engagement ist jedoch häufig einfach Teil der Gemeinschaftsaktivität im persönlichen Lebensumfeld. In diesem Rahmen ist es durchaus auch „gemeinwohlorientiert", nicht jedoch in einem darüber hinausgehenden politischen Sinne. Die breite Beteiligung der Bürgerinnen und Bürger an solcher Gemeinschaftsaktivität prägt in erheb lichem Maß – und zu Recht,

Übersicht 3:

Freiwilliges Engagement: Verteilung auf Bereiche

Hier geht es eher um die "Organisation von Gemeinschaftsaktivität"

Hier geht es eher um "politisch-soziales Engagement"

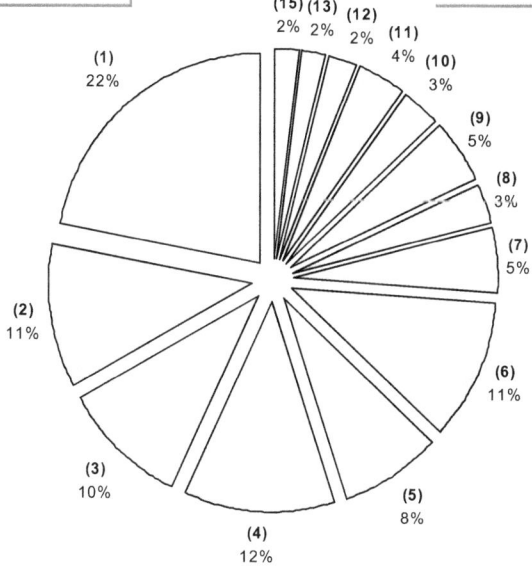

(1) *Sport und Bewegung,* (2) *Freizeit und Geselligkeit,* (3) *Kultur und Musik,* (4) *Schule / Kindergarten,* (5) *Sozialer Bereich,* (6) *Kirchlicher / religiöser Bereich,* (7) *Berufliche Interessenvertretung,* (8) *Umwelt- und Naturschutz, Tierschutz,* (9) *Politik / politische Interessenvertretung,* (10) *Außerschulische Jugendarbeit, Bildungsarbeit für Erwachsene,* (11) *Rettungsdienste / Freiwillige Feuerwehr,* (12) *Gesundheitsbereich,* (13) *Justiz / Kriminalitätsprobleme,* (15) *Sonstige bürgerschaftliche Aktivität am Wohnort*

Anmerkung zu (14) *Wirtschaftliche Selbsthilfe*: fehlt wegen zu geringer Besetzung.

© Infratest Burke Sozialforschung, Freiwilligensurvey 1999   ZFROS

47

wie wir meinen – das Gesamtbild freiwilligen Engagements, das in dieser Untersuchung gezeichnet wird.

Eine weitere Anmerkung zu der ermittelten „Engagementquote" von 34% erscheint uns wichtig. Freiwilliges Engagement im Sinne dieser Untersuchung bezieht sich nicht auf Einstellungen, sondern auf Verhaltensweisen einer Person (auch wenn beides mehr oder weniger zusammenhängen mag). Gemessen wird nicht „Gesinnungsengagement", sondern die Ausübung bestimmter Tätigkeiten.

Die Gegenüberstellung von Engagierten (34% der Bundesbürger) und Nicht-Engagierten (alle übrigen) sollte daher auch nicht statisch im Sinne fester Blöcke verstanden werden. Vielleicht ist es richtiger, freiwilliges Engagement auf einem Kontinuum zu sehen, auf einer Skala des Mehr oder Weniger. Unser Untersuchungskonzept ermöglicht eine solche Betrachtungsweise.

Übersicht 4 zeigt eine fünfstufige „Engagement-Skala" und den Anteil der Bundesbürger, die den verschiedenen Stufen der Skala zuzuordnen sind. Die Skala geht über die Ja/Nein-Gruppierung – engagiert versus nicht engagiert – dadurch hinaus, dass sie im Bereich der Nicht-Engagierten zusätzlich berücksichtigt, ob jemand sich zumindest irgendwo aktiv beteiligt oder nicht, und dass sie im Bereich der Engagierten zusätzlich die *Anzahl* der freiwilligen, ehrenamtlichen Tätigkeiten berücksichtigt, die eine Person ausübt (bezeichnet als Einfach-Engagement, Zweifach-Engagement, Dreifach-Engagement).

Die untere Stufe auf der Engagement-Skala bildet das Drittel der Bundesbürger, die sich nirgendwo in Gruppen, Vereinen, Organisationen oder Einrichtungen aktiv beteiligen. Ein weiteres Drittel der Bundesbürger (Stufe 2) macht zwar irgendwo aktiv mit, ohne dort aber freiwillige, ehrenamtliche Aufgaben oder Arbeiten übernommen zu haben. Das dritte Drittel hat solche Aufgaben oder Arbeiten übernommen und ist in diesem Sinne „freiwillig engagiert". Die meisten davon (21% der Bundesbürger) sind einfach, d.h. in *einer* Tätigkeit engagiert. Die Mehrfach-Engagierten bilden eine deutlich kleinere Minderheit: Zweifach-Engagierte 8%, Dreifach-Engagierte 5%. Im Vergleich zu den Einfach-Engagierten wenden die Mehrfach-Engagierten deutlich mehr Zeit für ihr Engagement insgesamt auf, und deutlich häufiger sind sie auch in den Bereichen des politisch-sozialen Engagements tätig.

Übersicht 4:

Positionen auf der Engagement-Skala

(1) Personen ohne aktive
Beteiligung

(2) mit aktiver Beteiligung, aber
ohne freiwilliges Engagement

(3) mit freiwilligem Engagement
(einfach)

(4) mit freiwilligem Engagement
(zweifach)

(5) mit freiwilligem Engagement
(dreifach und mehr)

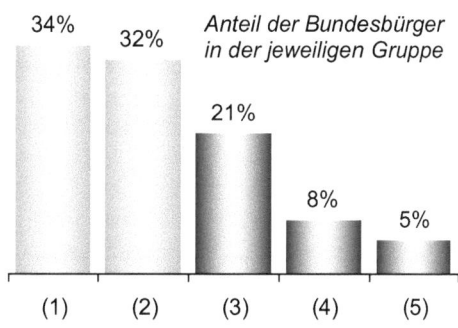

Die Stufe, die eine Person auf der Engagement-Skala einnimmt, ist nicht unbedingt dauerhaft. Je nach Lebensphase und Lebensumständen, aber auch in Abhängigkeit von äußeren Bedingungen oder Angeboten kann man freiwillige Engagements übernehmen oder abgeben. Auf den Stufen der (gedachten) Engagement-Skala würde man sich damit nach oben oder unten bewegen. Diese „Beweglichkeit" ist ein wichtiger Aspekt im „Strukturwandel des Engagements", wie er in der Forschungsliteratur beschrieben wird. Klages formuliert diesen Gedanken im vorliegenden Untersuchungsbericht noch pointierter, indem er ein „Zirkulationsmodell des Engagements" entwirft.[10]

So richtig und berechtigt eine solche „dynamische" Betrachtung des Engagements ist, so darf auf der anderen Seite nicht übersehen werden, dass die Engagementbereitschaft einer Person eine grundlegende und damit recht stabile Disposition ist, angelegt in der Persönlichkeitsstruktur und geprägt und gestützt durch soziale Bedingungen. Wo eine Person auf der Engagement-Skala verortet ist, ist mehr als eine momentane Zufälligkeit. Ein späteres Kapitel dieses Berichts (Kapitel 3.1) geht solchen Zusammenhängen genauer nach.

---

10 Kapitel B.7 (Potenziale), ergänzend auch Kapitel B.6 (Zugang).

2.3   Terminologie: Präferierte Bezeichnungen der Tätigkeit

Die Diskussion um freiwilliges Engagement und Ehrenamt hat ein terminologisches Problem, weil im deutschen Sprachgebrauch derzeit verschiedene, teils konkurrierende Begriffe für die Sache verwendet werden. Im Fragebogen für diese Untersuchung haben wir daher vermieden, uns zu sehr auf einen bestimmten Begriff zu stützen (vgl. Kapitel 2.2). Nachdem die interessierenden Tätigkeiten im Interview identifiziert waren, haben wir dann aber die Gelegenheit genutzt und die Betroffenen selbst gefragt, welchen Begriff sie für die von ihnen ausgeübte Tätigkeit präferieren würden. Es wurden fünf häufig verwendete Bezeichnungen zur Auswahl vorgegeben.[11] Die Ergebnisse zeigt Übersicht 5.

Der Begriff „Freiwilligenarbeit" wurde mit 48% weitaus am häufigsten gewählt, mit einigem Abstand gefolgt von „Ehrenamt" (32%). Dies ist ein überraschendes Ergebnis, weil *Freiwilligenarbeit* – das Pendant zum angelsächsischen *Volunteering* – im deutschen Sprachgebrauch bisher eigentlich nicht sehr geläufig ist. Offenbar trifft der Begriff mit seinen Bestandteilen *freiwillig* und *Arbeit* aber das Selbstverständnis der Engagierten in vielen Bereichen besser als die Alternative, die sich aus *Ehre* und *Amt* zusammensetzt.

Der Begriff „Bürgerengagement", der im politischen und wissenschaftlichen Raum teilweise als Oberbegriff für die verschienenen Formen freiwilligen Engagements verwendet wird, dient lediglich einer Teilgruppe von 6% als Identifikationsbegriff. Ebenso viele bezeichnen ihre Tätigkeit als „Initiativen- oder Projektarbeit" (7%). Der Begriff „Selbsthilfe" wird nur von einer sehr kleinen Minderheit (2%) verwendet, die im wesentlichen im Gesundheitsbereich tätig ist.

Dieses Ergebnis der Befragung hat dazu geführt, auch die Titelwahl dieser Untersuchung zu überdenken. Die ursprüngliche Bezeichnung „Erhebung zum Ehrenamt" scheint das breite Spektrum an Tätigkeiten, das in der Befragung erfasst wird, nur unzureichend zum Ausdruck zu bringen. Der neu gewählte Begriff „freiwilliges Engagement" verbindet die Konnotationen von „Freiwilligenarbeit" und „Bürgerengagement". Er scheint damit geeignet, als Oberbegriff für die

---

11 Zusätzlich enthielt die Liste der Vorgaben die Bezeichnung „Nebenberuf", um den Grenzbereich zwischen Ehrenamt und Nebenberuf sichtbar zu machen.

Übersicht 5:

Präferierte Bezeichnung für das Engagement in der jeweils ausgeübten Tätigkeit

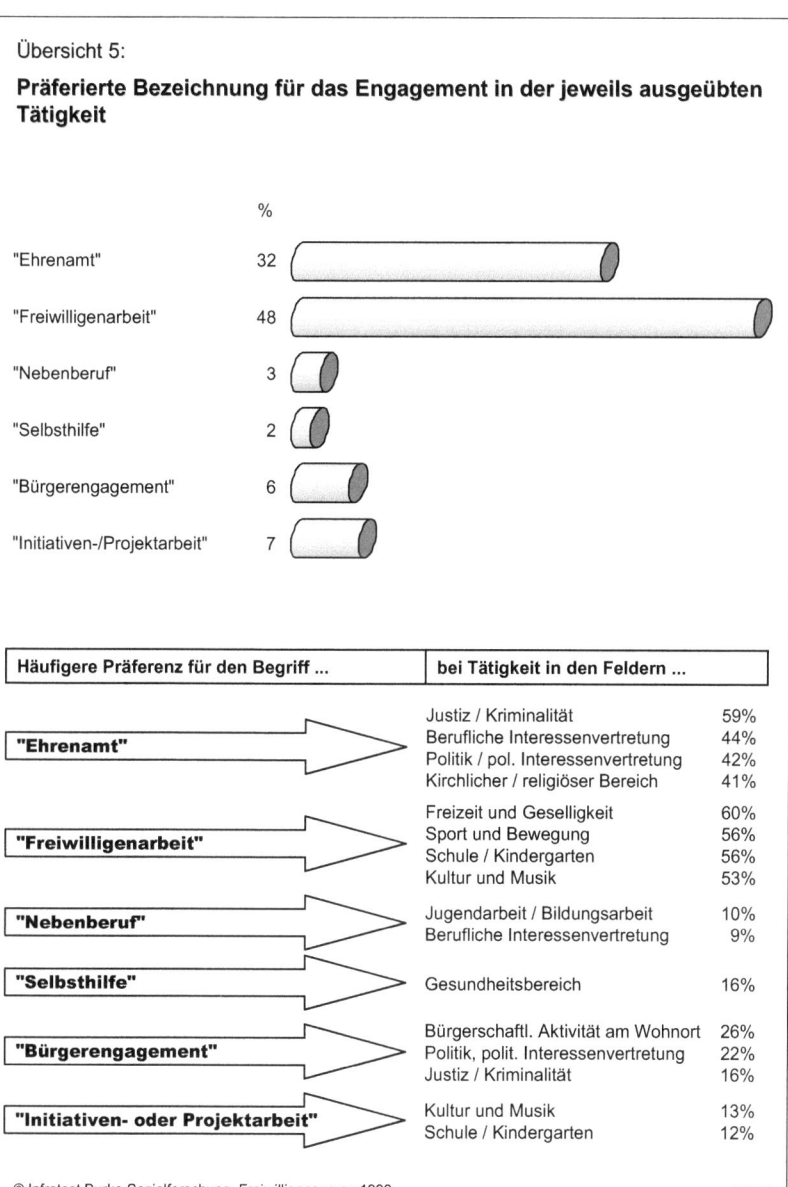

%

"Ehrenamt" 32

"Freiwilligenarbeit" 48

"Nebenberuf" 3

"Selbsthilfe" 2

"Bürgerengagement" 6

"Initiativen-/Projektarbeit" 7

Häufigere Präferenz für den Begriff ...	bei Tätigkeit in den Feldern ...	
"Ehrenamt"	Justiz / Kriminalität	59%
	Berufliche Interessenvertretung	44%
	Politik / pol. Interessenvertretung	42%
	Kirchlicher / religiöser Bereich	41%
"Freiwilligenarbeit"	Freizeit und Geselligkeit	60%
	Sport und Bewegung	56%
	Schule / Kindergarten	56%
	Kultur und Musik	53%
"Nebenberuf"	Jugendarbeit / Bildungsarbeit	10%
	Berufliche Interessenvertretung	9%
"Selbsthilfe"	Gesundheitsbereich	16%
"Bürgerengagement"	Bürgerschaftl. Aktivität am Wohnort	26%
	Politik, polit. Interessenvertretung	22%
	Justiz / Kriminalität	16%
"Initiativen- oder Projektarbeit"	Kultur und Musik	13%
	Schule / Kindergarten	12%

ZFROS

verschiedenen Formen freiwilliger, ehrenamtlicher Tätigkeit Akzeptanz zu finden.

2.4 Wachstum oder Rückgang des ehrenamtlichen, freiwilligen Engagements?

Im Jahr 1996 legte die Bundesregierung in Beantwortung einer Anfrage des Parlaments den Bericht „Die Bedeutung ehrenamtlicher Tätigkeit für unsere Gesellschaft" vor.[12] Darin wurde in verdienstvoller Weise ein breites Material verfügbarer Informationen zusammengetragen, überwiegend gestützt auf Auskünfte von Verbänden, in deren Bereich ehrenamtliche Mitarbeit von Bedeutung ist. Da aus diesem Puzzle von Einzelinformationen keine Gesamtzahl von ehrenamtlich engagierten Personen in Deutschland ableitbar ist, stützte sich der Bericht zu diesem Punkt auf zwei repräsentative Erhebungen, die übereinstimmend eine Größenordnung von 17 – 18% der Bundesbürgerinnen und Bundesbürger als ehrenamtlich tätige Personen ausweisen:

- Die erste Quelle ist die Zeitbudget-Erhebung des Statistischen Bundesamts von 1991.[13] In dieser Erhebung wurde gefragt: „Üben Haushaltsmitglieder zur Zeit ein Ehrenamt aus?" Daraus wurde die Quote von 17% ehrenamtlich tätiger Bundesbürger ermittelt.

- Die zweite Quelle war die „European Volunteering Study (EuroVol)", die in einer Reihe von Ländern Anfang der 90er Jahre international vergleichend durchgeführt wurde.[14] Diese Erhebung arbeitete im Gegensatz zum Statistischen Bundesamt mit einem breiteren Konzept von ehrenamtlichem, freiwilligem Engagement. Gleichwohl lag die ermittelte Quote von „Volunteers" in Deutschland auf dem gleichen Niveau, nämlich bei 18%. Deutschland erschien im internationalen Vergleich damit als ein Schlusslicht und ein entwicklungsbedürftiges Land.

---

12 Bundesregierung 1996
13 Blanke / Ehling / Schwarz 1996: Zeit im Blickfeld. Ergebnisse einer repräsentativen Zeitbudget-Erhebung, Stuttgart/Berlin/Köln 1996
14 Gaskin / Smith / Paulwitz 1996: Ein neues bürgerschaftliches Europa. Eine Untersuchung zur Verbreitung und Rolle von Volunteering in zehn Ländern., Stuttgart 1996

Die neue repräsentative Erhebung 1999, durchgeführt im Auftrag der Bundesregierung, weist nun 34% der Bundesbürger als freiwillig oder ehrenamtlich engagiert aus. Wie ist das zu bewerten? Heißt es, dass im Laufe der 90er Jahre die Engagementbereitschaft der Bundesbürger sprunghaft zugenommen hat? Zeigt sich hier gar die Wirkung der Regierungspolitik, die im erwähnten Bericht von 1996 die Förderung des Ehrenamts zur staatlichen Aufgabe erklärte?

Dem stehen eine Reihe von Indizien entgegen. Ein gewichtiges Indiz sind die Klagen aus der praktischen Verbandsarbeit in vielen Bereichen, die eine zurückgehende Bereitschaft der Bürger zum ehrenamtlichen Engagement konstatieren.

Ein anderes Indiz ist, dass auch neuere repräsentative Erhebungen zu diesem Thema kein einheitliches Bild zeichnen. Der Speyerer Wertesurvey von 1997 („Wertewandel und bürgerschaftliches Engagement") ermittelte eine Engagementquote der Bundesbürger, die sogar bei 38% lag.[15] Eine bundesweit repräsentative Befragung des ISO-Instituts von 1999, durchgeführt im Auftrag der Nordrhein-Westfälischen Landesregierung, ergab demgegenüber eine Engagementquote, die wiederum den Zahlen von Anfang der 90er Jahre entspricht: „18,2 Prozent der Menschen in Deutschland engagieren sich ehrenamtlich."[16]

Tatsache ist, dass alle Aussagen zur Zahl der freiwillig oder ehrenamtlich engagierten Menschen in Deutschland in hohem Maße von methodischen Unsicherheiten bestimmt sind. Das ist im Grunde nicht verwunderlich, wenn man bedenkt, wie vielfältig und schwer greifbar das Spektrum an Tätigkeiten ist, das hier erfasst werden soll. (Vgl. den *Methodischen Exkurs* am Ende dieses Kapitels.)

Das bedeutet nun auch, dass der *Freiwilligensurvey 1999* vorerst nicht Grundlage von Trendaussagen sein kann. Dies wird erst möglich sein, wenn die Erhebung mit gleichem Konzept in einigen Jahren wiederholt wird.

Für die zurückliegenden Jahre können sich Trendaussagen nur auf Erhebungen stützen, die mit gleichbleibendem methodischen Kon-

---

15 Klages / Gensicke 1999.
16 Presseerklärung des Ministeriums für Arbeit, Soziales und Stadtentwicklung, Kultur und Sport des Landes Nordrhein-Westfalen vom 3. Dezember 1999.

zept wiederholt in verschiedenen Jahren durchgeführt wurden. Die wichtigste, wenn nicht sogar die einzige Datenquelle, die diese Voraussetzungen erfüllt, ist für Deutschland das *Sozio-oekonomische Panel (SOEP)*, eine seit 1984 jährlich wiederholte Befragung. Die Ergebnisse weisen aus, dass von Mitte der 80er Jahre bis Mitte der 90er Jahre der Anteil ehrenamtlich tätiger Bundesbürger um etwa 5 Prozentpunkte *angestiegen* ist. Der Anstieg vollzog sich dabei im Randbereich des ehrenamtlich aktiven Personenkreises, d.h. nicht bei denen, die regelmäßig, sondern bei denen, die eher sporadisch ehrenamtlich tätig sind.[17]

Dieser Befund einer *steigenden* Zahl ehrenamtlich engagierter Personen in Deutschland steht im Widerspruch zu den Klagen aus dem Bereich der Verbände über eine sinkende Bereitschaft zum ehrenamtlichen Engagement. Der Widerspruch lässt sich derzeit nicht eindeutig erklären oder auflösen. Umso wichtiger ist es aber, dass der Anteil freiwillig engagierter Personen in repräsentativen Umfragen nicht nur allgemein und pauschal erhoben wird, sondern mit ausreichender Konkretisierung und Differenzierung.

Trenddaten sind auch wichtig, um die These vom *Strukturwandel des Ehrenamts* empirisch zu untermauern. Die vorliegende Untersuchung kann zur empirischen Klärung beitragen, auch wenn sie keine Trenddaten bietet. Sie beschreibt Strukturen im Gesamtbereich des freiwilligen Engagements, wie sie sich heute darstellen. Wenn es einen Strukturwandel gibt, müsste dieser seinen Ausdruck in den heute gegebenen Strukturen und damit in den Ergebnissen der Untersuchung finden.

Methodischer Exkurs

Die repräsentative Erhebung soll zwei Dinge leisten: zum einen den Anteil der Bevölkerung und damit die absolute Zahl der Bundesbürgerinnen und –bürger bestimmen, die freiwillig engagiert sind, und zum anderen die Strukturen im Bereich des freiwilligen Engagements beschreiben. Ersteres kann man als die „Niveaufrage", Letzteres als die „Strukturfrage" bezeichnen.

---

17 Heinze / Keupp: Gesellschaftliche Bedeutung von Tätigkeiten außerhalb der Erwerbsarbeit. Gutachten für die „Kommission für Zukunftsfragen" der Freistaaten Bayern und Sachsen. Bochum und München 1997, S. 44/Tab. 2. Vgl. auch Erlinghagen / Rinne / Schwarze 1997.

Bisherige Umfrageergebnisse zum Thema Ehrenamt bzw. freiwilliges Engagement zeigen eine große Schwankungsbreite der ausgewiesenen Niveau-Zahlen („Engagementquoten"), die im Bereich von knapp über 10% bis knapp unter 40% der Bevölkerung streuen.[18] Eine Beurteilung der Zuverlässigkeit und Glaubwürdigkeit verschiedener Umfrageergebnisse in diesem Themenfeld muss zwei Dinge berücksichtigen:

(1) Ehrenamtliche Tätigkeiten bzw. freiwilliges Engagement zu erfassen, ist ein schwieriges „Messproblem" – und dabei hängen die Niveaufrage und die Strukturfrage eng zusammen.

Wenn eine Umfrage einen größeren oder kleineren Teil der Bevölkerung als ehrenamtlich bzw. freiwillig engagiert erfasst, dann ist die Frage immer auch: Welchen Teil aus dem Gesamtspektrum relevanter Tätigkeiten bzw. Personen bildet sie ab? Ob beispielsweise in erster Linie formal definierte Ehrenämter erfasst werden oder auch der große Bereich informeller Freiwilligenarbeit, wird nicht nur die ausgewiesene „Engagementquote" beeinflussen, sondern auch die ausgewiesenen Strukturen, sei es in Bezug auf Personenmerkmale (z.B. den Frauenanteil) oder den organisatorischen Rahmen oder Inhalte und Anforderungen der Tätigkeiten.[19] Was das ausgewiesene Niveau der Ehrenamts- bzw. Engagementquote betrifft, so ist es völlig plausibel, wenn der *Freiwilligensurvey 1999* mit seiner sorgfältigen Erfassung aller möglichen relevanten Tätigkeiten im Bereich des freiwilligen Engagements zu einer doppelt so hohen Engagementquote kommt wie etwa die Zeitbudgetstudie des Statistischen Bundesamts von 1991, die sich in ihrem Messkonzept allein auf den Begriff „Ehrenamt" stützte.

(2) Neben dem Messproblem gibt es ein Stichprobenproblem. Dieses führt in der Tendenz dazu, dass alle repräsentativen Umfragen das Niveau ehrenamtlichen bzw. freiwilligen Engagements vermutlich überhöht ausweisen.

Umfrageforschung, auch wenn sie hohen Qualitätsstandards entspricht, kann bestimmte „Ränder" der Gesellschaft nicht erreichen (z.B. Obdachlose, Kranke, Anstaltsbewohner, Personen ohne ausreichende deutsche Sprachkenntnisse, ggf. auch Haushalte ohne Telefon). Darüber hinaus ist die Teilnahme an der Befragung grundsätzlich freiwillig. Es ist nicht auszuschließen, dass persönliche und soziale Merkmale, die freiwilliges Engagement begünstigen (Offenheit, Interesse, Kooperationsbereitschaft, Gemeinwohlorientierung), sich in gleicher Weise auch positiv auf die Teilnahmebereitschaft an einer repräsentativen Befragung auswirken. Im Effekt würde dies dazu führen, dass der inaktive Teil der Bevölkerung in den Um-

---

18 Vgl. von Rosenbladt: Zur Messung des ehrenamtlichen Engagements in Deutschland – Konfusion oder Konsensbildung? In: Kistler/Noll/Priller 1999, S 399 ff.

19 Als Beispiel sei auf die Analysen zum Sportbereich im Rahmen dieser Untersuchung verwiesen. Vgl. Kapitel B 4 in diesem Band und ausführlicher von Rosenbladt / Blanke: Ehrenamt und Freiwilligenarbeit im Sport, in: Picot 2000.

fragen unterrepräsentiert und der aktive Teil überrepräsentiert würde. Eine daraus resultierende Überschätzung der Engagementquote der Bevölkerung halten wir für wahrscheinlich.[20] Diese Überlegung gilt wohlgemerkt für *alle* repräsentativen Umfragen zum Thema des freiwilligen, ehrenamtlichen Engagements – nicht nur für die hier vorgestellte, aber durchaus auch für die hier vorgestellte.

Die Aussagen zum absoluten *Niveau* des freiwilligen Engagements, also hochgerechnete Zahlen zur Anzahl von Personen oder Tätigkeiten im Bereich des freiwilligen Engagements, sind daher aus kaum vermeidbaren Methodenproblemen mit einer gewissen Unsicherheit behaftet. Die Aussagen zu *Strukturen* im Bereich des freiwilligen Engagements sind davon unberührt und weisen daher einen höheren Grad an methodischer Sicherheit auf.

---

20 Eine Überprüfung dieser Vermutung wäre möglich, wenn es vergleichbare Referenzstatistiken aus anderen Quellen gäbe, die in der Abgrenzung des interessierenden Personenkreises wirklich vergleichbar sind. Diese Voraussetzung ist aber höchstens für Teilbereiche und hier auch nur mit Einschränkungen gegeben. Für einen Versuch einer solchen Validierung der Ergebnisse vgl. von Rosenbladt / Blanke: Ehrenamt und Freiwilligenarbeit im Sport (Kapitel 2 und 3), in Picot 2000.

3. Soziale Bedingungen des freiwilligen Engagements

Freiwilliges Engagement findet man in verschiedenen Bevölkerungsgruppen in unterschiedlichem Umfang und mit unterschiedlichen Schwerpunkten. Teil B dieses Berichts stellt dies genauer dar für Frauen und Männer (Kapitel 1), für Jugendliche und junge Erwachsene (Kapitel 2), für Senioren (Kapitel 3) sowie für die Menschen in den neuen Ländern (Kapitel 5). Ergänzend werden an dieser Stelle allgemeinere soziale Bedingungen freiwilligen Engagements behandelt.

3.1 Freiwilliges Engagement, Gemeinsinn und sozialer Zusammenhalt

Die Bereitschaft zum freiwilligen Engagement in Gruppen, Vereinen, Organisationen oder Einrichtungen ist Teil der *sozialen Einbindung* einer Person. Sie geht einher mit anderen Formen aktiven, gemeinwohlorientierten Verhaltens, und sie hat soziale Voraussetzungen, die solche Verhaltensweisen erleichtern und stützen.

In den Übersichten 6 und 7 sind verschiedene Aspekte dieses zusammenhängenden „Bündels" von Merkmalen und Faktoren aufgeführt. Um die Zusammenhänge darzustellen, greifen wir auf die „Engagement-Skala" zurück, die oben vorgestellt wurde (Kapitel 2.2). Alle Befragungspersonen sind einer der fünf Stufen der Skala zugeordnet, beginnend mit Personen ohne jegliche aktive Beteiligung in einem der Engagementbereiche (Stufe 1) und endend mit stark engagierten Personen, die drei oder mehr freiwillige, ehrenamtliche Tätigkeiten ausüben (Stufe 5).

Wir haben im Datenmaterial nach Merkmalen der Personen gesucht, die mit zunehmender Engagementausprägung ebenfalls verstärkt ausgeprägt sind, und zwar eindeutig und linear, also zunehmend von Stufe zu Stufe der Engagement-Skala. Wenn dies der Fall ist, hängen sie offensichtlich mit dem „Engagement-Faktor" zusammen. Gefunden haben wir folgende Merkmale:

Übersicht 6:

Freiwilliges Engagement und andere Formen von Aktivität und Gemeinsinn

(1) Personen ohne aktive Beteiligung

(2) mit aktiver Beteiligung, aber ohne freiwilliges Engagement

(3) mit freiwilligem Engagement (einfach)

(4) mit freiwilligem Engagement (zweifach)

(5) mit freiwilligem Engagement (dreifach und mehr)

Position auf der Engagement-Skala

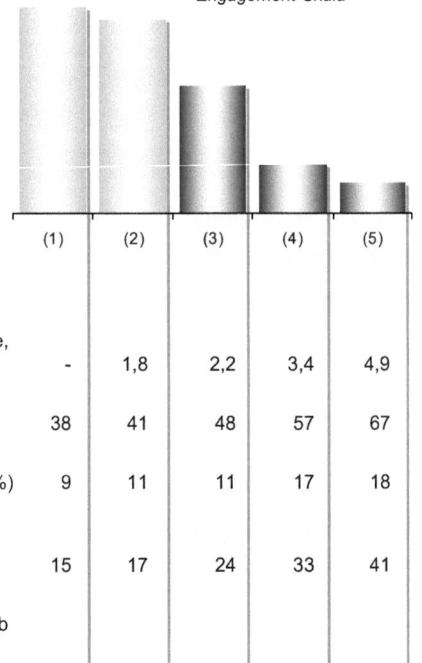

	(1)	(2)	(3)	(4)	(5)

Weitere Merkmale dieser Personen:

	(1)	(2)	(3)	(4)	(5)
(a) Zahl der gesellschaftlichen Bereiche, in denen man sich aktiv beteiligt	-	1,8	2,2	3,4	4,9
(b) Starkes politisches Interesse (%)	38	41	48	57	67
(c) War / ist Betriebsrat / Personalrat (%)	9	11	11	17	18
(d) Geldspenden für caritative, soziale oder gemeinnützige Zwecke (%)	15	17	24	33	41
(e) Leistet Hilfe für Personen außerhalb des Haushalts:					
ja, Nachbarn (%)	25	29	32	37	45
ja, Bekannte / Freunde (%)	34	43	48	55	63
(f) Wertorientierungen: [1]					
"Sozial Benachteiligten und gesellschaftlichen Randgruppen helfen"	0	-.1	+.1	+.2	+.3
"Eigene Phantasie und Kreativität entwickeln"	-.1	0	+.1	+.2	+.3
"Macht und Einfluß haben"	-.1	0	0	+.1	+.1

[1] Die Werte bedeuten:
+ stärker ausgeprägt, - schwächer ausgeprägt als im Durchschnitt der Befragten

© Infratest Burke Sozialforschung, Freiwilligensurvey 1999   ZFROS

- Die aktive Beteiligung in verschiedenen gesellschaftlichen Bereichen, also das Mitmachen in Gruppen, Vereinen, Organisationen oder Einrichtungen – zunächst ganz unabhängig davon, ob man dort freiwillige, ehrenamtliche Aufgaben und Arbeiten übernimmt.

Die Zahl der gesellschaftlichen Bereiche, in denen eine Person aktiv beteiligt ist, steigt von 0 bei Personen auf Stufe 1 der Skala schrittweise auf durchschnittlich 4,9 Bereiche bei den Mehrfach-Engagierten.

- Das Interesse dafür, „was in der Politik und im öffentlichen Leben vor sich geht".
Während Personen ohne aktive Beteiligung zu 38% starkes Interesse dafür angeben, steigt dieser Anteil auf 67% bei den Mehrfach-Engagierten.

- Eine Tätigkeit als Betriebsrat oder Personalrat, also die Bereitschaft, sich auch im Betrieb nicht nur für die eigene Arbeit, sondern für „das Ganze" zu engagieren und Verantwortung zu übernehmen (Anstieg über die Stufen der Engagement-Skala von 9% auf 18%).[21]

- Die Bereitschaft zu Geldspenden für karitative, soziale oder gemeinnützige Zwecke.
Der Anteil derer, die im letzten Jahr nach eigener Angabe mindestens 200 DM gespendet haben, steigt von 15% bei Personen ohne aktive Beteiligung bis auf 41% bei denjenigen, die drei oder mehr freiwillige, ehrenamtliche Tätigkeiten ausüben. *Geld spenden* und *Zeit „spenden"* können im Einzelfall alternative Formen von Gemeinsinn darstellen. In der Tendenz sind es aber dieselben Personen, die das eine und das andere tun.

- Die private Unterstützungsbereitschaft „für Personen außerhalb des eigenen Haushalts, denen man regelmäßig etwas hilft, z.B. bei Besorgungen, kleineren Arbeiten oder der Betreuung von Kindern und Kranken".
Nachbarschaftshilfe dieser Art leisten nach eigenen Angaben 25% der Personen auf der unteren Stufe der Engagement-Skala, aber

---

21 Bei den 15 Engagementbereichen gibt es den Bereich „Berufliche Interessenvertretung außerhalb des Betriebes". Die innerbetriebliche Interessenvertretung war ausgeklammert, weil sie innerhalb der Arbeitszeit stattfindet.

45% der Personen mit Mehrfach-Engagement. Ähnlich ist es mit Hilfe, die man Personen aus dem *Freundes- und Bekanntenkreis* leistet.

- Was einem wichtig ist im Leben, also Wertorientierungen.
  Je mehr man freiwillig engagiert ist, um so wichtiger ist einem die Solidarität mit den Schwachen („sozial Benachteiligten und gesellschaftlichen Randgruppen helfen"), zugleich aber auch die eigene Entfaltungsmöglichkeit, und zwar nicht primär im Sinne von „Macht und Einfluss haben", sondern im Sinne von „die eigene Phantasie und Kreativität entwickeln".

Man kann dieses Bündel von Eigenschaften am besten mit dem altmodischen Wort „Gemeinsinn" bezeichnen. Manche sprechen auch von dem „sozialen Kitt, der die Gesellschaft zusammenhält".[22] Die Bereitschaft zur Übernahme freiwilliger, ehrenamtlicher Aufgaben und Arbeiten ist ein Aspekt dieser allgemeineren Disposition zum sozialen Verhalten.

Um nicht einer Idealisierung des freiwilligen Engagements Vorschub zu leisten, muss man hinzufügen: Nicht jeder, der irgendwo eine freiwillige, ehrenamtliche Tätigkeit ausübt, ist ein Idealmensch in dem beschriebenen Sinne. Die Wahrscheinlichkeit, dass eine solche Person die genannten Züge von Gemeinsinn zeigt, ist aber größer als bei anderen Menschen.

Ein solches Sozialverhalten hat auch soziale Voraussetzungen. Übersicht 7 stellt diejenigen Aspekte der sozialen Einbindung und der gesellschaftlichen Stellung zusammen, die einen eindeutigen Zusammenhang mit der Ausprägung des freiwilligen Engagements haben.

- Ein großer Freundes- und Bekanntenkreis.
  Einen solchen haben Personen ohne aktive Beteiligung (Stufe 1 der Engagement-Skala) nach eigener Angabe zu 20%, Personen mit Mehrfach-Engagement (Stufe 5) dagegen zu 50%.

---

22 Vgl. Kistler / Noll / Priller 1999, S. 11.

Übersicht 7:

Freiwilliges Engagement und Stellung in der Gesellschaft

(1) Personen ohne aktive Beteiligung

(2) mit aktiver Beteiligung, aber ohne freiwilliges Engagement

(3) mit freiwilligem Engagement (einfach)

(4) mit freiwilligem Engagement (zweifach)

(5) mit freiwilligem Engagement (dreifach und mehr)

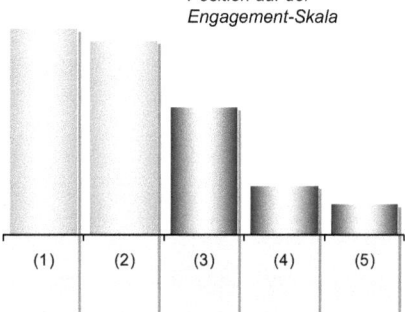

Position auf der Engagement-Skala

	(1)	(2)	(3)	(4)	(5)

Weitere Merkmale dieser Personen (jeweils Anteile in %):

	(1)	(2)	(3)	(4)	(5)
(a) Hat großen Freundes- und Bekanntenkreis	20	28	35	39	50
(b) Hat hohe Kirchenbindung	8	11	15	21	28
(c) Lebt in einem Haushalt von 4 und mehr Personen	24	29	38	43	46
(d) Ist zwischen 40 und unter 60 Jahre alt	29	29	33	39	45
(e) Ist erwerbstätig	43	49	52	55	61
(f) Hat höheren Bildungsabschluß	28	33	38	42	46
(g) Hat / hatte höhere berufliche Position	19	21	27	34	47
(h) Ist / war im Öffentlichen Dienst beschäftigt	27	29	31	37	41
(i) Ist / war im "Dritten Sektor" beschäftigt	3	4	5	6	7

Erläuterungen:
zu (f)   Fachhochschulreife und höher
zu (g)   Angestellte mit Führungsaufgaben; Beamte des gehobenen und höheren Dienstes; Selbständige mit Mitarbeitern
zu (i)   Gemeinnützige / nicht gewinnorientierte Einrichtung oder Organisation

© Infratest Burke Sozialforschung, Freiwilligensurvey 1999   ZFROS

- Eine hohe Kirchenbindung.
  Die Kirche als „sozialer Raum" hat in diesem Zusammenhang offenbar eine wichtige Funktion. Personen ohne aktive Beteiligung geben nur zu 8% an, sie hätten eine starke Bindung an die Kirche. Der Anteil steigt von Stufe zu Stufe der Engagement-Skala und beträgt bei den Mehrfach-Engagierten 28%. (Es gibt also einen klaren Zusammenhang. Die Mehrzahl der Engagierten hat gleichwohl nur eine geringe oder gar keine Kirchenbindung.)

- Das Leben in einem Mehrpersonen-Haushalt.
  Dies verweist auch auf bestimmte biografische Lebensabschnitte. Es ist die Altersgruppe der 40- bis unter 60-Jährigen, die unter den Mehrfach-Engagierten am häufigsten zu finden ist.

- In Verbindung damit: Die Erwerbstätigkeit.
  Personen ohne aktive Beteiligung sind nur zu 43% erwerbstätig, Personen mit Mehrfach-Engagement zu 61%.

- Höhere Schulbildung.
  Unter den Personen ohne aktive Beteiligung haben 28% einen Schulabschluss oberhalb der Mittleren Reife, unter den Mehrfach-Engagierten 46%.

- Noch deutlicher ausgeprägt ist das Gefälle in Bezug auf höhere berufliche Positionen: Die Anteile bewegen sich von 19% bis 47%.

- Die Beschäftigung im Öffentlichen Dienst (unabhängig von der beruflichen Position) oder bei einer gemeinnützigen Organisation oder Einrichtung („Dritter Sektor"). Mehrfach engagierte Personen kommen deutlich häufiger als die weniger oder gar nicht engagierten Personen aus diesen Wirtschaftsbereichen. Umgekehrt heißt das, sie kommen der Tendenz nach eher nicht aus Industrie-, Handwerks- und Dienstleistungsbetrieben, die unter Wettbewerbsbedingungen arbeiten.

Auch im Hinblick auf diese sozialen Voraussetzungen freiwilligen Engagements gilt natürlich, dass sie nicht in jedem Einzelfall zutreffen müssen. Es handelt sich um Bedingungen, unter denen die Bereitschaft zum freiwilligen Engagement sich leichter herausbildet, sozial gestützt und von den äußeren Lebensumständen begünstigt wird.

So plausibel diese Zusammenhänge sind, so bedenklich sind sie doch in gesellschaftspolitischer Sicht. Sie bedeuten, dass die Strukturen sozialer Ungleichheit auch in den Bereich des freiwilligen Engagements hineinwirken und dass dort, wo die soziale Integration geringer ist, sich auch weniger Verhaltensweisen finden, die den sozialen Zusammenhalt stärken.

3.2 Unterschiede nach Bundesländern und Gemeindegröße

Bedingungen für freiwilliges Engagement der Bürgerinnen und Bürger zu verbessern, ist zunehmend auch Gegenstand politischer Zielsetzungen und Programme auf der Ebene von Bund, Ländern und Gemeinden. Im Hinblick darauf soll hier gezeigt werden, welche Bandbreite in der Ausprägung freiwilligen Engagements in verschiedenen Regionen zu finden ist.

Im Rahmen einer bundesweit repräsentativen Befragung ist das allerdings nur begrenzt möglich. Immerhin können – dank einer finanziellen Unterstützung der Untersuchung durch die Robert Bosch Stiftung, mit der eine länderbezogene Aufstockung der Stichprobe befragter Bundesbürger möglich wurde – vergleichende Auswertungen auf Länderebene vorgenommen werden.[23] Und es können Auswertungen nach Stadt und Land bzw. nach Gemeindegröße vorgenommen werden.

Wir beschränken uns dabei auf einen Überblick, der sich auf die „Engagementquote" in der jeweiligen Region bezieht, also den Anteil von Personen in der Wohnbevölkerung ab 14 Jahren, der in einer Gruppe, einem Verein, einer Organisation oder einer Einrichtung aktiv beteiligt ist und dort freiwillige, ehrenamtliche Aufgaben oder Arbeiten übernommen hat. Übersicht 8 zeigt diese Engagementquote nach Bundesländern.

---

23 Für nähere Informationen wird auf den Materialband „Bundesländer im Vergleich" verwiesen. Vgl. Fußnote in der Vorbemerkung.

Übersicht 8:

Engagementquote nach Bundesländern

Alte Länder

Baden-Württemberg	40	
Hessen	39	
Bayern	37	
NRW	35	
Rheinland-Pfalz / Saarland [1]	34	
Schleswig Holstein	34	
Niedersachsen / Bremen [1]	31	
Hamburg	31	

Neue Länder

Sachsen	30	
Thüringen	29	
Mecklenburg-Vorpommern	29	
Sachsen-Anhalt	28	
Brandenburg	28	
Berlin	24	

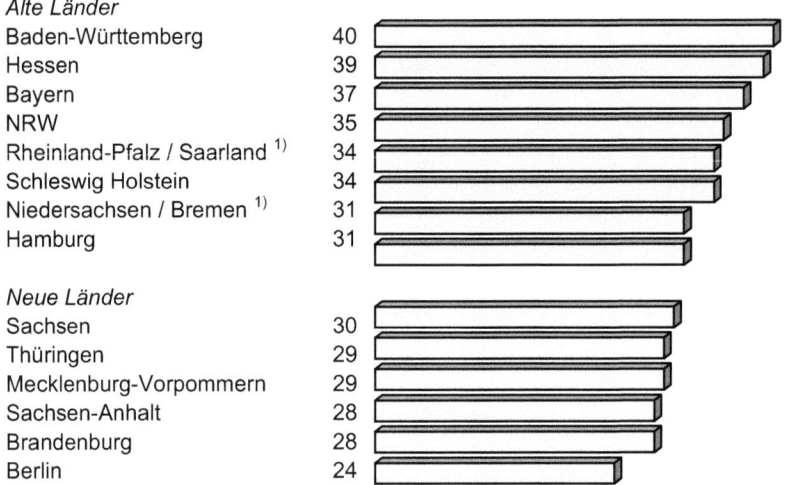

[1] Diese Länder wurden aus Gründen des Stichprobenumfangs zusammengefasst.

Generell liegt die Engagementquote in den neuen Ländern niedriger als in den alten Ländern. Diese Unterschiede sind Gegenstand eines eigenen Teilberichts dieser Untersuchung und werden hier daher nicht näher kommentiert (vgl. aber die Kurzdarstellung in Teil B dieses Berichts, Kapitel 5). Innerhalb der Gruppe der neuen Länder gibt es praktisch keine Unterschiede in Bezug auf die Engagementquote. Die Ausnahme bildet Berlin (West und Ost), das unter allen Ländern die mit Abstand niedrigste Quote aufweist.

In der Gruppe der alten Länder gibt es dagegen ein deutliches Gefälle, das grob gesprochen ein Süd-Nord-Gefälle ist. Besonders hohe Engagementquoten im Bereich von 37-40% haben Baden-Württemberg, Hessen und Bayern. Am anderen Ende der Bandbreite finden sich Niedersachsen/Bremen und Hamburg mit 31%.

Welche kulturellen, wirtschaftlichen, sozialen und politischen Bedingungen diese Unterschiede erklären, bedarf sorgfältigerer Analysen. Mit den Daten dieser Untersuchung allein können Antworten sicher nicht gegeben werden; einige Hinweise sind aus den Daten jedoch abzuleiten.

Die Daten zeigen beispielsweise, dass die Bandbreite der Engagementquote nach Ländern in erheblichem Maß von der Zahl der freiwillig Engagierten im Bereich *Sport und Bewegung* bestimmt wird. Zwar unterscheidet sich der Anteil der Bürger, die sich im Sportbereich aktiv beteiligen, zwischen den alten Bundesländern nur wenig. Der Anteil derer, die dabei auch freiwillige, ehrenamtliche Aufgaben und Arbeiten übernimmt, variiert aber erheblich. Er ist am höchsten in Baden-Württemberg und am niedrigsten in Hamburg. Daraus ergibt sich eine allein auf den Bereich Sport bezogene Engagementquote von 16% in Baden-Württemberg und von 9% in Hamburg.

Die Bundesländer haben also nicht nur unterschiedlich hohe generelle Engagementquoten, sondern auch unterschiedliche Profile des freiwilligen Engagements nach Bereichen. Um beim Beispiel der beiden Länder Baden-Württemberg und Hamburg zu bleiben:

Höhere bereichsbezogene Engagementquoten in Baden-Württemberg, verglichen mit Hamburg, gibt es außer im *Sportbereich* auch im *kirchlichen Bereich* (8% vs. 4%) und im Bereich *Freizeit und Geselligkeit* (6% vs. 4%). Umgekehrt weist Hamburg eine höhere Engagementquote im Bereich der *beruflichen Interessenvertretung* auf (4% vs. 2%), tendenziell auch in den Bereichen *Politik/politische Interessenvertretung* und *Schule/Kindergarten*.[24]

Zu berücksichtigen ist auch, dass die Bedingungen für freiwilliges Engagement in einem Stadtstaat andere sind als in einem Flächenstaat mit einem hohen Anteil kleinerer Gemeinden. Übersicht 9 zeigt – begrenzt auf die alten Bundesländer –, inwieweit die Engagementquote nach Stadt und Land variiert. Als Gliederungsmerkmal sind die Gemeindetypen nach BIK zugrunde gelegt.

Wie erwartet zeigt sich ein Land-Stadt-Gefälle im Anteil freiwillig engagierter Bürger. Die Quote ist mit 42% am höchsten in den länd-

---

24 Der Unterschied beträgt hier allerdings nur einen Prozentpunkt und kann bei dem gegebenen Stichprobenumfang nicht als statistisch gesichert gelten.

lichen Gemeinden und mit 33% am niedrigsten in den Kernbereichen der Stadtregionen.

Übersicht 9:
Engagementquote nach Gemeindetypen (BIK)

Basis: Alte Bundesländer

	Anteil %	Engagement- Quote
Stadtregionen/Kernbereiche	50	33%
Stadtregionen/Randzonen	17	37%
Gemeinden von 5.000 bis unter 50.000 Einw.	23	38%
Gemeinden unter 5.000 Einw.	10	42%
	100	

3.3 Freiwilliges Engagement von Arbeitslosen

In der Diskussion um freiwilliges Engagement sind die Arbeitslosen ein Personenkreis von besonderem Interesse, und zwar unter verschiedenen Blickwinkeln:

(1) Im Hinblick auf soziale Bedingungen freiwilligen Engagements, wie sie oben in Kapitel 3.1 dargestellt sind, befinden sich Arbeitslose sozusagen im Negativbereich ungünstiger Voraussetzungen für freiwilliges Engagement.

(2) Auf der anderen Seite könnten gerade für Personen ohne Arbeit freiwillige, ehrenamtlich ausgeübte Tätigkeiten besonders wichtig sein, um ihnen sinnvolle Betätigung und soziale Einbindung zu ermöglichen. In verschiedenen Konzepten gesellschaftlicher Zukunftsentwicklungen, die einen Übergang von der „Erwerbsgesellschaft" zu einer „Tätigkeitsgesellschaft" postulieren (U. Beck, G. Mutz), spielt dieser Gedanke eine zentrale Rolle.

(3) Im Gegensatz dazu wird in bisherigen Regelungen zur Arbeitsförderung so verfahren, dass im Fall von Arbeitslosigkeit der Anspruch auf Arbeitslosengeld oder -hilfe erlischt, wenn ehrenamtliche Arbeit (ebenso wie bezahlte Erwerbsarbeit) im Umfang von mehr als 15 Wochenstunden geleistet wird. Die Begründung ist,

dass die Verfügbarkeit für den Arbeitsmarkt in diesem Fall in Zweifel zu ziehen sei.

Unter allen drei Gesichtspunkten ist von Interesse, in welchem Umfang freiwillige, ehrenamtliche Arbeit bei Arbeitslosen tatsächlich vorkommt.[25] Die Untersuchung zeigt dazu folgendes:

- Unter den Arbeitslosen sind 22% freiwillig engagiert, beteiligen sich also aktiv in einer Gruppe, einem Verein, einer Organisation oder Einrichtung und haben dort freiwillige, ehrenamtlich ausgeübte Arbeiten oder Aufgaben übernommen. Der Anteil der Engagierten ist damit deutlich niedriger als in der Vergleichsgruppe der 25-59-Jährigen insgesamt, wo er 37% beträgt.

Übersicht 10 zeigt den wesentlichen Grund, warum das so ist. Die Arbeitslosen sind in allen Bereichen möglichen Engagements weniger beteiligt, d.h. sie machen weniger mit in Gruppen, Vereinen, Organisationen und Einrichtungen.

Sofern aber Arbeitslose irgendwo aktiv mitmachen, ist ihre Engagementbereitschaft dort nicht geringer als die der übrigen Beteiligten. Die Teilgruppe der aktiv Beteiligten, die freiwillige, ehrenamtliche Aufgaben oder Arbeiten übernommen haben, umfasst im Durchschnitt über alle Engagementbereiche etwa ein Drittel. Das gilt für Arbeitslose ebenso wie für die Nichtarbeitslosen.

Und sofern Arbeitslose irgendwo freiwillig engagiert sind, ist der Umfang ihres Engagements nicht geringer, sondern eher etwas höher als bei den übrigen Engagierten:

- *Der Anteil der Mehrfach*-Engagierten beträgt 39% in der Gesamtgruppe und 40% in der Teilgruppe der arbeitslosen Engagierten.

---

25 Unsere Untersuchung kann sich dafür auf folgende Daten stützen: Unter den 14.922 Befragten sind 857 nach eigener Angabe zum Zeitpunkt der Befragung arbeitslos gemeldet. Wir beschränken uns im folgenden allerdings auf die Altersgruppe der 25-59-Jährigen, weil die Arbeitslosen ganz überwiegend dieser Altersgruppe angehören (751 Befragte) und ein Vergleich mit den nicht Arbeitslosen in dieser Altersgruppe am ehesten möglich ist. Als Vergleichsgruppe für die Arbeitslosen verwenden wir die 25-59-Jährigen insgesamt. Darunter sind 72% erwerbstätig, 6% arbeitslos, 12% Hausfrauen, 3% in Ausbildung und 3% Rentner. Bei einem Vergleich ist zu berücksichtigen, dass die Gesamtgruppe zu 21% in den neuen Ländern lebt (einschließlich Berlin West), die Arbeitslosen dagegen zu 51%.

Übersicht 10:

Arbeitslose: Aktiv Beteiligte in verschiedenen gesellschaftlichen Bereichen

⬭O   Bevölkerung gesamt (25-59 Jahre)
⬬O   Arbeitslose (25-59 Jahre)

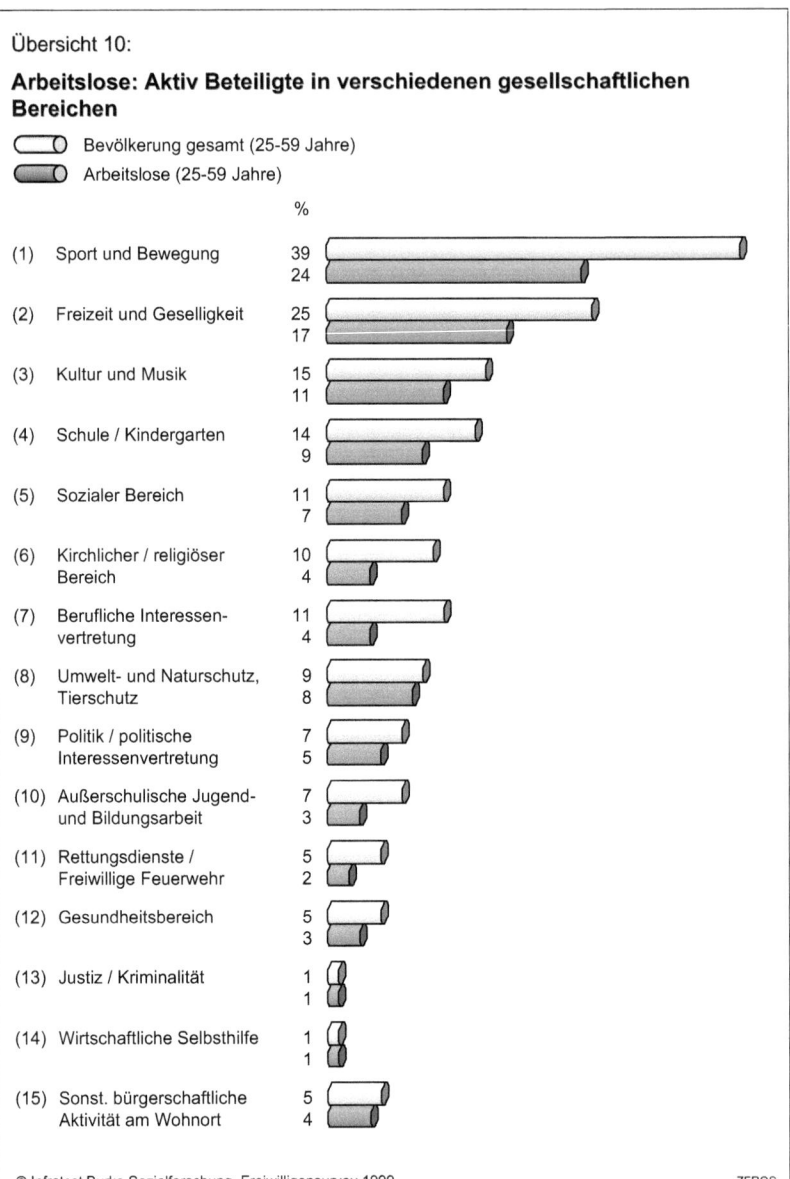

%

(1)	Sport und Bewegung	39 / 24
(2)	Freizeit und Geselligkeit	25 / 17
(3)	Kultur und Musik	15 / 11
(4)	Schule / Kindergarten	14 / 9
(5)	Sozialer Bereich	11 / 7
(6)	Kirchlicher / religiöser Bereich	10 / 4
(7)	Berufliche Interessen- vertretung	11 / 4
(8)	Umwelt- und Naturschutz, Tierschutz	9 / 8
(9)	Politik / politische Interessenvertretung	7 / 5
(10)	Außerschulische Jugend- und Bildungsarbeit	7 / 3
(11)	Rettungsdienste / Freiwillige Feuerwehr	5 / 2
(12)	Gesundheitsbereich	5 / 3
(13)	Justiz / Kriminalität	1 / 1
(14)	Wirtschaftliche Selbsthilfe	1 / 1
(15)	Sonst. bürgerschaftliche Aktivität am Wohnort	5 / 4

© Infratest Burke Sozialforschung, Freiwilligensurvey 1999   ZFROS

- Dass die freiwillig ausgeübte Tätigkeit ihnen persönlich wichtig oder sehr wichtig sei, sagen 78% der Gesamtgruppe und 85% der arbeitslosen Engagierten.

- Der Zeitaufwand, den man für das freiwillige Engagement aufbringt, ist bei den arbeitslosen Engagierten etwas höher als bei den übrigen Engagierten.

- In der Gesamtgruppe bekunden 31% ihre Bereitschaft, ihr ehrenamtliches Engagement eventuell noch auszuweiten und „weitere Aufgaben zu übernehmen, wenn sich etwas Interessantes bietet". Unter den arbeitslosen Engagierten beträgt dieser Anteil 56%.

Damit bestätigen die Untersuchungsergebnisse im Grunde beide Ausgangshypothesen. Die sozialen Bedingungen freiwilligen Engagements wirken dahin, dass in freiwilligen, ehrenamtlichen Tätigkeiten Arbeitslose „unterrepräsentiert" sind. Zugleich trifft es zu, dass gerade Arbeitslose hier ein wichtiges Betätigungsfeld finden und sehr wohl engagementbereit sind. Das Problem liegt bereits einen Schritt davor: Ganz unabhängig von der Übernahme freiwilliger Aufgaben und Arbeiten sind Arbeitslose insgesamt in allen möglichen Feldern weniger beteiligt, wo es um das aktive Mitmachen in Gruppen, Vereinen, Organisationen und Einrichtungen geht. Auf dieser Ebene müssten Überlegungen zur stärkeren Einbeziehung von Arbeitslosen ansetzen.

Die Untersuchung konnte nur in begrenztem Umfang Verläufe des Engagements nachzeichnen. Diejenigen Befragten, die arbeitslos und freiwillig engagiert waren, erhielten im Interview jedoch einige Zusatzfragen zum Verlauf ihres Engagements im Zusammenhang mit der Arbeitslosigkeit.

Zunächst ist festzustellen, dass etwa jeder Zweite in dieser Teilgruppe der Arbeitslosen seit mehr als einem Jahr arbeitslos ist.[26] Die meisten waren schon ehrenamtlich engagiert, bevor sie arbeitslos wurden. Immerhin jeder Vierte aber hat sein freiwilliges Engagement erst danach aufgenommen. Und von denen, die schon vorher ehrenamtlich engagiert waren, hat ebenfalls jeder Vierte sein Engagement nach Beginn der Arbeitslosigkeit eher ausgeweitet.

---

26 Die Angaben stützen sich auf 189 befragte Arbeitslose, die freiwillige oder ehrenamtliche Tätigkeiten ausüben.

Für die arbeitsmarktpolitische Frage, ob Leistungsansprüche der Arbeitslosen vereinbar sein sollen mit der Ausübung ehrenamtlicher Tätigkeiten von 15 Stunden und mehr pro Woche, sind dies Hintergrundinformationen, aus denen sich eine Bewertung kaum ableiten lässt. Die Daten ermöglichen aber immerhin eine quantitative Eingrenzung des Problems. 10% der Arbeitslosen, die ehrenamtliche Tätigkeiten ausüben, verwenden darauf nach eigener Angabe mehr als 15 Stunden pro Woche. Hochgerechnet handelt es sich dabei um eine Größenordnung von 60 bis 80 Tsd. Personen.

Es gibt aber auch viele *Erwerbstätige*, die in gleichem zeitlichen Umfang freiwillig engagiert sind. Die Größenordnung kann nach den Befragungsergebnissen auf rd. 400 Tsd. Personen geschätzt werden. Die „Verfügbarkeit für den Arbeitsmarkt" ist durch ehrenamtliche Arbeit in diesen Fällen offensichtlich nicht in Frage gestellt.

Eine generelle Vermutung dieser Art ist daher auch bei Arbeitslosen nicht gerechtfertigt. Sie erscheint eher als eine Diskriminierung, die allen Bemühungen zuwiderläuft, Möglichkeiten für das freiwillige Engagement von Arbeitslosen zu fördern.

4. Die Vielfalt des freiwilligen Engagements

„Freiwilliges Engagement" ist ein Sammelbegriff für eine ungeheure Vielfalt von Tätigkeiten. Dies muss gerade in einem Untersuchungsbericht betont werden, dessen Leistung darin bestehen soll, einen Gesamtüberblick über das ganze Feld zu ermöglichen. Gegenstand dieses Kapitels 4 ist es, wesentliche Elemente der Heterogenität zu beschreiben. Das folgende Kapitel 5 („Was die Freiwilligen ehrenamtlich leisten") kann ebenfalls unter diesem Blickwinkel gelesen werden.

4.1 Organisatorischer Rahmen der Tätigkeit

Diese Untersuchung beschreibt das freiwillige Engagement aus der Sicht der Individuen, nicht der Organisationen. Bei diesem Vorgehen können organisatorische Rahmenbedingungen nur ansatzweise und relativ unscharf erfasst werden.[27] Die wenigen Informationen, die aus dieser Erhebung dazu vorliegen, können gleichwohl die strukturelle Heterogenität im Bereich des freiwilligen Engagements deutlich machen.

Zu jeder beschriebenen Tätigkeit wurde im Interview gefragt, in welchem organisatorischen Rahmen sie ausgeübt wird. Vorgegeben war eine Liste von 10 Antwortmöglichkeiten. Übersicht 11 zeigt die Ergebnisse.

Der häufigste organisatorische Rahmen, in dem freiwillige, ehrenamtliche Tätigkeiten ausgeübt werden, ist der *Verein*. 43% aller Tätigkeiten finden im Rahmen eines Vereins statt. Am anderen Ende des Spektrums, mit der quantitativ geringsten Bedeutung, stehen die *Gewerkschaft* (2%), die *Selbsthilfegruppe* (2%) und die *private Einrichtung oder Stiftung* (2%). In Übersicht 11 sind dabei *Selbsthilfegruppe*, *Initiative/Projekt* und *sonstige selbstorganisierte Gruppe* zusammengefasst, um die Organisationsform der „selbstorganisierten Gruppe" darzustellen.

---

27 Dies ist eine grundsätzliche methodische Schwierigkeit. Gleichwohl empfehlen wir für den Fall einer späteren Wiederholung des *Freiwilligensurveys*, die organisatorischen Rahmenbedingungen der Tätigkeit ausführlicher zum Thema zu machen.

Übersicht 11:
Organisatorischer Rahmen der freiwilligen, ehrenamtlichen Tätigkeiten

Organisationsform	Anteil gesamt	Insbesondere in den Bereichen .... von Bedeutung	Anteil hier
Verein	43%	Sport	90%
		Kultur und Musik	61%
		Freizeit und Geselligkeit	60%
Verband	7%	Berufl. Interessenvertretung	27%
		Gesundheit	23%
		Jugend-/Bildungsarbeit	18%
		Rettungsdienste/Feuerwehr	18%
Gewerkschaft	2%	Berufl. Interessenvertretung	38%
		Jugend-/Bildungsarbeit	4%
Partei	4%	Politik	63%
		Justiz/Kriminalität	7%
Kirche/relig. Vereinigung	14%	Kirche/Religion	89%
		Jugend-/Bildungsarbeit	19%
		Sozialer Bereich	15%
		Gesundheit	11%
		Freizeit und Geselligkeit	11%
Selbsthilfegruppe, Initiative Projekt oder sonstige selbst-organisierte Gruppe	13%	Sonst. bürgerschaftl. Aktivität am Wohnort	40%
		Schule/Kindergarten	33%
		Sozialer Bereich	22%
		Gesundheit	19%
		Umwelt-/Natur-/Tierschutz	18%
		Kultur und Musik	18%
		Freizeit und Geselligkeit	16%
Staatliche oder kommunale Einrichtung	11%	Justiz/Kriminalität	55%
		Rettungsdienste	39%
		Schule/Kindergarten	37%
		Jugend-/Bildungsarbeit	20%
		Politik	20%

Die quantitative Bedeutung jeder Organisationsform variiert stark von Bereich zu Bereich. Neben dem Gesamtanteil der jeweiligen Organisationsform sind daher zusätzlich die Bereiche angegeben, in denen die Organisationsform besondere Bedeutung hat.

- Der *Verein* ist die dominante Organisationsform im Bereich *Sport und Bewegung* (90%) und in den übrigen freizeitorientierten Bereichen (hier mit rd. 60%).

- *Verbände*, soweit sie von den engagierten Mitgliedern als organisatorischer Rahmen wahrgenommen werden, haben insgesamt nur einen Anteil von 7%, in einzelnen Bereichen aber deutlich mehr, mit dem höchsten Anteil im Bereich *berufliche Interessenvertretung* (27%), in dem außerdem die *Gewerkschaft* als organisatorischer Rahmen für freiwilliges Engagement von Bedeutung ist (38%).

- *Parteien* haben nur einen Anteil von 4%, weil sie außerhalb des Bereichs *Politik/politische Interessenvertretung* praktisch keine Rolle spielen.

- Anders ist dies bei *Kirchen und religiösen Vereinigungen*. Außer im Bereich *Kirche/Religion* haben sie noch in weiteren Bereichen als organisatorischer Rahmen freiwilligen Engagements Bedeutung, insbesondere in der *außerschulischen Jugendarbeit/ Bildungsarbeit* und dem *sozialen Bereich*. Ihr Anteil liegt insgesamt bei 14%.

- Ähnliches gilt für die *selbstorganisierten Strukturformen* (Selbsthilfegruppe, Initiative, Projekt u.ä.). Sie haben in einer ganzen Reihe von Bereichen Bedeutung als organisatorischer Rahmen für freiwilliges Engagement gewonnen. Die höchsten Anteile findet man in den Bereichen *Schule/Kindergarten* (33%) und *sonstige bürgerschaftliche Aktivität am Wohnort* (40%). Der Gesamtanteil beträgt 13%.

- *Staatliche oder kommunale Einrichtungen* haben mit 11% einen ähnlich hohen Gesamtanteil, haben ihre Bedeutung als organisatorischer Rahmen für freiwilliges Engagement aber überwiegend in anderen Bereichen.

Betrachtet man die organisatorischen Rahmenbedingungen aus Sicht der einzelnen Engagementbereiche, so stellen sich die Bedingungen sehr unterschiedlich dar:

Es gibt Engagementbereiche mit einer klar vorherrschenden Organisationsform. Und es gibt demgegenüber Bereiche mit sehr heterogenen organisatorischen Strukturen. Zu letzteren gehören der *soziale Bereich*, der *Gesundheitsbereich*, der Bereich *Schule und Kindergarten*, die *außerschulische Jugend- und Bildungsarbeit* und die *sonstige bürgerschaftliche Aktivität am Wohnort*.

4.2 Formale Funktionen und informelle Mitarbeit

Neben dem organisatorischen Rahmen, in dem eine Tätigkeit ausgeübt wird, ist die Tätigkeit durch den formalen Rahmen charakterisiert. Darunter ist zu verstehen, ob mit der Tätigkeit eine formale Funktion auszufüllen ist, die in der jeweiligen Gruppe oder Organisation besteht und für die Aufgaben, Rechte, Pflichten, Auswahlverfahren für die Besetzung der Position, zeitliche Begrenzung usw. definiert sind. Typisches Beispiel ist etwa eine Vorstandsfunktion, die im Rahmen einer Satzung oder Geschäftsordnung geregelt ist, wobei teilweise sogar rechtliche Vorgaben wie die des Vereinsrechts zu beachten sind.

In unserer Untersuchung stehen aus der Befragung insbesondere zwei Angaben zur Verfügung, um den formalen Rahmen der ausgeübten Tätigkeit ansatzweise zu beschreiben. Gefragt wurde, erstens, ob es sich bei der Tätigkeit „um ein *Amt, in das man gewählt wird*" handelt und, zweitens, ob man „eine *Leitungs- oder Vorstandsfunktion*" hat.

Beide Merkmale treffen für etwas mehr als ein Drittel aller Tätigkeiten zu, die im Bereich des freiwilligen Engagements ausgeübt werden. 39% sind Ämter, in die man gewählt wurde, und 36% werden von den Befragten als Leitungsfunktionen charakterisiert. Beide Aspekte sind oft – nicht immer – miteinander verbunden. Etwa für jede zweite Tätigkeit trifft weder die eine noch die andere Form der formalisierten Aufgabenbeschreibung zu. In der Hälfte aller Tätigkeiten handelt es sich demnach um Formen der *informellen Mitarbeit*.

In den verschiedenen Engagementbereichen ist der Anteil formaler Funktionen unterschiedlich hoch. Der Anteil der Leitungs- und Vorstandsfunktionen an allen freiwillig oder ehrenamtlich ausgeübten Tätigkeiten beträgt in den meisten Bereichen etwa 30-40%. Der Anteil der Tätigkeiten, in die man *gewählt* wird, variiert je nach Engagementbereich stärker, und zwar zwischen 21% und 65%. Übersicht 12 zeigt alle Bereiche mit diesen zwei Merkmalen im Überblick.

Übersicht 12:
Formale Funktionen im freiwilligen Engagement

Bereich	Amt, in das man gewählt wurde %	Leitungs- oder Vorstandsfunktion %
Politik	65	49
Schule/Kindergarten	62	36
Berufl. Interessenvertretung	61	38
Bürgerschaftl. Aktivität am Wohnort	45	42
Justiz/Kriminalitätsprobleme	42	9
Freizeit und Geselligkeit	41	38
Sport und Bewegung	37	37
Kultur und Musik	33	42
Kirche/Religion	32	31
Jugend und Bildungsarbeit	30	43
Rettungswesen/Feuerwehr	24	35
Sozialer Bereich	24	29
Gesundheit	23	32
Umwelt-/Natur-/Tierschutz	21	16
Gesamt	39	36

Das höchste Maß an Formalisierung der Aufgaben weist der Bereich *Politik/Politische Interessenvertretung* auf. In zwei von drei Fällen freiwilligen Engagements handelt es sich hier um ein Amt, in das man gewählt wurde. Und in rd. 50% der Fälle ist die Tätigkeit mit einer Leitungs- oder Vorstandsfunktion verbunden.

Am anderen Ende des Spektrums steht der Bereich *Umwelt- und Naturschutz/Tierschutz*. Nur jeder Fünfte von denen, die in diesem Bereich freiwillig engagiert sind, übt ein Amt aus, in das man gewählt wird, und noch etwas weniger haben eine Leitungs- oder Vorstandsfunktion. Dieses Feld ist also mehr geprägt vom Typ des „Aktivisten", also von Leuten, die freiwillige Arbeit leisten oder an Aktionen teilnehmen, aber darüber hinaus nicht in formale Verantwortung eingebunden sind. Ähnlich, wenn auch nicht so deutlich ausgeprägt, sind die Strukturen im *sozialen Bereich* und im *Gesundheitsbereich*.

In Bereichen, in denen das freiwillige Engagement auch eine Form demokratischer Interessenvertretung ist, wird die Tätigkeit mehr als in anderen Bereichen durch die *Wahl in ein Amt* legitimiert. Neben der politischen Interessenvertretung gilt das auch für die Bereiche der *beruflichen Interessenvertretung* sowie das Engagement im Bereich *Schule oder Kindergarten*.

Schließlich gibt es andere Engagementbereiche, in denen der Anteil von Personen in Leitungs- oder Vorstandsfunktionen höher ist als der Anteil derer, die in ihre Funktion *gewählt* wurden. Das gilt für *Kultur und Musik*, die *außerschulische Jugend- und Bildungsarbeit, Rettungswesen/freiwillige Feuerwehr,* in geringerem Umfang auch für den *sozialen* und den *Gesundheitsbereich*. Hier handelt es sich offenbar um Anleitungs- und Leitungsaufgaben in Gruppen, in die jemand einfach qua Engagement und Autorität hineinwächst oder für die er im Rahmen der Organisation bestimmt wird.

4.3 Typische Tätigkeiten in den verschiedenen Feldern freiwilligen Engagements

Die 14 Felder möglichen Engagements, die in dieser Untersuchung als Strukturierungsraster verwendet werden, benennen im groben Umriss, worum es denn geht in dem jeweiligen Engagement. *Wofür* man sich engagiert, ist in der Regel keine Nebensache, sondern das eigentliche Motiv und der Grund dafür, warum man freiwillige Aufgaben und Arbeiten übernimmt. Man muss Interesse für etwas aufbringen, um sich zu engagieren.

Wir haben die Befragten im Interview gebeten, kurz zu beschreiben, was sie konkret tun. Die genannten Tätigkeiten enthalten in der Regel ein inhaltliches Stichwort und einen Hinweis auf die Art der Aufgaben oder Funktion, die man ausübt. 7.500 solcher Tätigkeitsangaben wurden in der Erhebung festgehalten. Eine Auswahl ist in Übersicht 13 wiedergegeben. Die Auswahl wurde so getroffen, dass das jeweilige Spektrum an Tätigkeiten abgebildet wird. Neben typischen, häufig genannten Tätigkeiten sind auch eher marginale oder kuriose aufgenommen, denn auch diese gehören ins Bild.

Die Auflistung ist nach den Engagementbereichen gegliedert. Der Leser wird unschwer feststellen, dass ähnliche Tätigkeiten durchaus in verschiedenen Bereichen vorkommen. Wir haben uns hier nicht um eine überschneidungsfreie Systematik bemüht, sondern im wesentlichen die Bereichszuordnung belassen, die die Befragten selbst vorgenommen haben.

Für jeden Engagementbereich ist zusätzlich zu den Tätigkeiten ein „Strukturprofil" angegeben, bezogen auf den organisatorischen Rahmen (vgl. Kapitel 4.1) und formale Funktionen (vgl. Kapitel 4.2).

(1) Sport und Bewegung

Beispiele für genannte Tätigkeiten

- Fußballverein - Trainer und Betreuer
- Tennisclub - 2. Vorstand Jugendarbeit
- Trainer - Damenfußball
- Sportverein; Vereinsleitung - Organisation, Veranstaltungen
- Eissportgruppe - Planung und Leitung einer Gruppe
- Gymnastikverein - Kassierung
- Gymnastik - Übungsleiterin
- Reiten - Pferde pflegen, Stall ausmisten
- Sportbootclub - Schriftführer
- Fußball - Organisator
- Basketball - Hallenwart
- Jugendwart Tanzverein
- Prüfer für Deutsches Sportabzeichen

- Sportverein - Organisation von Wettkämpfen
- Fußball - Betreuer
- Behindertenbereich: Reha-Schwimmen, Wassergymnastik
- Senioren: gymnastische Übungen
- Squaredance - Präsident
- Sportverein - Ehrenmitglied im Vorstand
- Kindersport - Übungsleiterin
- Sektionsleiterin für Volleyball - Frauen
- Leichtathletikclub - Stand besetzen bei Fest
- Sportverein - Hilfe bei Veranstaltungen
- Skisport - Sportwart, stellvertretender Kreissportleiter

Strukturprofil

⬤▬◗ Dieser Bereich
◻▭◗ Durchschnitt aller Bereiche

Organisatorischer Rahmen   %

- Verein / Verband   94
                      50

- Selbstorganisierte Gruppe   3
                               7

Ausgeübte Funktion

- Leitungs-/Vorstandsfunktion   37
                                 36

- Amt, in das man gewählt wurde   37
                                   39

© Infratest Burke Sozialforschung, Freiwilligensurvey 1999   ZFROS

Übersicht 13:

(2) Freizeit und Geselligkeit

Beispiele für genannte Tätigkeiten

- Gartenverein - Kassierer
- Seniorenclub - Organisation und Verwaltung
- Kegeln - Kassierer
- Reichsbund - Organisation von Fahrten
- Angel- und Fischereiverein - Schriftführer
- Schützengilde - Vorstand
- Seniorenclub - Schatzmeister
- Angelverein - Jugendbetreuer
- Gemeinde - Einlaßkontrolle bei Festveranstaltungen
- Schützengilde - Organisation, Theater spielen
- Bowling - Organisation

- Schützenverein - Vorstand
- Reichsbund - Vorstand
- Studentenverbindung - stellvertretender Vorsitzender
- Behindertenhilfe - Freizeitgestaltung
- Jugendclub - Jugendarbeit, Projekte, Veranstaltungen
- Deutscher Marinebund - Archivar
- Lions Club - Präsident
- Freiwillige Zusammenkunft - Organisation, Bewirtung
- Karnevalsgesellschaft - Organisation
- ADAC - Organisation
- Heimatbund Niedersachsen - Schriftführerin

Strukturprofil

O *Dieser Bereich*
O *Durchschnitt aller Bereiche*

Organisatorischer Rahmen   %

- Verein   60
                                    43

- Selbstorganisierte Gruppe   14
                                    7

Ausgeübte Funktion

- Leitungs-/Vorstandsfunktion   38
                                    36

- Amt, in das man gewählt wurde   41
                                    39

© Infratest Burke Sozialforschung, Freiwilligensurvey 1999   ZFROS

Übersicht 13:

(3) Kultur und Musik

Beispiele für genannte Tätigkeiten

- Kulturelle Einrichtung - Terminkoordinierung
- Männergesangsverein - Vorstand
- Festverein - verkaufen, Umzüge
- Kulturverein - Schatzmeister
- Hausmusik - Gruppenleiterin
- Theatergruppe - Kostüme
- Schallmeienkapelle - Nachwuchsförderung
- Chor - Organist, Chorleiter
- Freundeskreis des Theaters für Kinder - organisieren
- Kulturkontor - Vorstandsmitglied
- Junge Medien - Medienjugendarbeit
- Studentenwerk - Filmen

- Verein für Technik - Kassenprüfer
- Heimat- und Kulturpflege - Treffen leiten
- Leitung des Kinderchores
- Kapelle - Schriftführer
- Chor - Kassenführerin
- Per Pedes - Stadtführer
- Kunstforum - 2. Vorsitzende
- Museum für Kunst und Gewerbe - Aushilfstätigkeit
- Bibliothek - Mitarbeit bei Veranstaltungen
- Kirchengemeinde - Chorleiter
- Heimatverein - Geschichte des Ortes ermitteln

Strukturprofil

◯ *Dieser Bereich*
◯ *Durchschnitt aller Bereiche*

Organisatorischer Rahmen   %

- Verein   61
                                   43

- Selbstorganisierte Gruppe;   16
  Initiative / Projekt   11

Ausgeübte Funktion

- Leitungs-/Vorstandsfunktion   42
                                   36

- Amt, in das man gewählt   33
  wurde   39

© Infratest Burke Sozialforschung, Freiwilligensurvey 1999   ZFROS

Übersicht 13:

(4)   Schule / Kindergarten

Beispiele für genannte Tätigkeiten

- Elternvertreter - Organisation
- Elternbeirat - Elternsprecher
- Schulverein - Vorsitzender
- Schule - Vorsitzende des Fördervereins
- Elternvertretung - Organisation Wandertage
- Elternkonferenz - Klassenvertreter
- Förderverein - organisatorische Dinge
- Essensausgabe - Beaufsichtigung
- Schule - Mitarbeit im Schulausschuß
- Elternarbeit - Organisation von Veranstaltungen
- Gesamtschule Handwerk - Unterweisung Werkzeuge

- Förderkreis Kindergarten - Vorstand
- Behindertenschule - Betreuung von Kindern
- Schülervertretung - Schülern helfen, mit Lehrern sprechen
- Gymnasium - Schulelternschaftsvertretung
- Kindergarten - Veranstaltungen, Feste organisieren
- Kindergarten - Kindergottesdienst
- Kindergruppe - Betreuung, Verpflegung
- Kinderschule - mache Musik mit den Kindern
- Kinderkrippe - Elternbeirat

Strukturprofil

⬤▬◯ *Dieser Bereich*
◯▬◯ *Durchschnitt aller Bereiche*

Organisatorischer Rahmen   %

- Staatliche / kommunale Einrichtung   37 / 11

- Selbstorganisierte Gruppe; Initiative / Projekt   26 / 11

Ausgeübte Funktion

- Leitungs-/Vorstandsfunktion   36 / 36

- Amt, in das man gewählt wurde   62 / 39

© Infratest Burke Sozialforschung, Freiwilligensurvey 1999   ZFROS

Übersicht 13:

(5) Sozialer Bereich

Beispiele für genannte Tätigkeiten

- DRK - Betreuung
- Fürsorgezentrum - Finanzen
- Selbsthilfegruppe für Geschiedene und Alleinerziehende
- Rotes Kreuz - Kreisbereitschaftsleiter
- Gemeindebereich - Altenbetreuung
- Volkssolidarität - Nachbarschaftshilfe
- Deutsches Rotes Kreuz - Vorstand
- Betreuungsverein Dresden - Betreuerin
- Organisation Nachbarschaftshilfe - Besuchsdienst
- Seniorengruppe - Betreuung
- Beirat bei Bezirksamt - Beratung
- Psychisch kranke Menschen - Beschäftigung
- Arbeitslosenverband - Vorsitzender

- AWO - Behindertenhilfe
- Volkssolidarität - Organisation
- Verein Kinderbauernhof - Vereinsvorsitzender
- Mieterbund - Vorstand
- Betreuungsverein - Besuche machen
- Malteser Hilfsdienst - behinderte Kinder betreuen
- Hospitzbewegung - Sterbebegleitung
- Krisenintervention und Notfallseelsorge
- AIDS-Hilfe - Betroffenenbetreuung
- Altenheim - Besorgungen
- Behindertenverband - Helferin
- Spendensammlungen
- Freiwilligenforum - Verwaltung und Hilfsdienste

Strukturprofil

⬤◯ *Dieser Bereich*
◯◯ *Durchschnitt aller Bereiche*

Organisatorischer Rahmen   %

- Verein / Verband   44
                            50

- Selbsthilfegruppe;   13
  Initiative / Projekt   6

Ausgeübte Funktion

- Leitungs-/Vorstandsfunktion   29
                            36

- Amt, in das man gewählt   24
  wurde   39

Übersicht 13:

(6) Kirchlicher / religiöser Bereich

Beispiele für genannte Tätigkeiten

- Kirche - Konfirmandenlehrer
- Kirchengemeinderat - Finanzausschuß
- Pastor im Ruhestand - Gottesdienste
- Kirchenvorstand - Vorstandsmitglied
- Jugendarbeit - Betreuer
- Kirche - Reinigungsdienst, Besuchsdienst
- Auferstehungsgemeinde - Jugendgruppenleiter
- Diakonie - Organisation, Veranstaltungen
- Kirchengemeinde - anfallende Arbeiten
- Synode - Bauausschuß
- Frauenkreis - Gesprächskreise
- Kirchenmusik - Organistin
- Kirchengemeinde - Hauptberuflichen zur Hand gehen

- Kirche - Bildungsarbeit, Brot für die Welt
- Kirche - Kinderbetreuung
- Aktion Sühnezeichen - Friedensdienste - Spenden geleistet
- Kirchenmusik - Schriftführer
- Kirchenrat - alles
- Familiengottesdienste gestalten
- Freikirchliche Gemeinde - kreative Kinderarbeit
- Freundeskreis Buddhismus - Gesprächsrunden
- Kirche - Weihnachtsbasar
- Büroarbeit - alles was anfällt
- Jehovas Zeugen - Betreuung der Kranken
- Evangelisch-Methodistische Freikirche - Kinder und Jugendarbeit

Strukturprofil

⬤▭◗ *Dieser Bereich*
▭◗ *Durchschnitt aller Bereiche*

Organisatorischer Rahmen   %

- Kirche / religiöse Vereinigung   89
    14

- Verein   4
    43

Ausgeübte Funktion

- Leitungs-/Vorstandsfunktion   31
    36

- Amt, in das man gewählt wurde   32
    39

© Infratest Burke Sozialforschung, Freiwilligensurvey 1999   ZFROS

(7) Berufliche Interessenvertretung

Beispiele für genannte Tätigkeiten

- Gewerkschaft - Vertrauensperson
- Schulleiterverband - Kassenwart
- Groß- und Außenhandelsverband - Kassen überprüfen
- Deutsche Postgewerkschaft - Lohnsteuervertrauensmann
- IG Bau - Fachgruppe Forstwirtschaft
- Architektenkammer - Information
- Pastorenverein - Organisation
- IG Metall - Vertreter der Altersrentner
- Gewerkschaft - Hamburger Frauenausschuß
- Runder Tisch Frauen - Abbau von Frauenbenachteiligung
- Industrie- und Handelskammer - Prüfer

- Schule - Lehrervertreter
- Verband der Friedhofsverwalter - Vorstand
- Landwirtschaftskammer - Beisitzer Prüfungsausschuß
- Thüringer Schafzuchtverband - Vorstand
- Jugend- und Auszubildendenvertretung
- Gewerkschaft - Frauenbeauftragte
- Gesellenverband - 2. Vorsitzender
- Studentenverein - Vorstandsmitglied
- Handelskammer - Ausschuß
- ÖTV - Vertrauensfrau
- Wasser- und Bodenverband - Ausschußmitglied
- Dachverband für Hauswirtschaft - Beisitzer

Strukturprofil

⬤▬O *Dieser Bereich*
▭O *Durchschnitt aller Bereiche*

Organisatorischer Rahmen   %

- Gewerkschaft   38
   2

- Verband   27
   7

Ausgeübte Funktion

- Leitungs-/Vorstandsfunktion   38
   36

- Amt, in das man gewählt wurde   61
   39

© Infratest Burke Sozialforschung, Freiwilligensurvey 1999   ZFROS

Übersicht 13:

(8)   Umwelt- und Naturschutz, Tierschutz

Beispiele für genannte Tätigkeiten

- Gartenverein - Baumpflege
- Landesjagdverband - Niederwildhege
- Naturzentrum - Führungen
- Katzenstation - Fütterung und Pflege
- BUND - Kartierung von Pflanzen usw.
- Gnadenhof - Tierbetreuung
- Katzenhilfe - freilebende Katzen kastrieren / vermitteln
- Greenteam - Müllvermeidung
- Naturschutz Fischerei - Uferbefestigung
- Energiepolitik - Leitung eines Arbeitskreises
- Imkerverein - umweltgerechte Anwendung
- Tierrettung - praktische Arbeit

- Greenpeace - Öffentlichkeitsarbeit
- Naturschutzhelfer - Vogelzählen usw.
- Landschaftspflegeverband - Vorstandsmitglied
- BUND - Naturpflege
- Umweltausschuß - Menschen aufklären
- Umweltorganisation - Grünflächen pflegen
- Winzerverein - Beobachtung
- BUND - Redaktion
- Umweltschutz - Vorträge
- Freiwilligenarbeit - Flurreinigung
- BUND - Kröten einsammeln
- Greenpeace - Werbeaktion

Strukturprofil

⬤▬O *Dieser Bereich*
▭▬O *Durchschnitt aller Bereiche*

Organisatorischer Rahmen   %

- Verein   58
                                  43

- Selbstorganisierte Gruppe;   18
  Initiative / Projekt   11

Ausgeübte Funktion

- Leitungs-/Vorstandsfunktion   16
                                  36

- Amt, in das man gewählt   21
  wurde   39

ZFROS

Übersicht 13:

(9) Politik / politische Interessenvertretung

Beispiele für genannte Tätigkeiten

- Gemeinde - Gemeinderat
- Partei - Vorstandsmitglied
- SPD - Jugendgruppe
- Partei - Kommunalarbeit
- Stadtrat - für die Bürger dasein
- Hilfe für Menschenrechte - Betreuung
- Schul- und Kulturausschuß
- Wählervereinigung - Stadterhaltung
- Arbeitsgemeinschaft sozialdemokratischer Frauen - Treffen
- CDU - Geschäftsführer im Stadtverband
- afb - jugend- und umweltpolitischer Mitarbeiter
- Weltfriedensdienst - Organisation
- Sozialausschuß der Stadt - beratendes Mitglied
- Wahl - Wahlhelferin
- Landeswahlamt - Protokoll bei den Wahlen
- Interessenvertretung - Kampf gegen Politik
- Stadtvertretung - ehrenamtlicher Bürgermeister
- Amnesty International - Organisation
- Ausländerausschuß - Vorsitzende
- Wirtschaftsrat der CDU - Kommissionsmitglied
- SPD-Ortsgruppe - Kassier
- Gemeindevertretung - Finanzprüfung
- Bündnis '90 / Grüne - politischer Beirat
- ASTA Studentenorgan - Informationsarbeit

Strukturprofil

⬤▭◯ *Dieser Bereich*
▭◯ *Durchschnitt aller Bereiche*

Organisatorischer Rahmen　　%

- Partei　　63
　　　　　　4

- Staatliche / kommunale　　20
  Einrichtung　　11

Ausgeübte Funktion

- Leitungs-/Vorstandsfunktion　　50
　　　　　　36

- Amt, in das man gewählt　　65
  wurde　　39

© Infratest Burke Sozialforschung, Freiwilligensurvey 1999　　　　　　ZFROS

Übersicht 13:

(10) Außerschulische Jugendarbeit, Bildungsarbeit für Erwachsene

Beispiele für genannte Tätigkeiten

- DRK / JRK - Ausbildung von Jugendlichen
- Pfadfinder - Betreuer
- Jugendzentrum - Vorsitzende
- Kurse für Jugendarbeit - Kurse durchführen
- Johanniterjugend - Jugendgruppenleiter
- Jugendtreff der Gemeinde - Betreuerin
- Mädchengruppe - Besprechung der Probleme
- Jugendarbeit - Tanzgruppen
- Haus der Jugend - Verwalter im Café
- Jugendfeuerwehr - Jugendleiterin
- Jugendgruppe - Treffen mit Kindern, Spaß und Spiel

- Katholische Kirche - Jugendgruppe betreuen
- Innung - Nachhilfe für Auszubildende
- Aiesec - Internationaler Praktikantenaustausch
- Jugendrotkreuz - Jugendbetreuung
- Kinderspielgruppe - Leitung
- Krabbelgruppe - Kassiererin
- Kirche - Erwachsenenfortbildung
- Schule - Schülerzeitung
- Prüfungsausschuß der Handelskammer
- Jugendwohlfahrtsausschuß

Strukturprofil

⬤▬◗ *Dieser Bereich*
◗▬◗ *Durchschnitt aller Bereiche*

Organisatorischer Rahmen   %

- Verein   28
          43

- Staatliche / kommunale Einrichtung   20
          11

Ausgeübte Funktion

- Leitungs-/Vorstandsfunktion   43
          36

- Amt, in das man gewählt wurde   30
          39

© Infratest Burke Sozialforschung, Freiwilligensurvey 1999   ZFROS

Übersicht 13:

(11) Rettungsdienste / Freiwillige Feuerwehr

Beispiele für genannte Tätigkeiten

- Freiwillige Feuerwehr - Löschdienst
- Freiwillige Feuerwehr - Feuerwehrfrau
- Freiwillige Feuerwehr - Lehrausbildung
- Freiwillige Feuerwehr - Fahrer, Maschinist
- Freiwillige Feuerwehr - Kommandant
- Freiwillige Feuerwehr - Brände löschen
- Brandschutz - Kontrollen
- Feuerwehr - Mitarbeit
- Feuerwehr - Jugendbeauftragter
- DLRG - Lebensrettung
- Schiffsrettung - Koordination
- Katastrophenschutz - Ausbilderin

- DRK-Rettungshundestaffel - Personensuche
- Sanitäter - Veranstaltungen absichern
- Johanniter Unfallhilfe - Berater
- DRK - Ausbildung lebensrettende Sofortmaßnahmen
- DRK - Rettungsdienst
- DRK - Vorsitzender des Kreisverbands
- Malteser - Sanitätsaufgaben
- Rettungsschwimmer - Leben retten

Strukturprofil

- Dieser Bereich
- Durchschnitt aller Bereiche

Organisatorischer Rahmen   %

- Staatliche / kommunale Einrichtung   39 / 11

- Verein   34 / 43

Ausgeübte Funktion

- Leitungs-/Vorstandsfunktion   35 / 36

- Amt, in das man gewählt wurde   24 / 39

© Infratest Burke Sozialforschung, Freiwilligensurvey 1999   ZFROS

(12) Gesundheitsbereich

Beispiele für genannte Tätigkeiten

- Behindertenverein - Betreuer
- Volkssolidarität - Krankenpflege
- Pflegedienst - Betreuung
- Selbsthilfegruppe - organisiere Treffen
- Hospiz - Begleitung von Sterbenden
- DRK - Ausbildung
- Osteoporose - Beratungsgespräche
- DRK - Gesundheitshelfer
- Gesundheitssport - Übungsleiter
- Standesvertreterin - gewähltes Mitglied
- Krankenhaus - Suchtberatung
- Verein für psychisch Kranke - Vorstand
- Selbsthilfegruppe - Altenpflege, Essen machen

- Arbeitskreis 'Angehörige pflegen Angehörige' - Leitung
- DRK - Erste Hilfe
- Psychotherapeutische Selbsthilfegruppe - Tanztherapie
- Alkoholprobleme - Suchtberatung
- Kirche - Besuche in Kliniken
- Deutsche Krebshilfe - Ansprechpartner
- Grüner Star - Informationsservice
- Multiple Sklerose Gesellschaft - Organisation
- Psychische Erkrankungen - Gruppenleiterin

Strukturprofil

⬤▬O *Dieser Bereich*
▭▬O *Durchschnitt aller Bereiche*

Organisatorischer Rahmen   %

- Verein / Verband   50
                            50

- Selbsthilfegruppe   12
                            2

Ausgeübte Funktion

- Leitungs-/Vorstandsfunktion   32
                                36

- Amt, in das man gewählt   23
  wurde   39

ZFROS

Übersicht 13:

(13) Justiz / Kriminalitätsprobleme

Beispiele für genannte Tätigkeiten

- Strafjustiz - Jugendschöffin
- Sozialgericht - Schöffe
- Psychische Betreuung von Gefangenen
- Sicherheitspartnerschaft, Kontrolle im Wohngebiet
- Arbeitsgericht - ehrenamtlicher Richter
- Gefangenenhilfe - Lösungsmöglichkeiten suchen
- Schiedsmann der Stadt - Schlichtung

- Jugendschöffe - Mitglied
- Schuldnerberatung
- Helfe Strafgefangenen - unter anderem Behördengänge
- Ausländerrecht - Beratung
- Gericht - Vormund
- Verwaltungsgericht - Schöffe
- Gericht - Ehrenrichter
- Jugendgericht - Schöffin

Strukturprofil

▭O Dieser Bereich
▭O Durchschnitt aller Bereiche

Organisatorischer Rahmen   %

- Staatliche / kommunale Einrichtung   55 / 11

- Verein   15 / 43

Ausgeübte Funktion

- Leitungs-/Vorstandsfunktion   9 / 36

- Amt, in das man gewählt wurde   42 / 39

ZFROS

Übersicht 13:

(15) Sonstige bürgerschaftliche Aktivität am Wohnort

Beispiele für genannte Tätigkeiten

- Mieterinitiative - für Sicherheit sorgen
- Verkehrsverein - Mitarbeiter
- Verein zur Erhaltung Lausitzer Dampflokomotiven
- Siedlerverein - Vertretung der Interessen des Ortsteils
- Bürgerinitiative zur Schaffung einer neuen Schule
- Streetworkerprojekt - Organisation
- Gemeinde - Seniorenbetreuung
- Bürgerinitiative - Protest gegen Gewerbegebiet
- Bürgerverein - Dorffeste, Schulfeste
- Verbraucherzentrale - Vorstand

- Festkomitee - Plakate, Getränke
- Dorfgemeinschaft - Verschönerung des Dorfes
- Waldverein - Streckenwart
- Agenda 21 - organisieren
- Stadtteilgruppe - praktische Arbeiten
- Wohngemeinschaft - Mitglied des Beirats
- Flurbereinigung - Bodenproben
- Eigentümergemeinschaft - Beiratsvorsitzender
- Vorschrewacht - Kontakt zu den Schulen
- Initiative Turmbau - Kassenwart
- Aktion Fluglärm - Öffentlichkeitsarbeit
- Stadtmarketingverein - Schriftführer

Strukturprofil

⬤▭O *Dieser Bereich*
▭O *Durchschnitt aller Bereiche*

Organisatorischer Rahmen   %

- Verein   37
                                      43

- Selbstorganisierte Gruppe;   35
  Initiative / Projekt   11

Ausgeübte Funktion

- Leitungs-/Vorstandsfunktion   42
                                      36

- Amt, in das man gewählt   45
  wurde   39

© Infratest Burke Sozialforschung, Freiwilligensurvey 1999   ZFROS

5. Was die Freiwilligen ehrenamtlich leisten: Anforderungen und Zeitaufwand

5.1 Zeitaufwand für die Tätigkeit

Freiwilliges Engagement kostet Zeit. Der Umfang des Zeitaufwands und die Art der zeitlichen Verpflichtungen sind für die einzelnen Tätigkeiten und unter den engagierten Personen jedoch sehr unterschiedlich. Auch dieser Aspekt gehört zur Vielfalt des freiwilligen Engagements.

Wir beschreiben zunächst den Zeitaufwand auf der Ebene der Tätigkeiten und dann auf der Ebene der Person, die ja mehrere ehrenamtliche Tätigkeiten ausüben kann.

Übersicht 14 zeigt, welche Informationen zum Zeitaufwand der ausgeübten Tätigkeit in der Befragung erhoben wurden.

Als erster Punkt ist festzuhalten, dass für die überwiegende Mehrzahl der Engagierten die Tätigkeit mit regelmäßigen Terminen und zeitlichen Verpflichtungen verbunden ist. Nur 29% sagen, das sei bei der von ihnen ausgeübten Tätigkeit nicht der Fall.

In den meisten Fällen lässt sich auch angeben, zu welchen Zeiten die Tätigkeit überwiegend ausgeübt wird. Am häufigsten ist dies der Abend (40%), häufig auch das Wochenende (32%), seltener der Nachmittag (24%) oder der Vormittag (9%) an Werktagen.

Etwa jeder vierte Engagierte muss für seine Tätigkeit mehrmals in der Woche Zeit aufwenden. Dem stehen auf der anderen Seite ebenso viele gegenüber, für die die Tätigkeit relativ selten Zeit verlangt, nämlich nur einmal im Monat (15%) oder noch seltener (13%).

Ein ähnlich breites Spektrum ergibt sich, wenn man den monatlichen Zeitaufwand in Stunden schätzen lässt. Die Bandbreite des Zeitaufwands reicht von nur 1 Stunde im Monat (5% der Tätigkeiten) bis zu 50 Std. und mehr im Monat (4% der Tätigkeiten). Einem Viertel der Engagierten, die unter 5 Std. im Monat für die Tätigkeit aufwenden, steht das andere Viertel der „Hochengagierten" gegenüber, die 20 Std. und mehr pro Monat für die Tätigkeit aufbringen. Im Durchschnitt über alle Tätigkeiten – einschließlich derer, die selten oder mit gerin-

Übersicht 14:

Zeitaufwand für die einzelne Tätigkeit

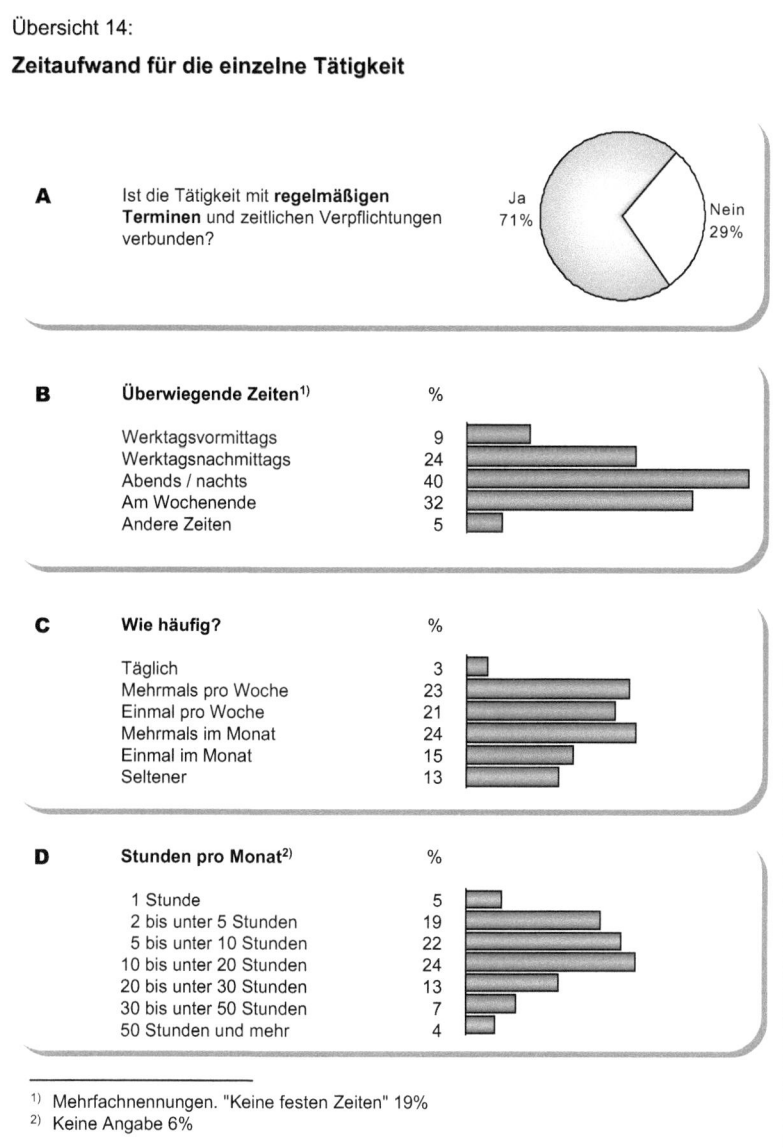

A Ist die Tätigkeit mit **regelmäßigen Terminen** und zeitlichen Verpflichtungen verbunden?

Ja 71% Nein 29%

B **Überwiegende Zeiten[1]** %

Werktagsvormittags	9
Werktagsnachmittags	24
Abends / nachts	40
Am Wochenende	32
Andere Zeiten	5

C **Wie häufig?** %

Täglich	3
Mehrmals pro Woche	23
Einmal pro Woche	21
Mehrmals im Monat	24
Einmal im Monat	15
Seltener	13

D **Stunden pro Monat[2]** %

1 Stunde	5
2 bis unter 5 Stunden	19
5 bis unter 10 Stunden	22
10 bis unter 20 Stunden	24
20 bis unter 30 Stunden	13
30 bis unter 50 Stunden	7
50 Stunden und mehr	4

---

[1] Mehrfachnennungen. "Keine festen Zeiten" 19%
[2] Keine Angabe 6%

© Infratest Burke Sozialforschung, Freiwilligensurvey 1999   ZFROS

gem Zeitaufwand ausgeübt werden – werden monatlich 14,5 Std. Zeit für die einzelne ehrenamtliche Tätigkeit aufgebracht.

Übersicht 15 zeigt, wie dieser Zeitaufwand über die verschiedenen Engagementbereiche variiert. Die Bereiche sind nach dem Durchschnitt des für die Tätigkeit aufgebrachten monatlichen Zeitaufwands geordnet. An der Spitze steht der *Gesundheitsbereich* mit 23,5 Std. Zeitaufwand pro Monat, am anderen Ende der Skala der Bereich *Justiz/Kriminalitätsprobleme* mit 7,8 Std.

Übersicht 15:
Tätigkeiten nach Engagementbereichen:
Monatlicher Zeitaufwand in Stunden

	Durch-schnitt in Std.	Personen mit über 20 Std. Zeitaufwand %	Personen mit unter 5 Std. Zeitaufwand %
Gesundheit	23,5	38	13
Sozialer Bereich	20,0	32	13
Rettungswesen/Feuerwehr	18,7	33	18
Umwelt-/Natur-/Tierschutz	18,3	28	16
Jugend- und Bildungsarbeit	17,5	32	18
Sport und Bewegung	16,0	31	16
Bürgerschaftl. Aktivität am Wohnort	15,6	27	31
Politik	14,7	22	21
Kultur und Musik	14,6	26	21
Freizeit und Geselligkeit	12,9	21	28
Kirche/Religion	11,8	16	24
Berufliche Interessenvertretung	11,6	20	40
Schule/Kindergarten	8,8	12	43
Justiz/Kriminalitätsprobleme	7,8	9	43
Gesamt	14,5	24	24

In der oberen Gruppe der Bereiche gibt es durchweg eine relativ große Zahl von Hochengagierten – etwa ein Drittel –, die viel Zeit in die ehrenamtliche Tätigkeit investieren (monatlich 20 Std. und mehr). Die Zahl derer, die mit unter 5 Std. monatlichem Zeitaufwand eher am Rande beteiligt sind, beträgt weniger als 20%. Zu den zeitintensiven Engagementbereichen dieser Art gehören der *Gesundheits-* und der *soziale Bereich,* die *Rettungsdienste/Feuerwehren,* der *Umwelt- und Naturschutz/Tierschutz,* die *außerschulische Jugend- und Bildungsarbeit* und der *Sport.*

Die am wenigsten zeitintensiven Engagementbereiche sind dadurch gekennzeichnet, dass in nahezu jeder zweiten Tätigkeit ein relativ geringer, in der Regel seltener Zeitaufwand gefordert ist. Die Zahl der „Aktivisten" mit hohem Zeiteinsatz macht nur 10% - 20% aus. Zu den weniger zeitintensiven Bereichen dieser Art gehören die *berufliche Interessenvertretung,* der Bereich *Schule/Kindergarten* sowie *Justiz/ Kriminalitätsprobleme.*

Die übrigen Bereiche stehen dazwischen. Hier haben „Aktivisten" und Personen mit eher sporadischem, geringem Zeitaufwand einen etwa gleich großen Anteil.

Nun gibt es eine erhebliche Zahl von Engagierten, die mehrere freiwillige, ehrenamtliche Tätigkeiten ausüben. Bei ihnen kumuliert dementsprechend der Zeitaufwand für das Engagement insgesamt. Übersicht 16 gibt dazu einige Zahlen.

Übersicht 16:
Zeitaufwand der Engagierten für ihr Engagement insgesamt

	Engagierte gesamt	darunter mit		
		1 Tätigkeit	2 Tätigkeiten	3 u.m. Tätigkeiten
Größe der Teilgruppe	100	63%	23%	14%
Monatlicher Zeitaufwand für die erste, zeitaufwendigste Tätigkeit, in Std.	18,1	16,6	19,1	22,8
Zeitaufwand insgesamt	%	%	%	%
Nicht zu sagen, da keine regelmäßige Tätigkeit	10	13	6	3
Bis zu 5 Std. pro Woche	57	62	55	36
6 Std. pro Woche und mehr	33	25	39	61
Gesamt	100	100	100	100

Bereits die erste, zeitaufwendigste Tätigkeit, die die Mehrfach-Engagierten ausüben, kostet im Durchschnitt mehr Zeit als die Tätigkeit, die die Einfach-Engagierten ausüben.

Als zeitlich stark Engagierte kann man bei dieser personbezogenen Betrachtung diejenigen ansehen, die 6 Std. und mehr pro Woche – das sind 25 Std. und mehr pro Monat – für ihre freiwilligen, ehrenamtlichen Tätigkeiten aufbringen. Insgesamt trifft das für jeden dritten Engagierten zu. Bei den Engagierten mit nur einer Tätigkeit umfasst dieser Kern an zeitlich Hochengagierten 25%, bei denen mit zwei Tätigkeiten fast 40% und bei denen mit drei und mehr Tätigkeiten sogar gut 60%.

5.2 Inhaltliche Aufgaben und Anforderungen

Trotz aller Vielfalt des freiwilligen Engagements lässt sich das Spektrum der Tätigkeiten doch strukturieren, um auf diese Weise Aufgaben und Anforderungen beschreiben zu können.

Übersicht 17 zeigt, was nach Angabe der Befragten der Hauptinhalt ihrer Tätigkeit ist. Die Kategorisierung wurde im Interview vorgegeben; Mehrfachnennungen waren möglich. In der Graphik ist angegeben, für welchen Anteil der freiwillig Engagierten der jeweils genannte Punkt einen Hauptinhalt ihrer Tätigkeit darstellt. Der erste Wert (dunkler Balken) zeigt den Durchschnitt über alle Engagementbereiche; der zweite Wert (heller Balken) zeigt, wie hoch der Anteil maximal in einem der 14 Engagementbereiche ist.

Häufigster Inhalt der ehrenamtlichen Tätigkeit ist die *Organisation und Durchführung von Treffen und Veranstaltungen*. Etwa die Hälfte aller freiwillig Engagierten nennen diesen Punkt; im Gesundheitsbereich sind es sogar zwei Drittel. An zweiter Stelle folgen *praktische Arbeiten, die geleistet werden müssen*. In jedem dritten Fall freiwilligen Engagements gehört das zum Hauptinhalt der Tätigkeit, in manchen Bereichen deutlich häufiger (Umwelt und Naturschutz/Tierschutz: 58%).

In anderen Bereichen stehen *persönliche Hilfeleistungen* im Vordergrund: dies sind der Gesundheitsbereich, in dem persönliche Hilfeleistungen von 67% der freiwillig Engagierten zum Hauptinhalt der

Übersicht 17:

Freiwilliges Engagement: Inhalte der Tätigkeit
Anteil der Engagierten, die den jeweiligen Punkt als Hauptinhalt ihrer Tätigkeit nennen
(Mehrfachnennungen)
Dunkle Balken: Durchschnitt über alle Bereiche
Helle Balken: Bereich mit dem jeweils höchsten Wert (in Klammern: Nr. des Bereichs)

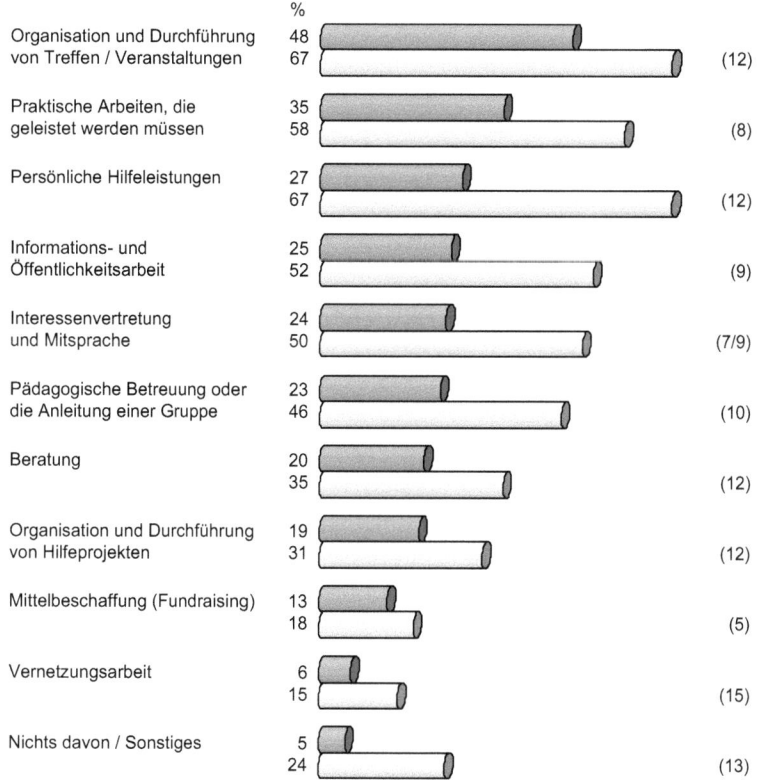

	%	
Organisation und Durchführung von Treffen / Veranstaltungen	48 / 67	(12)
Praktische Arbeiten, die geleistet werden müssen	35 / 58	(8)
Persönliche Hilfeleistungen	27 / 67	(12)
Informations- und Öffentlichkeitsarbeit	25 / 52	(9)
Interessenvertretung und Mitsprache	24 / 50	(7/9)
Pädagogische Betreuung oder die Anleitung einer Gruppe	23 / 46	(10)
Beratung	20 / 35	(12)
Organisation und Durchführung von Hilfeprojekten	19 / 31	(12)
Mittelbeschaffung (Fundraising)	13 / 18	(5)
Vernetzungsarbeit	6 / 15	(15)
Nichts davon / Sonstiges	5 / 24	(13)

(1) Sport und Bewegung, (2) Freizeit und Geselligkeit, (3) Kultur und Musik, (4) Schule / Kindergarten, (5) Sozialer Bereich, (6) Kirchlicher / religiöser Bereich, (7) Berufliche Interessenvertretung, (8) Umwelt- und Naturschutz, Tierschutz, (9) Politik / politische Interessenvertretung, (10) Außerschul. Jugendarbeit, Bildungsarbeit für Erwachsene, (11) Rettungsdienste / Freiwillige Feuerwehr, (12) Gesundheitsbereich, (13) Justiz / Kriminalitätsprobleme, (15) Sonstige bürgerschaftliche Aktivität am Wohnort

© Infratest Burke Sozialforschung, Freiwilligensurvey 1999   ZFROS

Tätigkeit gerechnet werden, der soziale Bereich (55%) und die Rettungsdienste/Feuerwehren (52%). Da in anderen Bereichen persönliche Hilfeleistungen eher am Rande bedeutsam sind, wird im Durchschnitt dieser Punkt nur von jedem Vierten genannt.

Ebenso häufig geht es insgesamt gesehen um *Informations- und Öffentlichkeitsarbeit* oder um *Interessenvertretung und Mitsprache*. Die Felder, in denen diese Inhalte im Vordergrund stehen, sind die Bereiche Politik und berufliche Interessenvertretung. Auch die *pädagogische Betreuung oder Anleitung einer Gruppe* wird von jedem Vierten als Hauptinhalt der Tätigkeit genannt, am häufigsten im Bereich der außerschulischen Jugend- oder Bildungsarbeit (46%).

Weitere wichtige Inhalte ehrenamtlicher Aktivität können die *Beratung* (20%) oder die *Organisation und Durchführung von Hilfeprojekten* (19%) sein. Ein kleiner Teil der freiwillig Engagierten rechnet zu den Hauptinhalten seiner Tätigkeit auch die *Mittelbeschaffung (Fundraising)* oder die *Vernetzungsarbeit*.

Mit diesem Spektrum möglicher Inhalte sind die Aufgaben im Feld freiwilligen Engagements offenbar recht gut beschrieben. Nur 5% der ehrenamtlich Tätigen sehen keinen dieser Punkte als zutreffend an, um die eigene Tätigkeit zu beschreiben. Dies tritt vorwiegend im Bereich *Justiz/Kriminalitätsprobleme* auf, in dem die ehrenamtliche Mitarbeit – etwa die der Schöffen bei Gericht – ja tatsächlich anders ausgerichtet ist als in den übrigen Tätigkeitsfeldern.

Die Inhalte und Aufgaben ehrenamtlicher Tätigkeit sind mit hohen Anforderungen verbunden (Übersicht 18). An erster Stelle steht die Anforderung, *mit Menschen gut umgehen zu können* (zu 69% stark gefordert), gefolgt von *hoher Einsatzbereitschaft* (54%). Für viele ehrenamtlich Tätige ist in starkem Maße aber auch *Organisationstalent* gefordert (40%), ebenso wie *Belastbarkeit* (36%), *Fachwissen* (30%), *Führungsqualitäten* (24%) oder *Mit Behörden gut umgehen können* (23%). Jeder Fünfte schließlich rechnet auch *Selbstlosigkeit* zu den Anforderungen, die in der eigenen Tätigkeit stark gefordert seien.

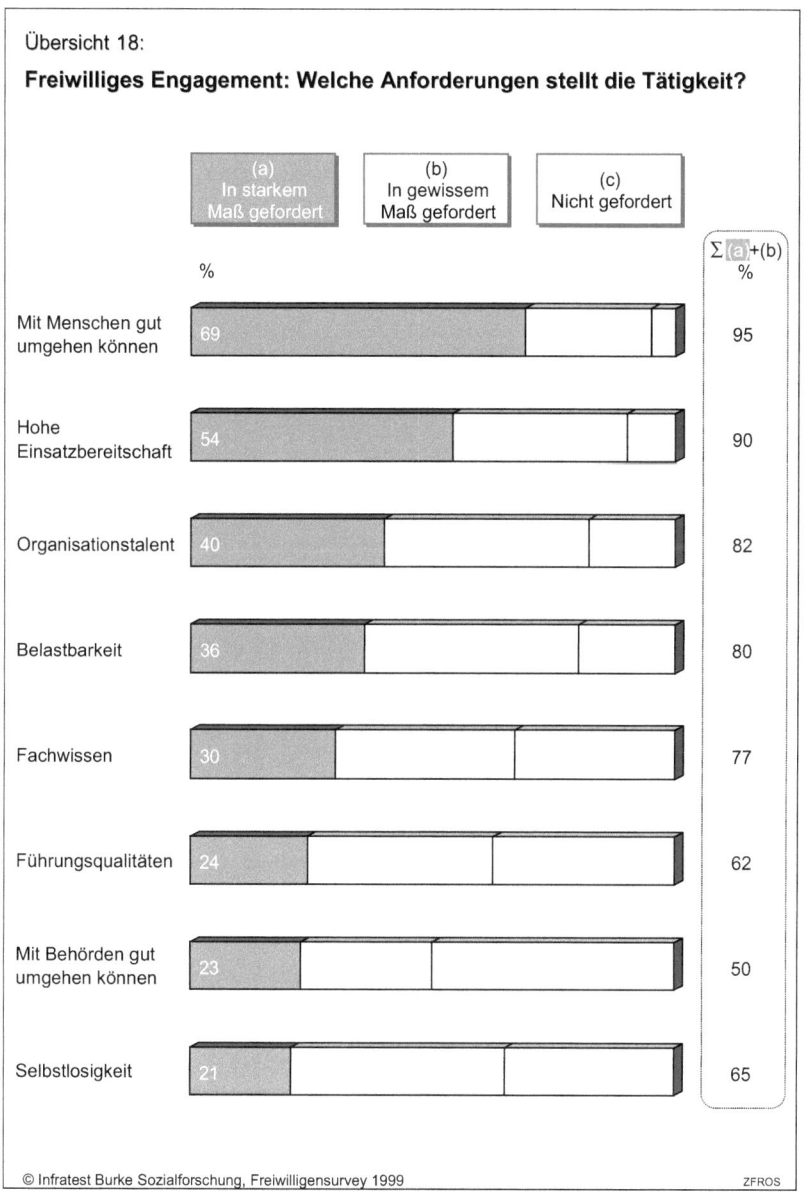

Übersicht 18:

Freiwilliges Engagement: Welche Anforderungen stellt die Tätigkeit?

	(a) In starkem Maß gefordert	(b) In gewissem Maß gefordert	(c) Nicht gefordert	Σ (a)+(b) %
Mit Menschen gut umgehen können	69			95
Hohe Einsatzbereitschaft	54			90
Organisationstalent	40			82
Belastbarkeit	36			80
Fachwissen	30			77
Führungsqualitäten	24			62
Mit Behörden gut umgehen können	23			50
Selbstlosigkeit	21			65

© Infratest Burke Sozialforschung, Freiwilligensurvey 1999

ZFROS

Man kann diese Punkte zu drei Anforderungsdimensionen zusammenfassen. Zu diesen drei Dimensionen bilden wir Indexwerte, in die folgende Punkte eingehen:

- *Belastbarkeit*: Dies umfasst die Punkte hohe Einsatzbereitschaft, Belastbarkeit und Selbstlosigkeit.

- *Sozialkompetenz*: Dies umfasst die Punkte Organisationstalent, Führungsqualitäten, mit Menschen gut umgehen können, mit Behörden gut umgehen können.

- *Fachwissen*: Dies umfasst aus der Liste allein den Punkt Fachwissen. (Weitere Gesichtspunkte hierzu vgl. Kapitel 5.3.)

Übersicht 19 zeigt für diese drei Dimensionen das Anforderungsprofil der verschiedenen Engagementbereiche. Angegeben ist der Anteil der Engagierten, bei denen nach eigener Einschätzung die jeweilige Anforderung „in starkem Maße" gegeben ist.[28]

Die Bereiche mit der höchsten subjektiven *Belastungsintensität* sind die Bereiche *Rettungsdienste/Feuerwehr* und *Gesundheit*. In beiden Bereichen geht dies einher mit hohen Anforderungen an vorhandenes Fachwissen, ebenso wie mit etwas überdurchschnittlichen Anforderungen an die Sozialkompetenz.

Sozialkompetenz in dem definierten Sinne ist am stärksten gefordert im Bereich *Politik/politische Interessenvertretung*, außerdem auch – neben dem *Gesundheitsbereich* – in der *Jugend- und Bildungsarbeit* und dem *sozialen Bereich*.

Die übrigen Bereiche sind sich im Hinblick auf die Anforderungen *Belastbarkeit* und *Sozialkompetenz* sehr ähnlich. Ein Stück weit sind also die Anforderungen an die Engagierten unabhängig von der inhaltlichen Ausrichtung des Engagements. In Bezug auf die dritte Anforderungsdimension, nämlich das in der Tätigkeit geforderte *Fachwissen*, unterscheiden sich die Bereiche dagegen stärker. Dies wird im nächsten Abschnitt näher dargestellt.

---

[28] Durchschnittswert der Punkte, die in den jeweiligen Index eingehen.

Übersicht 19:
Anforderungsprofil nach Bereichen:
Belastbarkeit, Sozialkompetenz und Fachwissen

	„In starkem Maße gefordert":		
	Belast-barkeit [1)	Sozial-kompetenz [1)	Fach-wissen
	%	%	%
Rettungsdienste/Feuerwehr	59	42	65
Gesundheit	54	49	48
Sozialbereich	46	45	30
Politik	44	55	30
Jugend- und Bildungsarbeit	41	47	42
Umwelt-/Natur-/Tierschutz	41	35	33
Kirche/Religion	35	35	17
Sport und Bewegung	35	37	31
Kultur und Musik	34	35	31
Freizeit und Geselligkeit	33	36	19
Schule/Kindergarten	31	37	16
Bürgerschaftl. Aktivität am Wohnort	29	38	24
Justiz/Kriminalitätsprobleme	28	35	35
Berufl. Interessenvertretung	28	37	53
Gesamt	37	39	30

1) Zusammenfassung mehrerer Punkte aus Übersicht 18,
   vgl. Erläuterung im Text.

Insgesamt fühlen sich die meisten freiwillig Engagierten „den Anforderungen immer gewachsen". Jeder Vierte sagt dagegen, er bzw. sie fühle sich *„manchmal überfordert"*. Überdurchschnittlich hohe Anteile von „manchmal Überforderten" weisen folgende Engagementbereiche auf:

Gesundheitsbereich	40%
Umwelt- und Naturschutz/Tierschutz	34%
Rettungsdienste/freiwillige Feuerwehr	33%
Justiz/Kriminalitätsprobleme	31%
Sozialbereich	31%

Ein Gefühl der Überforderung im freiwilligen Engagement kann unterschiedlich begründet sein: sei es in zeitlicher Überlastung, in in-

haltlichen Anforderungen, in psychischen Belastungen, in einer Enttäuschung, nicht genug bewirken zu können, usw. Genauere Analysen könnten hier noch weitere Aufklärung bringen. An dieser Stelle
erscheint uns lediglich der Hinweis wichtig, dass die Anforderungen,
die mit der Übernahme freiwilliger, ehrenamtlicher Aufgaben verbunden sind, auch zu Überforderungen führen können.

5.3 Fachwissen und Qualifizierung

Gesellschaftliche Bereiche, in denen ehrenamtliche Arbeit traditionell
eine große Rolle spielt – insbesondere der Sozial- und Gesundheitsbereich – haben in den vergangenen Jahrzehnten eine zunehmende
„Professionalisierung" erlebt, also eine „Verberuflichung" mit zunehmend höheren und formal geregelten Anforderungen an fachliches
Wissen. Dies kann nicht ohne Folgen auch für die ehrenamtlich geleistete Arbeit bleiben. In welchem Umfang können die Anforderungen von ehrenamtlichen Kräften überhaupt noch erfüllt werden?
Werden die Ehrenamtlichen in marginale Helferrollen abgedrängt?
Oder werden sie selbst in so hohem Maße Qualifizierungsanforde-
rungen ausgesetzt, dass die Grenze zwischen ehrenamtlicher und
beruflicher Arbeit verschwimmt? Was hat das für Folgen in Bezug auf
das Verhältnis von „Hauptamtlichen" und „Ehrenamtlichen"?

Auf die umfangreiche Debatte zu diesem Thema kann hier nur verwiesen werden. Unsere Befragung der freiwillig Engagierten kann vor
diesem Hintergrund einige Basisdaten zur Bedeutung fachlicher
Qualifikationsanforderungen beitragen.

Die Fragen zum Anforderungsprofil, die im vorigen Abschnitt dargestellt sind, wurden in Bezug auf die Anforderungsdimension „Fach-
kenntnisse" durch weitere Fragen ergänzt. Gefragt wurde zunächst,
welche Voraussetzungen man erfüllen müsse, um die Tätigkeit ausüben zu können:

32% nannten hier den Punkt „besonderes Fachwissen über den Tätigkeitsbereich"
19% gaben an, es sei „eine spezielle Schulung zur Vorbereitung auf
 die Tätigkeit" erforderlich.

Ein weiterer Hinweis auf die Bedeutung fachlicher Anforderungen ergibt sich aus dem Angebot und der Nutzung von Weiterbildungsmög-

lichkeiten (auch wenn diese nicht immer Fachwissen, sondern oft auch „Sozialkompetenz" zum Gegenstand haben).

- Jeder Zweite unter den freiwillig Engagierten gibt mit Bezug auf die ausgeübte Tätigkeit an, es gäbe „für diejenigen, die diese Tätigkeit ausüben, Kurs- oder Seminarangebote zur Weiterbildung" (46%).

- Sofern solche Angebote vorhanden und bekannt sind, haben die meisten freiwillig Engagierten an solchen Seminaren oder Kursen auch bereits teilgenommen (70%), überwiegend sogar mehrfach. Bezogen auf die Gesamtheit der freiwillig Engagierten hat damit jeder Dritte bereits Weiterbildungsangebote für die derzeit ausgeübte Tätigkeit wahrgenommen.

Der Umfang, in dem Fachwissen benötigt wird und Qualifizierungsangebote bereitgestellt werden, ist in den verschiedenen Engagementbereichen sehr unterschiedlich. Übersicht 20 zeigt dazu einige Ergebnisse.

Qualifizierungsintensive Bereiche sind die *Rettungsdienste/Feuerwehren*, der *Gesundheitsbereich* und die *berufliche Interessenvertretung*. Jeweils mehr als 50% der in diesen Bereichen Tätigen benötigen nach eigener Angabe „besonderes Fachwissen" und mehr als 70% bestätigen die Existenz von spezifischen Weiterbildungsangeboten für die Tätigkeit.

Als *wenig qualifizierungsintensiv* stehen am anderen Ende des Spektrums die Bereiche *Schule/Kindergarten* sowie *sonstige bürgerschaftliche Aktivität am Wohnort*. Hier benötigt nach eigener Aussage nur jeder fünfte oder sechste Engagierte „besonderes Fachwissen", und entsprechend selten wird die Existenz eines spezifischen Weiterbildungsangebotes wahrgenommen.

Zwei Bereiche gibt es, in denen offenbar ein gut ausgebautes Weiterbildungsangebot besteht, obwohl die Anforderungen in Bezug auf „Fachwissen" nach Angabe der Befragten nicht besonders hoch sind. Dabei handelt es sich um die Bereiche *Politik/politische Interessenvertretung* sowie *Kirche/Religion*. Man kann vermuten, dass Weiterbildungsangebote hier relativ häufig eher auf die Vermittlung von Sozialkompetenz ausgerichtet sind als auf die Vermittlung von Fachwissen im engeren Sinne.

Insgesamt ist das Anforderungsprofil des freiwilligen Engagements in weiten Teilen auch durch geforderte Fachkompetenz geprägt. Allerdings sollte das Bild nicht überzeichnet werden. Die Anforderungen an freiwilliges Engagement dürfen nicht so hochgeschraubt werden, dass damit Zugangsbarrieren errichtet werden. Für die Mehrzahl der Engagierten in den meisten Bereichen ist besonderes Fachwissen nach eigener Aussage nicht oder nur „in gewissem Maß" gefordert. Es ist etwa ein Drittel der freiwillig Engagierten, bei dem die Anforderung besonderen Fachwissens stärker im Vordergrund steht.

Übersicht 20:
Fachliche Qualifikationsanforderungen in der Tätigkeit

(1) „Man benötigt besonderes Fachwissen über den Tätigkeitsbereich"
(2) „Man muss an einer speziellen Schulung zur Vorbereitung auf die Tätigkeit teilnehmen"
(3) „Es gibt Kurs- oder Seminarangebote zur Weiterbildung"

Ehrenamtlich Tätige nach Bereichen	(1) Fachwissen %	(2) Schulung %	(3) Weiterbildung %
Rettungsdienste/Feuerwehr	60	66	81
Gesundheit	56	49	76
Berufliche Interessenvertretung	52	29	71
Jugend-/Bildungsarbeit	42	31	66
Sport und Bewegung	38	20	46
Kultur und Musik	37	11	36
Umwelt-/Natur-/Tierschutz	36	12	42
Politik	30	18	66
Sozialer Bereich	29	20	49
Justiz/Kriminalitätsprobleme	28	22	40
Freizeit und Geselligkeit	21	14	34
Bürgerschaftliche Aktivität am W.	21	7	15
Kirche/Religion	19	14	56
Schule/Kindergarten	14	7	21
Gesamt	32	19	46

5.4 Ehrenamtliche Arbeit und Beruf

In der Wohnbevölkerung Deutschlands ab 14 Jahren ist jeder Zweite erwerbstätig (49%). Weitere 4% geben in der Befragung an, sie seien zwar nicht erwerbstätig, würden aber irgendeine Form von bezahlter (Neben-)Tätigkeit ausüben. Dabei kann es sich um Schüler oder Studenten, Hausfrauen, Arbeitslose oder Rentner handeln. Zusammengenommen üben 53% eine bezahlte, berufliche Tätigkeit aus. Darunter sind 40% voll erwerbstätig mit 35 Std. und mehr pro Woche, 9% in Teilzeit erwerbstätig und 4% nicht erwerbstätig mit bezahlter Nebenbeschäftigung. 47% üben keine bezahlte Tätigkeit aus.

Übersicht 21 zeigt wie diese Strukturen im Vergleich zwischen Personen mit und ohne freiwilligem Engagement aussehen. Das Drittel der Bevölkerung, das freiwillige, ehrenamtliche Tätigkeiten in Gruppen, Vereinen, Organisationen oder Einrichtungen ausübt, hat häufiger als die übrigen zwei Drittel auch eine bezahlte, berufliche Tätigkeit. Insbesondere sind die freiwillig Engagierten häufiger voll erwerbstätig.

Übersicht 21:
Ausübung bezahlter Tätigkeit bei Personen mit und ohne freiwilligem Engagement

	Bevölkerung ab 14 Jahren %	Mit freiwilligem Engagement %	Ohne freiwilliges Engagement %
Übt keine bezahlte Tätigkeit aus	47	42	50
Ist nicht erwerbstätig, hat aber eine bezahlte Nebentätigkeit	4	4	4
Ist erwerbstätig mit Teilzeitbeschäftigung	9	11	9
Ist in Vollzeit erwerbstätig (35 Std. und mehr)	40	43	37
Gesamt	100	100	100

Dieses Gesamtbild ließe sich im einzelnen genauer aufgliedern, etwa mit Hinweis auf die geringere Häufigkeit freiwilligen Engagements bei Rentnern und Arbeitslosen. Unabhängig von Erklärungen im Einzelnen bleiben aber folgende Punkte festzuhalten:

- Freiwillige, ehrenamtliche Tätigkeit und berufliche, bezahlte Tätigkeit gehen tendenziell eher nebeneinander her als dass sie sich ausschließen. Die zeitlichen Anforderungen, die beide Arten von Tätigkeit stellen, mögen im Einzelfall schwer zu vereinbaren sein, doch lässt berufliche Tätigkeit insgesamt durchaus Raum für zusätzliche Aktivität.

- Der größte Personenkreis in der Bevölkerung sind diejenigen, die *weder* beruflich tätig sind *noch* im Bereich freiwilligen, ehrenamtlichen Engagements. Diese Teilgruppe macht 35% der Bundesbürger aus.

Bevölkerung in %		Erwerbstätig	
		Ja	Nein
Freiwillig, ehrenamtlich tätig	Ja	18	16
	Nein	31	35

- Es gibt offenbar keine spezifische Verbindung zwischen dem Bereich der freiwilligen, ehrenamtlichen Tätigkeit und dem Randbereich des Arbeitsmarkts, in dem nicht erwerbstätige Personen nebenher bezahlte Tätigkeiten ausüben (sei es in der Form zulässiger Nebenjobs oder in Schwarzarbeit). Jedenfalls treten solche bezahlten Nebentätigkeiten bei Personen mit freiwilliger, ehrenamtlicher Tätigkeit nicht häufiger auf als in der übrigen Bevölkerung.

Aus der Perspektive des Arbeitsmarkts ist eine häufig diskutierte Frage, inwieweit bezahlte Erwerbsarbeit und freiwillige, ehrenamtliche Tätigkeit gegenseitig ersetzbar sind. Das kann entweder negativ thematisiert werden – im Sinne des Abbaus von Arbeitsplätzen und ihrer Substitution durch freiwillige, unbezahlte Kräfte – oder eher im positiven Sinne einer Erwartung, dass Lücken und Defizite im Sozialstaat durch freiwilliges, ehrenamtliches Engagement ausgeglichen werden können und ein notwendiger Umbau des Sozialstaats durch vermehrtes Bürgerengagement möglich würde.

Die empirischen Befunde, die in dieser Debatte als Belege für verschiedene Argumentationen verwendet werden können, bieten keineswegs ein klares Bild.[29] Auch die vorliegende Untersuchung wäre überfordert, wenn man von ihr die Antwort auf all die offenen Fragen in diesem Zusammenhang erwarten würde. Was sie beitragen kann ist, das Verhältnis von freiwilliger, ehrenamtlicher Tätigkeit einerseits und beruflicher Tätigkeit andererseits aus Sicht der freiwillig Engagierten darzustellen (Übersichten 22 und 23).

Es gibt Nahtstellen zwischen beruflicher und ehrenamtlicher Arbeit, an denen die Grenze zwischen beiden Formen fließend wird. Dies ist einer der vielen „unscharfen Ränder" bei einer Abgrenzung ehrenamtlicher Tätigkeiten.[30] In der Befragung haben 3% der freiwillig Engagierten die Tätigkeit, die sie als ehrenamtlich übernommene Arbeit genannt haben, an anderer Stelle im Interview dann als „Nebenberuf" bezeichnet.[31]

In der Mehrzahl der Fälle haben ehrenamtliche und berufliche Tätigkeit nichts miteinander zu tun, sondern sind einfach verschiedene Dinge. In etwa jedem vierten Fall (23%) ist das anders: Hier sagen die Befragten, ihre ehrenamtliche Tätigkeit *habe mit der eigenen beruflichen Tätigkeit zu tun*, die sie derzeit ausüben oder früher ausgeübt haben. Etwas seltener (18%) sagen die Befragten sogar, berufliche Erfahrung in dem Tätigkeitsfeld sei „Voraussetzung" dafür, um die ehrenamtliche Tätigkeit ausüben zu können.

Diese Nähe von beruflicher und ehrenamtlicher Tätigkeit ist in einzelnen Engagementbereichen sehr viel häufiger als in anderen.

* „Berufsnahe Bereiche" des freiwilligen Engagements sind insbesondere die berufliche Interessenvertretung und der Gesundheitsbereich, gefolgt von der Jugend- und Bildungsarbeit, dem Sozialbereich sowie Justiz/Kriminalitätsproblemen.

---

29 Vgl. Beher / Liebig / Rauschenbach 1999, S. 31-34.
30 Vgl. dazu Bernhard von Rosenbladt: Zur Messung des ehrenamtlichen Engagements in Deutschland – Konfusion oder Konsensbildung? In: Kistler / Noll / Priller 1999, S. 408.
31 Vgl. oben die Übersicht 5.

- „Berufsferne Bereiche" des freiwilligen Engagements sind die *Freizeitbereiche*, aber auch *Kirche/Religion* und *Umwelt- und Naturschutz/Tierschutz*.

Übersicht 22:
Nähe der ehrenamtlichen zur beruflichen Tätigkeit

(1) „Ehrenamtliche Tätigkeit hat mit eigener beruflicher Tätigkeit zu tun"
(2) „Voraussetzung für die Tätigkeit ist berufliche Erfahrung in dem Feld"
(3) „Vergleichbare Tätigkeit wird von anderen beruflich, also gegen Bezahlung, ausgeübt"

Engagementbereiche	(1) %	(2) %	(3) %
Berufliche Interessenvertretung	75	58	41
Gesundheit	51	32	46
Jugend- und Bildungsarbeit	40	30	48
Sozialbereich	35	24	36
Justiz/Kriminalitätsprobleme	33	34	43
Bürgerschaftliche Aktivität am W.	26	20	22
Kultur und Musik	23	20	28
Politik	22	19	29
Schule/Kindergarten	19	11	14
Freizeit und Geselligkeit	17	14	12
Kirche/Religion	16	10	24
Sport und Bewegung	12	14	23
Umwelt-/Natur-/Tierschutz	12	11	22
Rettungswesen/Feuerwehr	9	19	41
Gesamt	23	18	26

Ein anderes Kriterium der „Berufsnähe" freiwilligen Engagements ist die Frage, ob die Tätigkeit, die man selbst freiwillig und ehrenamtlich ausübt, „in ähnlicher Form von anderen Personen haupt- oder nebenberuflich, also gegen Bezahlung ausgeübt" wird. Von den befragten Engagierten wird diese Frage für jede vierte ehrenamtliche Tätigkeit bejaht (26%). Ob diese Sichtweise objektiv zutreffend ist, kann hier nicht beurteilt werden. Dass aber jeder vierte ehrenamtlich Tätige subjektiv der Meinung ist, für eine vergleichbare Tätigkeit würden andere Leute eine Bezahlung erhalten, ist für sich genommen bedeutsam.

Der Anteil der Engagierten, die das so sehen, variiert nach Bereichen zwischen 48% in der *Jugend- und Bildungsarbeit* und 12% im Bereich *Freizeit und Geselligkeit*. Überdurchschnittlich hoch ist der Anteil in allen Bereichen, die auch nach dem ersten Kriterium – dem Bezug zum eigenen Beruf – als „berufsnah" eingestuft wurden.

Tatsächlich sind es diese Bereiche, in denen die Diskussion um das Verhältnis von Beruf und Ehrenamt, von „Hauptamtlichen" und „Ehrenamtlichen", besonders intensiv geführt wird.

Ein Sonderfall ist der Bereich der *Unfall- und Rettungsdienste* einschließlich der *freiwilligen Feuerwehren*. Hier hat zwar die ehrenamtliche Tätigkeit nur relativ selten mit dem eigenen Beruf der Engagierten zu tun (und jeder Fünfte ist auch noch Schüler oder in Ausbildung). Zugleich meinen aber relativ viele (41%), die von ihnen ausgeübte Tätigkeit würde von anderen Personen beruflich oder gegen Bezahlung ausgeübt. Diese – zutreffende – Sicht ist der Hintergrund, vor dem die teilweise erbitterte Debatte über Aufwandsentschädigungen und ihre mögliche Einbeziehung in die Sozialversicherungspflicht zu verstehen ist.

Inwieweit sind die freiwillig Engagierten interessiert, aus ihrer ehrenamtlichen Tätigkeit auch Nutzen für ihren Beruf ziehen zu können?

Für die meisten freiwillig Tätigen steht dieser Aspekt nicht im Vordergrund. Die Mehrzahl der Engagierten sieht in ihrer Tätigkeit eine Möglichkeit, „eigene Kenntnisse und Erfahrungen erweitern zu können". Dies bezeichnen 67% für sich als eine wichtige Erwartung an die Tätigkeit. Das gilt praktisch für alle Engagementbereiche. Nur für 19% der Engagierten ist es demgegenüber wichtig, „dass mir die Tätigkeit auch für meine beruflichen Möglichkeiten etwas nutzt". In den *berufsnahen* Bereichen ist dieser Anteil höher, in den *berufsfernen* Bereichen niedriger (Übersicht 23).

Eine konkrete Form, wie aus der ehrenamtlichen Erfahrung Nutzen für berufliche Möglichkeiten gezogen werden kann, ist der sogenannte *„Tätigkeitsnachweis"*, den manche Organisationen für ihre ehrenamtlichen Mitarbeiter und Mitarbeiterinnen ausstellen. Nach Angabe der freiwillig Engagierten in der Befragung verfügen 3% von ihnen bisher bereits über einen solchen Nachweis. Weitere 20% sagen, sie wären an einem solchen Nachweis interessiert. In berufsnahen Bereichen wie dem *Gesundheitsbereich* und der *Jugend- oder Bildungsarbeit*, aber auch den *Rettungsdiensten/Feuerwehren* ist es sogar jeder Zweite, der an einem Tätigkeitsnachweis interessiert ist oder darüber bereits verfügt.[32]

Die weitestgehende Form eines „Nutzentransfers" aus dem ehrenamtlichen in den beruflichen Bereich bestünde darin, eine bisher ehrenamtlich ausgeübte Tätigkeit stattdessen beruflich und gegen Bezahlung ausüben zu können. Dies kommt natürlich nur in bestimmten Tätigkeiten überhaupt in Frage, nämlich dort, wo vergleichbare Tätigkeiten – zumindest aus der Sicht der freiwillig Engagierten – von anderen Personen beruflich und gegen Bezahlung ausgeübt werden.[33]

Sofern diese Voraussetzung gegeben ist, wurde im Interview nachgefragt, ob man persönlich denn daran interessiert wäre, die Tätigkeit beruflich und gegen Bezahlung auszuüben. Jeder vierte Befragte (in dieser Teilgruppe) bejaht diese Frage. Bezogen auf die Gesamtheit der freiwillig Engagierten ergibt sich daraus ein Anteil von 6%, für den ein Übergang von der freiwilligen, ehrenamtlichen Mitarbeit in eine berufliche, bezahlte Stellung im jeweiligen Tätigkeitsfeld von Interesse wäre.

Übersicht 23 zeigt in der letzten Spalte, wie dieser Anteil nach Engagementbereichen variiert. Überwiegend liegt er zwischen 3% und 9%. Ein Bereich, der in dieser Hinsicht offenbar besondere Bedingungen aufweist, ist der *Gesundheitsbereich*. Hier wären 18% interessiert, ihren Status vom „Ehrenamtlichen" zum „Hauptamtlichen" verändern zu können oder zumindest eine Bezahlung für die Tätigkeit zu erhalten.

---

32 Vgl. Spalte 6 in Übersicht 23.
33 Vgl. Spalte 3 in Übersicht 22.

Übersicht 23:
Soll freiwilliges Engagement für berufliche Tätigkeit von Nutzen sein?

(4) „Wichtig ist mir: Eigene Kenntnisse und Erfahrungen erweitern zu können"
(5) „Wichtig ist mir: Dass mir die Tätigkeit auch für meine beruflichen Möglichkeiten etwas nutzt"
(6) „Habe Interesse an Tätigkeitsnachweis" (einschl.: Habe bereits einen solchen)
(7) „Wäre interessiert, die Tätigkeit beruflich und gegen Bezahlung auszuüben"

Engagementbereiche	(4) %	(5) %	(6) %	(7) %
Berufliche Interessenvertretung	79	50	34	7
Gesundheit	91	38	47	18
Jugend- und Bildungsarbeit	81	32	45	9
Sozialbereich	71	20	28	8
Justiz/Kriminalität	87	47	35	3
Bürgerschaftliche Aktivität	72	18	26	7
Kultur und Musik	70	17	21	7
Politik	76	26	24	4
Schule/Kindergarten	63	18	18	6
Freizeit und Geselligkeit	63	15	16	3
Kirche/Religion	66	15	30	4
Sport und Bewegung	62	13	20	5
Umwelt-/Natur-/Tierschutz	63	14	17	6
Rettungswesen/Feuerwehr	81	26	52	7
Gesamt	67	19	25	6

6. Was hat man davon? Formen der Gratifikation für freiwilliges Engagement

6.1 Erwartungen an die Tätigkeit und wie weit sie erfüllt werden

Die Tätigkeit, die die Befragten im Rahmen ihres freiwilligen Engagements ausüben, ist ihnen überwiegend etwas Wichtiges – „ein wichtiger oder sogar sehr wichtiger Teil meines Lebens", wie vier von fünf Befragten im Interview sagen. Man investiert schließlich Zeit, Arbeit, teilweise auch Geld, Ideen, Emotionen, und man muss damit rechnen, dass man außer Erfolgen auch Misserfolgserlebnisse haben wird.

Warum tut man das alles? Welche Erwartungen verbinden diejenigen, die freiwillige, ehrenamtliche Aufgaben und Arbeiten übernehmen, mit diesem Engagement?

Von maßgeblicher Bedeutung ist sicherlich das inhaltliche Interesse an dem jeweiligen Tätigkeitsfeld. In dieser Untersuchung bildet daher die aktive Beteiligung in einem bestimmten Tätigkeitsfeld oder Bereich die Grundlage für alle weiteren Fragen zur Art des Engagements. Neben der bereichsspezifischen Motivation für eine bestimmte Tätigkeit gibt es aber allgemeinere Erwartungen, die man mit einer Tätigkeit verbinden kann.

In der Untersuchung wurde, anknüpfend an Ergebnisse früherer Befragungen, das mögliche Spektrum solcher Erwartungen in zehn Punkten formuliert. Zu jedem Punkt wurden die Befragten zunächst gefragt, wie *wichtig* ihnen dieser in Bezug auf die von ihnen ausgeübte Tätigkeit sei und, zweitens, inwieweit die Erwartungen, die man mit der Tätigkeit verbindet, tatsächlich *eingelöst* werden. Übersicht 24 zeigt die Ergebnisse.

An der Spitze der Erwartungen steht, was die Wichtigkeit betrifft, dass die Tätigkeit Spaß machen soll und dass man mit sympathischen Menschen zusammenkommt. Dies geht aber einher mit altruistischen Motiven: Etwas für das Gemeinwohl zu tun und anderen Menschen zu helfen.

Übersicht 24:

Erwartungen an die ehrenamtliche Tätigkeit und inwieweit sie eingelöst werden

Basis: Alle freiwillig Engagierten

Wie wichtig (Skala 1 - 5, Mittelwerte) ist dieser Punkt?

In welchem Umfang trifft das tatsächlich zu (Skala 1 - 5, Mittelwerte)?

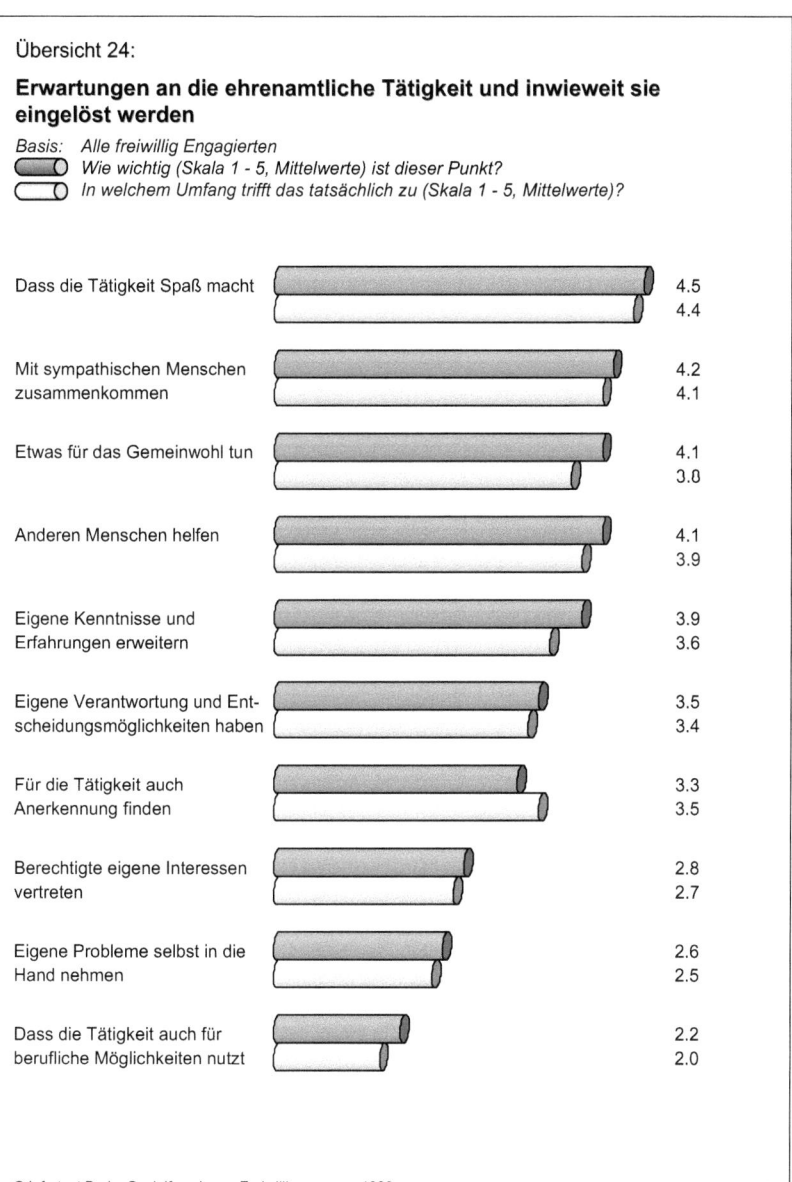

Dass die Tätigkeit Spaß macht	4.5 / 4.4
Mit sympathischen Menschen zusammenkommen	4.2 / 4.1
Etwas für das Gemeinwohl tun	4.1 / 3.8
Anderen Menschen helfen	4.1 / 3.9
Eigene Kenntnisse und Erfahrungen erweitern	3.9 / 3.6
Eigene Verantwortung und Entscheidungsmöglichkeiten haben	3.5 / 3.4
Für die Tätigkeit auch Anerkennung finden	3.3 / 3.5
Berechtigte eigene Interessen vertreten	2.8 / 2.7
Eigene Probleme selbst in die Hand nehmen	2.6 / 2.5
Dass die Tätigkeit auch für berufliche Möglichkeiten nutzt	2.2 / 2.0

ZFROS

Mehrheitlich als *wichtig* erachtet werden darüber hinaus, wenn auch nicht so einhellig, Punkte wie „eigene Kenntnisse und Erfahrungen erweitern", „eigene Verantwortungs- und Entscheidungsmöglichkeiten haben" und „für die Tätigkeit auch Anerkennung finden".

Mehrheitlich eher im Bereich von *nicht so wichtig* werden Anliegen eingestuft wie „berechtigte eigene Interessen vertreten", „eigene Probleme selbst in die Hand zu nehmen" und schließlich, „dass die Tätigkeit mir auch für meine beruflichen Möglichkeiten etwas nutzt".

Um das Gewicht dieser verschiedenen Punkte zu bestimmen, wurde in der Befragung eine fünfstufige Skala verwendet, deren Eckwerte als „unwichtig" und „außerordentlich wichtig" bezeichnet sind. Die Darstellung in Übersicht 24 zeigt jeweils den Mittelwert der Einstufungen.

Hinter dem Mittelwert stehen teilweise breit gestreute Antwortverteilungen, also individuell sehr unterschiedliche Gewichtungen einzelner Motive. Das gilt insbesondere für die nicht einhellig als wichtig erachteten Punkte. Ein Beispiel ist das Anliegen, „berechtigte eigene Interessen zu vertreten":

- 43% bezeichnen dies in Bezug auf die von ihnen ausgeübte Tätigkeit als einen eher unwichtigen Punkt
- 26% wählen den Mittelwert der Skala, der als „teils/teils" zu interpretieren ist
- 30% bezeichnen diesen Punkt dagegen für die von ihnen ausgeübte Tätigkeit als wichtig oder sehr wichtig.

Bereiche, in denen die Vertretung berechtigter eigener Interessen von relativ vielen Engagierten als wichtiges Motiv ihres Engagements bezeichnet wird, sind:

- bürgerschaftliche Aktivität am Wohnort (50%)
- berufliche Interessenvertretung (43%)
- Umwelt- und Naturschutz/Tierschutz (43%)
- der Gesundheitsbereich (41%)
- Schule/Kindergarten (39%).

In denselben Bereichen steht auch das Motiv „eigene Probleme selbst in die Hand nehmen und lösen können" häufiger als in anderen Bereichen im Vordergrund. Insgesamt erachten auch diesen

Punkt 30% der Engagierten für die von ihnen ausgeübte Tätigkeit als ein wichtiges oder sehr wichtiges Anliegen.

Die *Einlösung der Erwartungen* wurde mit einer formal gleichen Skala gemessen, deren fünf Stufen jetzt nur einen anderen Bedeutungsgehalt haben: Die Eckwerte sind bezeichnet als „trifft nicht zu" und „trifft in sehr hohem Maße zu". Übersicht 24 zeigt auch hierfür die Mittelwerte für alle zehn Erwartungen bzw. den Umfang, in dem diese Erwartungen als eingelöst gesehen werden.

Alle Punkte, die in der Erwartung der Befragten an die ausgeübte Tätigkeit als wichtig bezeichnet wurden, werden auf der Skala auch als weitgehend eingelöst eingestuft. Punkte, die überwiegend nicht als wichtig eingestuft wurden, werden logischerweise auch nicht als eingelöst bzw. zutreffend eingestuft. Die Rangfolge der zehn Punkte ist im Hinblick auf die Wichtigkeit der Erwartungen und die Einlösung der Erwartungen weitgehend identisch.

Lediglich ein Punkt fällt aus diesem Muster etwas heraus. Die Erwartung, „für die Tätigkeit auch Anerkennung zu finden", wurde in Bezug auf ihre Wichtigkeit für die Tätigkeit nicht sehr betont. In Bezug auf die Einlösung dieser Erwartung erhält der Punkt daher sogar eine bessere Bewertung.

Hinter dem Mittelwert steht dabei auch hier eine erhebliche individuelle Streuung der Antworten:

„Dass Sie für ihre Tätigkeit auch Anerkennung finden ..."

trifft eher nicht zu	16%
teils/teils	33%
trifft eher zu	29%
trifft in sehr hohem Maße zu	20%

Etwa jeder zweite freiwillig Engagierte erhält demnach für seine Tätigkeit – nach eigener Einschätzung – eher keine besondere Anerkennung. Ganz überwiegend haben diese Befragten zuvor allerdings gesagt, dieser Punkt sei ihnen auch nicht besonders wichtig.

Insgesamt ergibt sich ein Bild weitgehender Zufriedenheit. Erwartungen an die freiwillige Tätigkeit und die Einlösung dieser Erwartungen stehen im Großen und Ganzen in Einklang.

Dies kann im Grunde nicht verwundern. Da es sich um freiwilliges Engagement handelt, kann ja derjenige, der unzufrieden ist, die Tätigkeit beenden.

In welchem Umfang die Beendigung des freiwilligen Engagements tatsächlich mit Gründen verbunden ist, die Unzufriedenheit oder Probleme signalisieren, wird später (Kapitel 6.3) noch näher untersucht.

Das relativ hohe Maß an persönlicher Zufriedenheit, das die freiwillig Engagierten mit ihrer Tätigkeit zeigen, heißt nicht, dass Forderungen nach verbesserten Bedingungen für ehrenamtliche Tätigkeit für sie kein Thema wären. Darauf wird im abschließenden Kapitel 7 eingegangen.

6.2   Aufwandsentschädigungen

Freiwilliges, ehrenamtliches Engagement in Gruppen, Vereinen, Organisationen oder Einrichtungen ist in dieser Untersuchung definiert durch „Aufgaben und Arbeiten, die man *unbezahlt oder gegen geringe Aufwandsentschädigung* ausübt" (vgl. Kapitel 2.2). Diese Definition entspricht dem allgemeinen Verständnis und dürfte wenig strittig sein. Gleichwohl gibt es eine kontroverse Debatte darüber, ob freiwilliges Engagement verstärkt auch durch finanzielle Vergütungen belohnt und gefördert werden sollte.

Die Positionen reichen von der Konzeption eines allgemeinen „Bürgergeldes" für freiwilliges Engagement auf der einen Seite bis hin zu der Sorge, dass vermehrte Bezahlung ehrenamtlicher Arbeit – von der Frage der Finanzierbarkeit einmal abgesehen – einen „Zerstörungszirkel" ehrenamtlichen Engagements einleiten oder verstärken könnte. Dies bezieht sich auf die motivationale Ebene – Motivation und Nutzenkriterien für eine freiwillige, ehrenamtliche Tätigkeit sind völlig anders als für die berufliche, bezahlte Arbeit.

Auch die freiwillig Engagierten selbst haben in dieser Frage keine einheitliche Meinung. Wenn es um mögliche Verbesserungen der Rahmenbedingungen für ehrenamtliches Engagement geht, wird die „finanzielle Vergütung für geleistete Arbeit" zwar deutlich seltener genannt als andere Aspekte. Doch immerhin jeder Vierte sieht hier Bedarf für Verbesserungen (vgl. Kapitel 7.1).

Im Folgenden soll dargestellt werden, wie heute die tatsächliche Situation in der Frage der Aufwandsentschädigungen für ehrenamtliche Leistungen ist. Neben finanziellen Vergütungen im engeren Sinne können dabei auch Sachzuwendungen eine Rolle spielen. Von Bedeutung ist in diesem Zusammenhang ferner, inwieweit Kosten, die in Verbindung mit der ehrenamtlichen Tätigkeit entstehen, erstattet werden.

Übersicht 25 zeigt verschiedene Formen von Vergütungen sowie den Anteil der freiwillig Engagierten, die solche Vergütungen erhalten.

Übersicht 25:
Vergütung für die ehrenamtliche Tätigkeit

(1) Pauschalierte Aufwandsentschädigung
(2) Geringfügige Bezahlung
(3) Honorare
Summe (1 – 3): Finanzielle Vergütung in einer der genannten Formen
(4) Sachzuwendungen, z.B. Fahrscheine, private Nutzung
    von Gruppenräumen oder Ausstattungsmitteln

Engagementbereiche	(1) %	(2) %	(3) %	Summe (1 – 3) %	(4) %
Justiz/Kriminalität	43	2	1	46	0
Politik	32	3	1	36	7
Jugend- und Bildungsarbeit	10	3	13	26	15
Berufl. Interessenvertretung	15	6	1	22	5
Rettungsdienste/Feuerwehr	14	5	1	20	4
Gesundheit	11	5	2	18	11
Sport und Bewegung	7	6	3	16	6
Sozialbereich	7	3	1	11	7
Kultur und Musik	2	4	5	11	5
Freizeit und Geselligkeit	4	4	1	9	4
Bürgerschaftliche Aktivität	2	6	-	8	9
Umwelt-/Natur-/Tierschutz	2	3	1	6	6
Kirche/Religion	2	1	2	5	5
Schule/Kindergarten	1	3	1	5	2
Gesamt	7	4	2	13	5

Häufigste Form der Vergütung für ehrenamtliche Tätigkeit ist die *pauschalierte Aufwandsentschädigung*. Von allen ehrenamtlich Tätigen erhalten 7% eine solche Vergütung. Der Anteil variiert dabei stark nach Engagementbereichen. In den Bereichen *Justiz/Kriminalitätsprobleme* und *Politik/politische Interessenvertretung* liegt er bei über 30% oder sogar 40%. In anderen Bereichen beträgt er lediglich 2%, d.h. es werden praktisch keine Aufwandsentschädigungen gezahlt. Das gilt für *Kultur und Musik, Umwelt- und Naturschutz/ Tierschutz, Kirche/Religion* und sonstige *bürgerschaftliche Aktivität am Wohnort*.

Für eine kleine Zahl von ehrenamtlichen Kräften gibt es eine *„geringfügige Bezahlung"*. Insgesamt sind das 4%; unter den Engagementbereichen variiert der Anteil zwischen 1% und 6%. In der Regel dürfte es sich hier um Vergütungen im Rahmen der sogenannten 630 DM-Regelung handeln.

Schließlich gibt es die Vergütungsform der *„Honorare"*. Damit können im Rahmen einer grundsätzlich ehrenamtlichen Tätigkeit besondere, abgrenzbare Leistungen wie etwa Vorträge vergütet werden. Eine gewisse Bedeutung hat diese Form der Vergütung vor allem in der *Jugend- und Bildungsarbeit* (13%) und in geringerem Umfang im Bereich *Kultur und Musik* (5%).

Der Anteil der freiwillig Engagierten, die für ihre ehrenamtliche Tätigkeit eine dieser Formen finanzieller Vergütung erhalten, beträgt insgesamt 13%. Bereiche, in denen der Anteil höher liegt, sind außer den Bereichen *Justiz/Kriminalitätsprobleme* (46%) und *politische Interessenvertretung* (36%) die außerschulische *Jugend- und Bildungsarbeit* (26%), die *berufliche Interessenvertretung* (22%), die *Rettungsdienste/Feuerwehren* (20%), der *Gesundheitsbereich* (18%) und der *soziale Bereich* (16%).

In einzelnen Bereichen spielen daneben verschiedene Formen von *Sachzuwendungen* eine gewisse Rolle, wie etwa die private Nutzung von Räumen oder Ausstattungsmitteln, kostenlose Fahrscheine usw. Insgesamt sind solche „indirekten" Vergütungsformen aber auf 5% der freiwillig Engagierten begrenzt.

Jede siebte ehrenamtliche Tätigkeit ist demnach mit einer gewissen finanziellen Vergütung verbunden. Die *Höhe der Vergütungen* hält sich dabei in engem Rahmen. Der Betrag liegt

- in 56% der Fälle unter 100 DM im Monat
- in 26% der Fälle zwischen 100 und 300 DM
- in 7% der Fälle zwischen 300 und 700 DM
- und nur in Ausnahmefällen (2%) über 700 DM.

Einige Befragte können die monatliche Höhe des Betrages, den sie „im Durchschnitt" erhalten, nicht angeben, da die Vergütungen zu unregelmäßig anfallen. Um eine „regelmäßige" Vergütung handelt es sich in zwei von drei Fällen (66%).

In der überwiegenden Zahl der Fälle sind die ehrenamtlich Tätigen, die überhaupt eine Vergütung erhalten, mit der Höhe der Vergütung zufrieden. Von den Befragten bewerten die Vergütung als ...

- angemessen 63%
- zu hoch 3%
- zu niedrig 29%

Zum Aspekt der *Kostenerstattung* wurde im Interview gefragt, ob man für finanzielle Auslagen im Zusammenhang mit der ehrenamtlichen Tätigkeit „gegen Nachweis eine Kostenerstattung erhalten" könne. Insgesamt ergeben die Antworten folgendes Bild:

32% Ja, erhalte Kostenerstattung
9% Kann Kostenerstattung erhalten, mache davon aber keinen Gebrauch
48% Nein, keine Kostenerstattung
11% Trifft nicht zu, habe keine Auslagen (inkl. keine Angabe)

Höher als im Durchschnitt ist der Anteil derer, die Kostenerstattungen erhalten, insbesondere in den Bereichen

- Jugend- und Bildungsarbeit 62%
- Berufliche Interessenvertretung 54%
- Justiz/Kriminalitätsprobleme 40%
- Gesundheitsbereich 40%

Am unteren Ende des Spektrums steht der Bereich *Schule/Kindergarten* mit lediglich 18% der freiwillig Engagierten, die Kosten erstattet bekommen.

Insgesamt gesehen halten sich finanzielle Vergütungen für ehrenamtliche Tätigkeiten bisher in engem Rahmen. Sofern sie gezahlt
werden, werden sie überwiegend als angemessen empfunden.
Gleichwohl stoßen Überlegungen und Vorschläge für weitergehende
materielle Honorierungen – in welcher Form auch immer – bei einem
Teil der freiwillig Engagierten durchaus auf Resonanz. Diese Frage
wird weiter unten (Kapitel 7) noch einmal aufgegriffen.

6.3   Gründe für eine Beendigung der Tätigkeit

Das freiwillige Engagement in Gruppen, Vereinen, Organisationen
oder Einrichtungen wird häufig über viele Jahre hinweg aufrecht-
erhalten. Aber im Prinzip ist es natürlich zeitlich begrenzt, wobei die
zeitliche Dauer teils von der Art der übernommenen Aufgabe abhängt
und teils von den Entscheidungen und Lebensumständen der engagierten Person. Das Ausscheiden kann ein Hinweis auf Probleme
oder Enttäuschungen sein, es kann aber sozusagen auch ganz nor-
mal und unproblematisch sein.

Unter diesem Gesichtspunkt wurde in der Befragung nicht nur dem
Zugang ins freiwillige Engagement besondere Aufmerksamkeit gewidmet (vgl. Teil 2, Kapitel 6: Zugangsmöglichkeiten), sondern auch
dem *Ausscheiden* aus einem freiwilligen Engagement. Fragen dazu
richteten sich teils an derzeit ehrenamtlich tätige Personen und teils
an Personen, die früher einmal ehrenamtlich tätig waren und diese
Tätigkeit irgendwann beendet haben.

Die derzeit Engagierten sehen die Aufgabe, für die sie sich engagieren, in der Mehrzahl als „zeitlich nicht begrenzt". Jeder Vierte meint
demgegenüber, die Tätigkeit werde „in absehbarer Zeit beendet sein"
(26%). Engagementbereiche mit zeitlich eher begrenzter Perspektive
für die Tätigkeit sind

– Schule/Kindergarten (58%)
– Politik/politische Interessenvertretung (38%).

Am anderen Ende des Spektrums stehen

– der soziale Bereich (nur 12% zeitlich begrenzt)
– der Gesundheitsbereich (13%)
– und der Bereich Kultur und Musik (16%).

Hier sehen die Engagierten ihre Tätigkeit also ganz überwiegend als *zeitlich nicht begrenzt*. Zugleich sind dies die Bereiche, in denen ein relativ hoher Anteil der Engagierten sich selbst für nicht oder nur schwer ersetzbar in der ausgeübten Funktion hält.

Insgesamt meinen die meisten Engagierten, wenn sie heute aufhören würden, könne ihre Aufgabe „ohne weiteres" (56%), zumindest aber doch „mit einigen Schwierigkeiten" (37%) von jemand anderem übernommen werden. *Größere Schwierigkeiten* sehen für den Fall ihres eigenen Ausscheidens 9%. An diesen Personen hängt besonders viel an Verantwortung – ein Sachverhalt, der sicherlich ambivalent zu bewerten ist: Er unterstreicht einerseits die Wichtigkeit der eigenen Tätigkeit und der eigenen Person, stellt andererseits aber auch ein Belastungsmoment dar. Der Anteil solcher hochbelasteter Personen ist überdurchschnittlich hoch in den eben bereits genannten Bereichen:

- Kultur und Musik (14%)
- dem sozialen Bereich (16%)
- dem Gesundheitsbereich (17%).

Die überwiegende Zahl der Engagierten möchte, wenn es nach ihnen selbst geht, die Tätigkeit in der Zukunft *weiterführen wie bisher* (68%) oder sogar *noch ausweiten* (14%).[34] Ein kleiner Teil möchte die Tätigkeit dagegen *einschränken* (10%) oder *am liebsten ganz aufgeben* (7%).

Der Anteil derer, die ihre Tätigkeit gerne einschränken oder ganz aufgeben möchten (zusammen 17%), liegt in einzelnen Bereichen etwas höher:

- Schule/Kindergarten (20%)
- Sport und Bewegung (21%)
- bürgerschaftliche Aktivität am Wohnort (23%)
- Jugend- und Bildungsarbeit (25%).

Das sind eher nicht die Bereiche, die in den vorangegangenen Kapiteln als Bereiche mit hohen Belastungs- oder Unzufriedenheitspotenzialen erschienen. Es sind eher Bereiche mit höherem Fluktuations-

---

34 Vgl. hierzu auch Teil B, Kapitel 7: Engagementpotenzial.

potenzial, das sich teilweise aus der Altersstruktur der Engagierten – viele junge Leute – und teils aus der Art der Aufgaben ergibt.

Wenn die eigenen Lebensumstände sich ändern oder weiterentwickeln, kann sich dies auf das freiwillige Engagement in Gruppen, Vereinen, Organisationen oder Einrichtungen auswirken. Die *ehemals Engagierten* nennen auf die Frage, warum sie ihre frühere ehrenamtliche Tätigkeit beendet haben, folgende persönliche Gründe:

23% berufliche Gründe
20% familiäre Gründe
17% gesundheitliche Gründe
17% Umzug in einen anderen Ort.

Im Nachhinein, aus heutiger Perspektive, wird das damalige ehrenamtliche Engagement in folgender Weise beurteilt:

37% sehr positiv
52% eher positiv
 8% eher negativ
 1% sehr negativ.

Nur ein relativ kleiner Teil der ehemals Engagierten – immerhin aber fast jeder Zehnte – ist demnach aus eindeutiger Unzufriedenheit oder Enttäuschung ausgeschieden. Auch die übrigen berichten teilweise jedoch von aufgetretenen Problemen. Diese lohnt es zu analysieren, um ein realistisches Bild des freiwilligen Engagements zu gewinnen. Übersicht 26 zeigt dazu die Ergebnisse.

Jeder Dritte unter den ehemals Engagierten bezeichnet *keines* der aufgelisteten möglichen Probleme als zutreffenden Grund für die Beendigung der eigenen ehrenamtlichen Tätigkeit. In diesen Fällen war offenbar eine bestimmte Aufgabe abgeschlossen oder die Person hat ihre persönlichen Interessenschwerpunkte verändert. Bei den übrigen zwei Dritteln spielte demgegenüber eines der aufgeführten Probleme eine Rolle für die Beendigung der Tätigkeit.

Häufigster Grund für die Beendigung der Tätigkeit ist die zeitliche Belastung. Mit gewissem Abstand folgen Punkte, die eher auf Enttäuschungen hinweisen: dass „nicht genug Leute weiter mitmachen wollten", dass man „seine Vorstellungen nicht verwirklichen konnte", dass es „Schwierigkeiten mit Hauptamtlichen" oder „Schwierigkeiten

Übersicht 26:

Probleme, aufgrund derer man die ehrenamtliche Tätigkeit beendet hat

Basis: Alle Befragten, die früher eimal ehrenamtlich tätig waren
Prozentwerte, Mehrfachnennungen

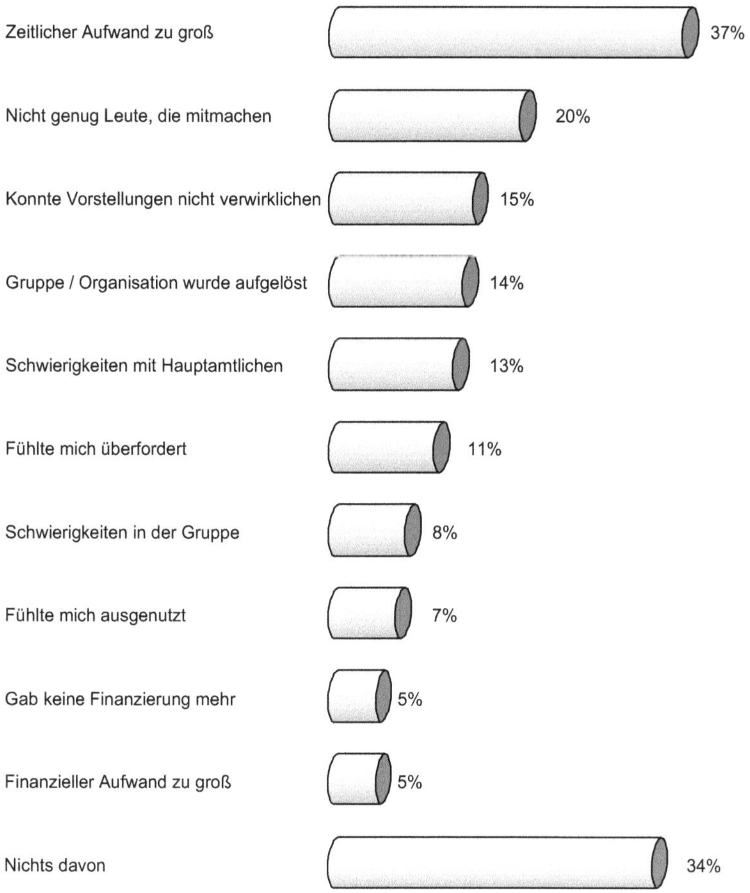

Zeitlicher Aufwand zu groß	37%
Nicht genug Leute, die mitmachen	20%
Konnte Vorstellungen nicht verwirklichen	15%
Gruppe / Organisation wurde aufgelöst	14%
Schwierigkeiten mit Hauptamtlichen	13%
Fühlte mich überfordert	11%
Schwierigkeiten in der Gruppe	8%
Fühlte mich ausgenutzt	7%
Gab keine Finanzierung mehr	5%
Finanzieller Aufwand zu groß	5%
Nichts davon	34%

ZFROS

in der Gruppe" gab, dass man sich „überfordert" oder „ausgenutzt" fühlte. Dass der finanzielle Aufwand zu groß gewesen sei, wird selten genannt. Häufiger verändern sich die äußeren Bedingungen: Die Gruppe oder Organisation wurde aufgelöst oder es gab keine Finanzierung mehr.[35]

Zwischen den einzelnen Problemfaktoren, die bei einer Beendigung der ehrenamtlichen Tätigkeit eine Rolle spielten, gibt es Zusammenhänge. Es lassen sich zwei Hauptdimensionen unterscheiden.

Die erste Dimension ist die des *Aufwandes* für die Tätigkeit, und zwar in verschiedener Hinsicht: Zeitaufwand, finanzieller Aufwand, das Gefühl der Überforderung. Diese Gründe treten in den Angaben der Befragten tendenziell gemeinsam auf.

Die zweite Dimension betrifft *Enttäuschungs- oder Demotivationsfaktoren*. Dazu gehören:

- Spannungen und Schwierigkeiten innerhalb der Gruppe
- Spannungen und Schwierigkeiten mit Hauptamtlichen
- Fühlte mich ausgenutzt
- Konnte meine Vorstellungen nicht verwirklichen.

Auch diese Punkte treten in den Angaben der Befragten tendenziell gemeinsam auf. Jeder Vierte unter den ehemals Engagierten nennt mindestens einen von diesen Punkten als Grund für sein Ausscheiden. In diesem Umfang spielen also Enttäuschung oder Demotivation eine Rolle.

Freiwilliges Engagement muss so gestaltet werden, dass die Rahmenbedingungen *motivieren* statt *demotivieren*. Im Hinblick auf Überlegungen zur Förderung des Engagements kommt es nicht nur darauf an, neue Personen für ein Engagement zu gewinnen, sondern ebenso, den Engagierten geeignete Rahmenbedingungen für ihre Tätigkeit zu bieten. Dieser Frage widmet sich der abschließende Teil unserer Untersuchung.

---

35 Dass die Gruppe oder Organisation aufgelöst wurde, spielt insbesondere in den neuen Ländern eine Rolle. Vgl. dazu Teil B, Kapitel 5: Freiwilliges Engagement in den neuen Ländern.

7.   Verbesserungen der Rahmenbedingungen: Meinungen der Betroffenen

„Dinge selbst in die Hand zu nehmen", ist ein wichtiges Motiv für freiwilliges Engagement. Insofern sind die Engagierten selbst auch mit dafür verantwortlich, die Rahmenbedingungen für ihre Aktivität richtig zu gestalten. Der Spielraum dafür kann im konkreten Fall größer oder kleiner sein. Ein Stück weit arbeitet man immer mit Rahmenbedingungen, für die andere Stellen verantwortlich sind: die Organisation, der Gesetzgeber, die Medien, die kommunale Verwaltung, die anderen Bürgerinnen und Bürger ...

Wie die Rahmenbedingungen für freiwilliges Engagement verbessert werden könnten und sollten, wird auf Seiten der Organisationen und im politischen Raum diskutiert. Die vorliegende Untersuchung kann dafür einerseits Basisinformationen über heutige Strukturen und Gegebenheiten des freiwilligen Engagements zur Verfügung stellen. Die repräsentative Befragung bot darüber hinaus die Möglichkeit, auch Meinungen der Betroffenen zu diesem Thema einzuholen.

7.1   Was die Organisationen tun können

In der Befragung richtete sich dieser Teil des Interviews nur an die Teilgruppe der freiwillig Engagierten. Die Frage lautete: „Es wird viel darüber diskutiert, mit welchen Maßnahmen man ehrenamtliches Engagement fördern und unterstützen könnte. Zunächst zu der Frage, was *die Organisationen selbst* tun könnten, in denen Ehrenamtliche arbeiten. Wenn Sie an Ihre eigene Tätigkeit denken, bei welchen der folgenden Punkte würden Sie sagen: Da drückt der Schuh, da wären Verbesserungen wichtig?"

Die Befragten sollen also nicht allgemeine Meinungen äußern, sondern sich konkret auf die eigene Situation und die eigenen Erfahrungen beziehen. Von den geäußerten Verbesserungswünschen kann man daher auf dahinterstehende Problemlagen schließen. Insofern interpretieren wir die Aussagen auch im Sinne eines „Sorgenprofils" der einzelnen Engagementbereiche.

Übersicht 27 zeigt die acht Punkte des Katalogs möglicher Maßnahmen, die von den Befragten zu bewerten waren. Angegeben ist der

Anteil der Befragten, die jeweils sagen: Ja, bei diesem Punkt „drückt der Schuh", da wären Verbesserungen wichtig.

Die am häufigsten genannten Problempunkte sind die Bereitstellung von Finanzmitteln für bestimmte Projekte (63% wünschen hierfür Verbesserungen) und die Bereitstellung von geeigneten Räumen und Ausstattungsmitteln für die Projekt- und Gruppenarbeit (46%). Es geht hier wohlgemerkt um Ressourcen, die man für eine erfolgreiche Arbeit braucht, nicht um finanzielle Vergütungen für geleistete Arbeit. Letzteres wird erheblich seltener als ein Problempunkt genannt, immerhin aber doch von jedem Vierten (25%).

Die durchschnittliche Zustimmung, die die acht möglichen Ansatzpunkte für Verbesserungen jeweils finden, kann man als „Sorgenindex" in Bezug auf diesen Problemkomplex interpretieren. Im unteren Teil der Übersicht 27 sind die einzelnen Engagementbereiche nach der Höhe ihres Indexwerts angeordnet. Am *meisten* Handlungs- und Verbesserungsbedarf sehen danach die ehrenamtlich Tätigen im *Gesundheitsbereich und den Rettungsdiensten/Feuerwehren*. Den *geringsten* Problemdruck, was Rahmenbedingungen der Tätigkeit in der jeweiligen Organisation angeht, äußern die Engagierten in den Bereichen *Kirche/Religion* sowie *Freizeit und Geselligkeit*.

Verschiedene Punkte der Problemliste werden von den Engagierten in den einzelnen Bereichen unterschiedlich stark hervorgehoben:[36]

- Mehr *fachlichen Unterstützungsbedarf* in Verbindung mit mehr *Weiterbildungsmöglichkeiten* äußern vorrangig die Befragten im Gesundheitsbereich, im Bereich der beruflichen Interessenvertretung und im Bereich Justiz/Kriminalitätsprobleme. Mehr *menschliche und psychische Unterstützung* in der Tätigkeit wird vorrangig in den gleichen Bereichen gewünscht (ohne den Bereich berufliche Interessenvertretung), zusätzlich aber auch von den Engagierten in den Bereichen Rettungsdienste/Feuerwehren, Kirche/Religion und dem Sozialbereich.

---

36 Die Spalten (1) bis (8) beziehen sich auf die im oberen Teil der Übersicht genannten Punkte.

Übersicht 27:
Katalog möglicher Maßnahmen (A):
Wünsche an die Adresse der Organisationen

„Da wären Verbesserungen wichtig": %

(1) Bereitstellung von Finanzmitteln für bestimmte Projekte 63
(2) Bereitstellung von geeigneten Räumen und Ausstattungsmitteln
 für Projekt- und Gruppenarbeit 46
(3) Weiterbildungsmöglichkeiten 39
(4) Fachliche Unterstützung der Tätigkeit 37
(5) Menschliche und psychische Unterstützung 35
(6) Unbürokratische Kostenerstattung 34
(7) Anerkennung der Tätigkeit durch hauptamtliche Kräfte in der
 Organisation 31
(8) Finanzielle Vergütung für die geleistete Arbeit 25

Engagementbereiche	Sorgen-index A	insbesondere in Bezug auf...*)							
		(1)	(2)	(3)	(4)	(5)	(6)	(7)	(8)
Gesundheitsbereich	50			++	++	++	++	++	++
Rettungsdienste/Feuerwehr	45	++	+		+	++	+	+	+
Schule/Kindergarten	42	++	+		+				
Umwelt-/Natur-/Tierschutz	41	+	++	+			+		
Berufl. Interessenvertretung	41		++	++					+
Jugend- und Bildungsarbeit	41	+					+	+	+
Sozialbereich	40			+		++	+		+
Kultur und Musik	40		++	+					+
Sport und Bewegung	39								+
Justiz/Kriminalität	39			+	++	+			+
Politik	38							+	
Bürgerschaftl. Aktivität.	37			+					
Kirche/Religion	35					+		+	
Freizeit und Geselligkeit	34								
Gesamt	39								

*) Legende: Pluszeichen sind eingetragen, wenn ein Punkt in dem jeweiligen Bereich deutlich häufiger genannt wird als im Durchschnitt, und zwar mit folgender Abstufung:
+ 3 bis 9% über dem Durchschnitt
++ 10% und mehr über dem Durchschnitt.

- Die Bereitstellung von *Finanzmitteln, Räumen und Ausstattungsmitteln* für die Projekt- und Gruppenarbeit wird insbesondere in den Bereichen Rettungsdienste/Feuerwehren, Schule/Kindergarten und Umwelt- und Naturschutz/Tierschutz als ein drängendes Problem empfunden.

- Die *Anerkennung* der eigenen, ehrenamtlichen Tätigkeit durch *hauptamtliche Kräfte* in der Organisation wird insgesamt von jedem Dritten als Problempunkt gesehen, vorrangig wiederum im Gesundheitsbereich und bei den Rettungsdiensten/Feuerwehren, in geringerem Umfang auch in der Jugend- und Bildungsarbeit sowie in den Bereichen Politik und Kirche/Religion.

- Die *unbürokratische Kostenerstattung* sieht jeder dritte, die *finanzielle Vergütung für geleistete Arbeit* jeder vierte Engagierte als Problempunkt, bei dem man sich Verbesserungen wünscht. Bereiche, in denen beides überdurchschnittlich häufig als Problem genannt wird, sind wiederum der Gesundheitsbereich und die Rettungsdienste/Feuerwehren und – in geringerem Maße – die Jugend- und Bildungsarbeit und der soziale Bereich.

7.2 Was Staat, Arbeitgeber und Öffentlichkeit tun können

In derselben Weise wie eben dargestellt wurde in der Befragung ein Katalog weiterer möglicher Maßnahmen vorgelegt. Adressaten für Verbesserungswünsche sind bei diesen Punkten weniger die Organisationen selbst als vielmehr Staat, Arbeitgeber und Öffentlichkeit.

Übersicht 28 zeigt aus dieser Liste zunächst diejenigen sieben Punkte, bei denen es um die Anerkennung ehrenamtlicher Tätigkeit im Bereich des Arbeits- und Sozialrechts geht.

Zwischen 33% und 56% der Engagierten – je nach Maßnahme – halten es für wichtig, die Rahmenbedingungen für freiwilliges Engagement in dieser Hinsicht zu verbessern.

- Die meiste Unterstützung finden Forderungen nach *steuerlichen Erleichterungen*, sei es in der Form der steuerlichen Absetzbarkeit von Unkosten (56%) oder der steuerlichen Freistellung von Aufwandsentschädigungen (51%).

Übersicht 28:
Katalog möglicher Maßnahmen (B):
Anerkennung von ehrenamtlicher Tätigkeit im Bereich
des Steuer- und Sozialrechts

„Da wären Verbesserungen wichtig":   %

(1) Steuerliche Absetzbarkeit von Unkosten   56
(2) Steuerliche Freistellung von Aufwandsentschädigungen   51
(3) Anerkennung ehrenamtlicher Tätigkeit für die Rentenversicherung   46
(4) Anerkennung ehrenamtlicher Tätigkeit als berufliches Praktikum
    oder berufliche Weiterbildung   46
(5) Absicherung durch Haftpflicht- und Unfallversicherung   44
(6) Anerkennung ehrenamtlicher Tätigkeit als Ersatz für Wehrdienst
    oder Zivildienst   40
(7) Vereinbarkeit ehrenamtlicher Tätigkeit mit dem Bezug von
    Arbeitslosengeld   33

Engagementbereiche	Sorgen-index B	insbesondere in Bezug auf...*)						
		(1)	(2)	(3)	(4)	(5)	(6)	(7)
Gesundheitsbereich	55			++	++	+	++	+
Sozialbereich	50			++	+	+	+	+
Rettungsdienste/Feuerwehr	50	+	++	++	+		+	+
Jugend- und Bildungsarbeit	50			++	++		+	+
Politik	48	+		+	+	+		+
Berufl. Interessenvertretung	47	+	++		+			+
Umwelt-/Natur-/Tierschutz	46				+	+	+	+
Schule/Kindergarten	45							
Sport und Bewegung	44		+					
Kirche/Religion	43				+		+	
Bürgerschaftl. Aktivität	43					++		+
Freizeit und Geselligkeit	43							
Kultur und Musik	41							
Justiz/Kriminalität	40							
Gesamt	45							

*) Legende: Pluszeichen sind eingetragen, wenn ein Punkt in dem jeweiligen Bereich deutlich
häufiger genannt wird als im Durchschnitt, und zwar mit folgender Abstufung:
+   3 bis 9% über dem Durchschnitt
++   10% und mehr über dem Durchschnitt

- In der Rangliste der Punkte, bei denen man sich Verbesserungen wünscht, folgen die *Anerkennung von Zeiten ehrenamtlicher Tätigkeit* in anderen Regelungsbereichen – nämlich für die Rentenversicherung (46%), als berufliches Praktikum oder berufliche Weiterbildung (46%) oder als Ersatz für Wehrdienst oder Zivildienst (40%).

- Eine bessere *Absicherung durch Haftpflicht- und Unfallversicherung* wünschen sich 44% der Engagierten. (Dabei muss offen bleiben, inwieweit sie über bereits vorhandene Absicherungen zutreffend informiert sind.)

- Jeder dritte Engagierte hält Verbesserungen in Bezug auf die *Vereinbarkeit* ehrenamtlicher Tätigkeit *mit dem Bezug von Arbeitslosengeld* für wichtig. Personen, die von diesem Punkt unmittelbar betroffen sein könnten, geben ihm dabei ein erheblich größeres Gewicht: Arbeitslose Engagierte in den alten Ländern nennen ihn zu 48%, arbeitslose Engagierte in den neuen Ländern zu 60%.

Fasst man diese Punkte wiederum zu einem „Sorgenindex" für den hier behandelten Problemkomplex zusammen und ordnet die Engagementbereiche nach diesem Index, so ergibt sich eine ähnliche Rangordnung wie beim ersten Index (Übersicht 27):

- Sowohl bei Problempunkten im Bereich der Organisationen selbst als auch im Hinblick auf die Anerkennung ehrenamtlicher Tätigkeit im Bereich des Arbeits- und Sozialrechts sind es die eher „berufsnahen" Engagementbereiche, die am meisten Handlungsbedarf in Bezug auf verbesserte Rahmenbedingungen artikulieren: der Gesundheitsbereich, der soziale Bereich, Rettungsdienste/ Feuerwehren sowie Jugend- und Bildungsarbeit.[37]

Schließlich wurden noch Maßnahmen zur Verbesserung der Rahmenbedingungen freiwilligen Engagements diskutiert, die sich auf allgemeinere Aspekte von Anerkennung und Unterstützung beziehen. Übersicht 29 zeigt die vier Punkte, die dazu in der Befragung angesprochen wurden.

---

37 Zur „Berufsnähe" der Bereiche vgl. oben Kapitel 5.4.

Übersicht 29:
Katalog möglicher Maßnahmen (C):
Anerkennung und Unterstützung von ehrenamtlicher
Tätigkeit allgemein

„Da wären Verbesserungen wichtig":   %

(1) Bessere Information und Beratung über Gelegenheiten
     zum ehrenamtlichen Engagement   56
(2) Öffentliche Anerkennung durch Berichte in Presse und Medien   47
(3) Freistellung für die ehrenamtliche Tätigkeit durch den Arbeitgeber 41
(4) Öffentliche Anerkennung in Form von Ehrungen u. ähnlichem   23

Engagementbereiche	Sorgen-index C	insbesondere in Bezug auf...*)			
		(1)	(2)	(3)	(4)
Bürgerschaftliche Aktivität	52	++	+	+	++
Umwelt-/Natur-/Tierschutz	50	+	++		+
Berufliche Interessenvertretung	48	++	+	+	+
Rettungsdienste/Feuerwehr	48			++	+
Jugend- und Bildungsarbeit	47	+	+	+	+
Gesundheitsbereich	47	++	+		+
Politik	45		+	+	
Sozialbereich	44	+	+		
Kirche/Religion	43		+		
Justiz/Kriminalität	42	+	+		
Schule/Kindergarten	41			+	
Freizeit und Geselligkeit	41				+
Kultur und Musik	40				
Sport und Bewegung	40				
Gesamt	42				

*) Legende: Pluszeichen sind eingetragen, wenn ein Punkt in dem jeweiligen Bereich deutlich
   häufiger genannt wird als im Durchschnitt, und zwar mit folgender Abstufung:
   +   3 bis 9% über dem Durchschnitt
   ++ 10% und mehr über dem Durchschnitt.

An erster Stelle halten die Befragten eine bessere *Information und Beratung* über *Gelegenheiten zum ehrenamtlichen Engagement* für wichtig (56%). Dabei bleibt offen, wie weit sie die Information und Beratung für sich selbst wünschen oder wie weit darin eher der Wunsch zum Ausdruck kommt, mehr Menschen für die aktive Mitarbeit zu gewinnen und damit auch selbst mehr Unterstützung zu finden.

Weiterhin wünscht sich ein erheblicher Teil der Engagierten mehr *öffentliche Anerkennung*. Dabei geht es weniger um „Anerkennung in Form von Ehrungen u.ä." (23%) als um Anerkennung „durch Berichte in Presse und Medien" (47%).

Auf der Liste der möglichen Probleme und Verbesserungswünsche, die den Befragten zur Bewertung vorgelegt wurden, richtete sich ein Punkt ausdrücklich an die *Arbeitgeber*, nämlich die „Freistellung für die ehrenamtliche Tätigkeit durch den Arbeitgeber". Hier sehen 41% der Befragten Verbesserungen als wichtig an. (Als Wunsch an die Adresse der Arbeitgeber könnte außerdem der bereits behandelte Punkt „Anerkennung ehrenamtlicher Tätigkeit als berufliches Praktikum oder berufliche Weiterbildung" gesehen werden. Hierzu halten 46% der Befragten Verbesserungen für wichtig.)

Fasst man die in Übersicht 29 behandelten Punkte einer allgemeineren Anerkennung und Unterstützung freiwilligen Engagements wiederum zu einem „Sorgenindex" zusammen, so rangieren hier andere Engagementbereiche an der Spitze als bei den zuvor behandelten Problemkomplexen. Es sind vornehmlich die Engagierten im Bereich der bürgerschaftlichen Aktivität am Wohnort und im Bereich Umwelt- und Naturschutz/Tierschutz, die sich verbesserte Rahmenbedingungen ihrer Arbeit durch mehr Information der Bürger und durch eine bessere Berichterstattung in den Medien wünschen.

Beim Punkt „Freistellung durch den Arbeitgeber" ist es wiederum der Bereich Rettungsdienste/Feuerwehr, bei dem es am meisten Probleme gibt und entsprechend Verbesserungen gewünscht werden.

Für die Diskussion um verbesserte Rahmenbedingungen freiwilligen Engagements ergibt sich insgesamt ein differenziertes Bild. Das Gewicht einzelner Probleme und entsprechender Maßnahmen ist in verschiedenen Engagementbereichen unterschiedlich. Einzelne Engagementbereiche artikulieren generell mehr Probleme und Handlungsbedarf als andere. Zugleich zeigt die Befragung jedoch, dass die freiwillig Engagierten insgesamt in erheblichem Umfang Bedarf und Ansatzpunkte sehen, um freiwilliges Engagement zu fördern und zu unterstützen.

Literaturverzeichnis

Beher, Karin / Liebig, Reinhard / Rauschenbach, Thomas: Das Ehrenamt in empirischen Studien – ein sekundäranalytischer Vergleich. Band 163, Schriftenreihe des BMFSFJ, Stuttgart/Berlin/Köln 1998.

Beher, Karin / Liebig, Reinhard / Rauschenbach, Thomas: Strukturwandel des Ehrenamts. Gemeinwohlorientierung im Modernisierungsprozess. Weinheim und München 1999.

Blanke, K. / Ehling, M. / Schwarz, N.: Zeit im Blickfeld. Ergebnisse einer repräsentativen Zeitbudget-Erhebung. Band 121, Schriftenreihe des BMFSFJ, Stuttgart/Berlin/Köln 1996

Braun, Joachim und Klages, Helmut (Hrsg.): Freiwilliges Engagement in Deutschland. Ergebnisse der Repräsentativerhebung zu Ehrenamt, Freiwilligenarbeit und bürgerschaftlichem Engagement, Band 2: Zugangswege. Band 194.2, Schriftenreihe des BMFSFJ, Stuttgart/Berlin/Köln 2000.

Bundesministerium für Bildung und Forschung (Hrsg.): Informelle Ökonomie, Schattenwirtschaft und Zivilgesellschaft als Herausforderung für die europäische Sozialforschung. Neue Herausforderungen für Forschung und Politik im Spannungsfeld zwischen Schwarzarbeit, Eigenarbeit, Ehrenamt und drittem Sektor. Bonn 2000.

Bundesregierung 1996: Die Bedeutung ehrenamtlicher Tätigkeit für unsere Gesellschaft. Bundestagsdrucksache 13/5674

Erlinghagen, Marcel / Rinne, Karin / Schwarze, Johannes: Ehrenamtliche Tätigkeiten in Deutschland – komplementär oder substitutiv? Analysen mit dem Sozio-ökonomischen Panel 1985 bis 1996, Diskussionspapier Nr. 97-10, Ruhruniversität 1997

Evers, Adalbert / Wohlfahrt, Norbert / Reuter, Rüdiger: Bürgerschaftliches Engagement in NRW. Strukturen, Funktionen und Restriktionen organisierter Ehrenamtlichkeit in einem Bundesland. Projektbericht im Auftrag des Ministeriums für Arbeit, Soziales und Stadtentwicklung, Kultur und Sport des Landes Nordrhein-Westfalen, Dezember 1999.

Gaskin, Katharine / Smith, Justin Davis / Paulwitz, Irmtraut 1996: Ein neues bürgerschaftliches Europa. Eine Untersuchung zur Verbreitung und Rolle von Volunteering in zehn Ländern. Hrsg.: Robert Bosch Stiftung, Stuttgart 1996.

Heinze, Rolf G. / Keupp, Heiner: Gesellschaftliche Bedeutung von Tätigkeiten außerhalb der Erwerbsarbeit. Gutachten für die „Kommission für Zukunftsfragen" der Freistaaten Bayern und Sachsen. Bochum und München 1997.

Kistler, Ernst / Noll, Heinz-Herbert / Priller, Eckhart (Hrsg.): Perspektiven gesellschaftlichen Zusammenhalts. Empirische Befunde, Praxiserfahrungen, Meßkonzepte. Berlin 1999.

Klages, Helmut / Gensicke, Thomas: Wertewandel und bürgerschaftliches Engagement an der Schwelle zum 21. Jahrhundert. Speyerer Forschungsberichte Bd. 193, Speyer 1999.

Picot, Sibylle (Hrsg.): Freiwilliges Engagement in Deutschland. Ergebnisse der Repräsentativerhebung zu Ehrenamt, Freiwilligenarbeit und bürgerschaftlichem Engagement, Band 3: Frauen und Männer, Jugend, Senioren, Sport. Band 194.3, Schriftenreihe des BMFSFJ, Stuttgart/Berlin/Köln 2000.

von Rosenbladt, Bernhard: Zur Messung des ehrenamtlichen Engagements in Deutschland – Konfusion oder Konsensbildung? In: Kistler / Noll / Priller 1999.

Zimmer, Annette / Nährlich, Stefan (Hrsg.): Engagierte Bürgerschaft. Traditionen und Perspektiven. Opladen 2000.

Teil B: Schwerpunktthemen der vertiefenden Auswertung

Autoren des Projektverbunds

Hinweis:

Bei den folgenden Kapiteln handelt es sich um Kurzdarstellungen. Die ausführlicheren Berichtsfassungen, in denen das Material genauer dokumentiert und kommentiert ist, sind in zwei Folgebänden zu dieser Publikation veröffentlicht:

* die Berichte zu Kapiteln 1 – 4 in Band 3:
  Sibylle Picot (Hrsg.): Freiwilliges Engagement in Deutschland – Männer und Frauen, Jugend, Senioren, Sport.

* die Berichte zu Kapiteln 5 – 7 in Band 2:
  Joachim Braun und Helmut Klages(Hrsg.): Zugangswege zum freiwilligen Engagement und Engagementpotenzial in den neuen und alten Bundesländern.

In den folgenden Kurzfassungen ist auf jegliche Literaturhinweise verzichtet. Diese finden sich in den ausführlichen Berichtsfassungen.

1. Genderperspektive – Freiwilligenarbeit, ehrenamtliche Tätigkeit und bürgerschaftliches Engagement bei Männern und Frauen

Johanna Zierau (IES)

Wie beteiligen sich Frauen und Männer an der Freiwilligenarbeit und welche Prioritäten setzen sie?

Ein erstes wichtiges Ergebnis der repräsentativen Untersuchung zum Ehrenamt unter der Genderperspektive[38] ist, dass 30% der weiblichen und 38% der männlichen Bevölkerung freiwillig tätig sind: Frauen also weniger als Männer. Damit reiht sich das Ergebnis dieser Untersuchung in das anderer repräsentativer Erhebungen ein, in denen ebenfalls eine geringere Beteiligung von Frauen an der Frei-willigenarbeit konstatiert wird.

Ein weiteres wichtiges Ergebnis ist: Frauen und Männer sind in den verschiedenen Bereichen freiwilliger Arbeit unterschiedlich präsent. In den Bereichen Schule / Kindergarten, sozialer Bereich, kirchlicher / religiöser Bereich und Gesundheitsbereich dominieren Frauen. Der Frauenanteil liegt in diesen Feldern bei ca. zwei Drittel. In den Berei-chen Umwelt-, Natur- / Tierschutz und Justiz / Kriminalitätsprobleme ist das Geschlechterverhältnis ausgeglichen. In allen anderen sind Männer stärker vertreten. In den Bereichen Kultur / Musik und Freizeit / Geselligkeit beträgt der Männeranteil ca. 60%. Nur noch jede dritte Person der freiwillig Tätigen ist weiblich in den Feldern Sport / Bewegung, außerschulische Jugendarbeit / Bildungsarbeit für Erwachsene und sonstige bürgerschaftliche Aktivitäten am Wohnort. Noch geringer ist der Frauenanteil im Bereich berufliche Interes-senvertretung außerhalb des Betriebes (ca. 25%). Am wenigsten sind Frauen in den Bereichen Unfall- / Rettungsdienst / freiwillige Feuerwehr und Politik / politische Interessenvertretung anzutreffen: Nur jede fünfte freiwillig tätige Person ist eine Frau. Während das Ergebnis zum Tätigkeitsfeld Unfall- / Rettungsdienst, zu dem auch die stark männerbesetzte freiwillige Feuerwehr gehört, weniger

---

38 Der Begriff „gender" stammt aus der anglo-amerikanischen sex/gender-Debatte, die zwischen biologischem (sex) und sozialem Geschlecht (gender) unterscheidet. Die Verwendung von „gender" anstelle von „Geschlecht" soll die soziale und kulturelle Produziertheit von Geschlechterverhalten betonen.

überrascht, ist der Frauenanteil im Bereich Politik / politische Interessenvertretung überraschend niedrig.

Die geschlechtsbezogene Betrachtung ergibt: Sport / Bewegung ist von den 14 Bereichen derjenige, in dem Frauen und Männern am stärksten freiwillig tätig sind. Die anderen Bereiche erhalten von Frauen und Männern unterschiedliche Plätze in der Rangfolge und sind darüber hinaus geschlechtsbezogen prozentual unterschiedlich besetzt. In der Übersicht unten ist die Rangfolge der Bereiche für Frauen und Männer wiedergegeben.

Übersicht:
Bereiche freiwilliger Tätigkeit nach Geschlecht und Rangfolge

Rangfolge der Bereiche			
Frauen	%*	Männer	%**
Sport / Bewegung	8	Sport / Bewegung	15
Schule / Kindergarten	7	Freizeit / Geselligkeit	7
Kirchlicher / religiöser Bereich	6	Kultur / Musik	6
Sozialer Bereich	5	Schule / Kindergarten	4
Freizeit / Geselligkeit	5	Kirchlicher / religiöser Bereich	4
Kultur / Musik	4	Politik / pol. Interessenvertretung	4
Gesundheitsbereich	2	Unfall- / Rettungsdienst, freiwillige Feuerwehr	4
Umwelt- /Natur- / Tierschutz	2	Sozialer Bereich	3
Außerschulische Jugendarbeit/ Bildungsarbeit mit Erwachsenen	1	Berufliche Interessenvertretung außerhalb des Betriebes	3
Politik / pol. Interessenvertretung	1	Umwelt- /Natur- / Tierschutz	2
Berufliche Interessenvertretung außerhalb des Betriebes	1	Außerschulische Jugendarbeit/ Bildungsarbeit mit Erwachsenen	2
Justiz / Kriminalitätsprobleme	1	Sonstige bürgerschaftliche Aktivität am Wohnort	2
Unfall- / Rettungsdienst, freiwillige Feuerwehr	1	Gesundheitsbereich	1
Sonstige bürgerschaftliche Aktivität am Wohnort	1	Justiz / Kriminalitätsprobleme	1

* der weiblichen Bevölkerung   ** der männlichen Bevölkerung

Dass der soziale Bereich erst an der vierten Stelle der Tätigkeitsfelder der Frauen liegt, mag überraschen, zumal er als der von Frauen am stärksten besetzt gilt. Zu erklären ist das mit der Abgrenzung der Bereiche und dem Problem der Trennschärfe. Der „kirchliche / religiöse" wurde als eigener Bereich festgelegt, der durch soziale Tätigkeiten stark geprägt wird. Ein Zusammenfassen der „sozialen" und „kirchlichen / religiösen" Felder würde die soziale Betätigung vor den Sportbereich setzen und damit an die erste Stelle der Tätigkeitsfelder der Frauen rücken. Auf diese Weise würde die hohe Repräsentanz von Frauen in der sozialen freiwilligen Arbeit bestätigt.

Als weiteres Ergebnis ist festzuhalten: Frauen sind stärker in Bereichen mit betreuenden, gesundheitlichen, helfenden und versorgenden Aufgaben freiwillig tätig, bis auf den Bereich Sport. Männer präferieren Bereiche, die sich mehr außerfamiliär - freizeit-, bildungsorientiert und politisch - verorten. Die spezifische Ausprägung der Präsenz der Geschlechter in Beruf und Gesellschaft findet sich in der Freiwilligenarbeit also wieder. Das heißt, eine geschlechtsspezifische Segmentierung findet auch in der freiwilligen Tätigkeit statt.

Darüber hinaus unterscheiden sich Frauen und Männer hinsichtlich ihrer Zeitaufwendung für Freiwilligenarbeit. Männer sind stärker zeitlich engagiert als Frauen, so kommt zu ihrem höheren Engagement auch noch ein höherer Zeitaufwand.

Auf den Punkt gebracht heißt das: Mehr Männer als Frauen sind freiwillig tätig, sie besetzen Tätigkeitsfelder mit außerfamiliärem Bezug und sie bringen mehr Zeit für die freiwillige Tätigkeit ein. Aufgrund dieser Sachverhalte wird die Freiwilligenarbeit in ihren Strukturen und im Profil stark von Männern geprägt.

Was charakterisiert die freiwillig tätigen Frauen und Männer?

Der Steckbrief einer freiwillig tätigen Frau könnte folgendermaßen lauten:

Der Steckbrief eines freiwillig tätigen Mannes könnte folgendermaßen lauten:

Frau in mittleren Jahren, sozial integriert, mit Kindern im Kindergarten- oder Schulalter, gutes Bildungsniveau, gutes Haushaltseinkommen, erwerbstätig - in Teilzeit -, mit eingeschränktem zeitlichen Spielraum, da auch zuständig für Haus- und Familienarbeit, interessiert an freiwilliger Tätigkeit mit Bezug zur aktuellen Lebenssituation, bevorzugt die Bereiche Sport, Schule / Kindergarten und soziale Tätigkeit.	Mann in mittleren Jahren, sozial integriert, mit Familie, mit Kindern, fast frei von Familienaufgaben, gutes Bildungs- und Berufsniveau, gutes Haushaltseinkommen, starke Erwerbsorientierung, zeitlich ungebunden, interessiert an freiwilligem Tätigkeitsfeld mit außerfamiliärem - sportlichem, beruflichem oder politischem – Bezug.

Aus der Erhebung konnten u.a. folgende charakteristische sozial-strukturelle Merkmale der freiwillig tätigen Frauen und Männer festgestellt werden.

Die Hälfte der Frauen gehört der Gruppe der 30- bis 50-Jährigen an. Männer verteilen sich über die mittleren Altersgruppen von 20 bis unter 60 Jahre relativ gleichmäßig. Junge Frauen, vor allem, aber auch 30 bis unter 50 Jahre alte Frauen, engagieren sich überproportional. Bei den Männern sind die am stärksten engagierten die 40- bis unter 60-Jährigen. Mit zunehmendem Alter sinkt der Beteiligungsgrad bei Frauen und Männern deutlich, bei Frauen stärker.

Ausprägungen familiärer Situationen wirken sich geschlechtsspezifisch unter bestimmten Aspekten auf den ersten Blick eher gleich, in der differenzierten Betrachtung jedoch unterschiedlich auf die Beteiligung an freiwilliger Tätigkeit aus.

Frauen und Männer, die mit Kindern zusammenleben, sind stärker freiwillig tätig als diejenigen, die in anderen Familien- oder Haushaltskonstellationen leben. Frauen und Männer als Alleinlebende sind deutlich unterproportional freiwillig tätig. Das heißt, dass bei Familien die freiwillige Tätigkeit ausgeprägter ist bzw. dass die Familie Anlass gibt, sich freiwillig zu engagieren.

Das Alter des Kindes / der Kinder hat einen unterschiedlichen Einfluss auf den Grad der freiwilligen Tätigkeit von Frauen und Männern. Während es für Männer keine Auswirkung auf die freiwillige Tätigkeit hat, schränken jüngste Kinder von einem Jahr oder unter drei Jahren die freiwillige Tätigkeit von Frauen stark ein. In dieser Lebensphase der Kinder sind Frauen anteilig am geringsten freiwillig tätig. Männer bleiben von dieser Familiensituation unberührt. Ihre Beteiligung an Freiwilligenarbeit fällt in dieser Lebensphase des Kindes deutlich überproportional aus. Mit Kindern im Kindergarten - oder Schulalter (bis 15 Jahre) steigt der Beteiligungsgrad der Frauen deutlich. Danach geht er wieder zurück. Der Befund, dass der Bereich Kindergarten / Schule ein von Frauen stark besetztes Tätigkeitsfeld ist, bietet dafür eine Erklärung.

Die Pflege bedürftiger Angehöriger und Kinderbetreuung bleibt den Frauen überlassen. Pflege und Kinderbetreuung bindet Zeit und somit Frauen mehr als Männer.

Dieses Ergebnis konstatiert bei den freiwillig Tätigen eine eher traditionelle geschlechtsspezifische Arbeitsteilung in der Betreuungs- und Pflegearbeit. Die Haus- und Familienarbeit beansprucht Zeit, trotzdem zählen Frauen mit dieser Aufgabenwahrnehmung zu denen, die eher stärker freiwillig tätig sind. Allerdings ist die Beteiligung in Abhängigkeit vom Alter der Kinder stark zu relativieren.

Die meisten der freiwillig tätigen Frauen und Männer sind erwerbstätig. Ausschließliche Familientätigkeit ist nur eine Beschäftigungsform für Frauen, jede fünfte Frau war in dieser Form tätig. Auch das ist ein deutlicher Hinweis dafür, dass neue partnerschaftliche Modelle wenig relevant sind. Erwerbstätigkeit – auch in Vollzeit, häufig noch verbunden mit Überstunden, ist das normale Arbeitsverhältnis der Männer und sie beeinträchtigt kaum ihr freiwilliges Engagement. Unabhängig von der Wochenarbeitszeit gehören sie durchweg zu den hoch Engagierten. Den höchsten Beteiligungsgrad weisen Männer mit einem Arbeitsvolumen von 35 bis unter 40 Wochenstunden aus.

Zur Erwerbstätigkeit von freiwillig tätigen Frauen gehört als prägende Arbeitsform die Teilzeitarbeit. Differenziert betrachtet, sind freiwillig tätige Frauen etwa zu gleichen Teilen in Teilzeit oder Vollzeit beschäftigt. Bei Frauen ist eine unmittelbare Abhängigkeit von Arbeitsvolumen und freiwilligem Engagement festzustellen: Mit höher werdenden wöchentlichen Arbeitszeiten verringert sich ihr Beteiligungsgrad an der freiwilligen Tätigkeit. Frauen mit relativ niedriger Wochenarbeitszeit sind deutlich überdurchschnittlich freiwillig tätig. Auch ausschließliche Familientätigkeit führt eher zu einem überproportionalen Engagement.

Eine hohe zeitliche Bindung durch Erwerbsarbeit ist dem freiwilligen Engagement von Männern also nicht abträglich. Für Frauen trifft das nicht zu. Die Teilzeit, eine häufig nur von Frauen gewählte Form der Erwerbstätigkeit, um Familie und Beruf vereinbaren zu können, ist aber auch das Arbeitszeitmodell, das Frauen offenbar einen größeren Spielraum für Freiwilligenarbeit bietet. Das heißt auch, dass freiwillige Tätigkeit eher komplementär zu anderen Zeitverwendungen erfolgt und nicht substitutiv, das gilt insbesondere für Erwerbsarbeit der Männer.

Die Einzelergebnisse zu den verschiedenen Merkmalen wie familiäres Zusammenleben, Haushaltsgröße, Einkommensverhältnisse, Bildungsabschluss, Situation im Erwerbsleben, Berufsstatus, Wohnsituation und soziales Umfeld weisen auf folgenden Zusammenhang hin: Frauen und Männer, die vielseitig und vielfältig im Leben gefordert sind, erwerbstätig sind, Familie haben, im Wohnumfeld gut integriert sind, sind verhältnismäßig stärker freiwillig tätig oder anders ausgedrückt: Je günstiger sich die Konstellationen des Lebens für die einzelnen Frauen und Männer darstellen, desto eher ist es ihnen möglich, sich freiwillig engagieren zu können. Allerdings sind bei den Frauen Relativierungen vorzunehmen. Die weiterhin bestehende geschlechtsspezifische Arbeitsteilung, die den Frauen die Haus- und Familienarbeit überlässt, und die zunehmende Erwerbstätigkeit parallel zur Familie, engt ihren Zeithaushalt ein und damit auch die Freiwilligenarbeit.

Was charakterisiert das Engagement der freiwillig tätigen Frauen und Männer?

Die Bezeichnung Ehrenamt hat ihre Dominanz verloren. Darin sind sich Frauen und Männer einig. Ihre Tätigkeit bezeichnen sie überwiegend als Freiwilligenarbeit, Frauen noch mehr als Männer. Dies hat offenbar weniger damit zu tun, dass sie neue Formen in ihrer Tätigkeit praktizieren und damit Vorreiterinnen des so genannten „neuen" Ehrenamtes sind, vielmehr begründet es sich aus dem organisatorischen und inhaltlichen Tätigkeitsprofil der geleisteten freiwilligen Arbeit.

Die Ergebnisse zeigen, Frauen leisten ihre freiwillige Arbeit weniger als Männer in Einrichtungen mit formalen Organisationsstrukturen. Der organisatorische Rahmen für Freiwilligenarbeit ist überwiegend der Verein. Er hat für die freiwillige Arbeit von Männern ein deutlich höheres Gewicht. Frauen wählen vergleichsweise mehr offene Organisationsformen für ihr Engagement wie Initiativen und selbst organisierte Gruppen. Außerdem sind kirchliche Einrichtungen weiterhin wichtige Orte für die freiwillige Tätigkeit von Frauen.

In der Charakterisierung der freiwilligen Tätigkeit werden hierarchische Strukturen deutlich. Männer besetzen im Rahmen ihrer Tätigkeit vergleichsweise mehr Funktionspositionen bzw. ihre Arbeit findet mehr in Funktionszusammenhängen statt. Diese Art der Tätigkeit ist mit höherer öffentlicher Wirkung verbunden.

Ausdruck für ein stärkeres formales Profil der freiwilligen Tätigkeit von Männern ist auch, dass sie im Vergleich zu den Frauen zu ihrer

Ausübung häufiger über eine Wahl kommen. Ähnliches ist festzustellen im Zusammenhang mit Vorstands- und Leitungsaufgaben. Auch bei den vielfältigen Hauptinhalten der Tätigkeiten, die von Frauen und Männern gleich stark besetzt sind, gibt es einen charakteristischen Unterschied. Persönliche Hilfeleistungen werden vergleichsweise deutlich mehr von Frauen und Verwaltungsaufgaben eher von Männern erbracht.

Die Ausübung der Tätigkeit umfasst eine Reihe unterschiedlicher Anforderungen, die sich bereichsbezogen noch weiter ausformen. Frauen knüpfen ihr Engagement offenbar weniger an Voraussetzungen, um ihre Tätigkeit auszuüben. Männer haben im Vergleich zu den Frauen einen höheren Bedarf an Schulungen zur Vorbereitung auf ihre Tätigkeit und an spezifischem Fachwissen über das Tätigkeitsfeld und verbinden häufiger eine berufliche Erfahrung mit der Tätigkeit.

Die Hauptinhalte der Tätigkeiten weisen darauf hin, dass vielfältige Qualifikationen gebraucht werden, um die Leistungsanforderungen erfüllen zu können. Schlüsselqualifikationen bzw. besondere persönliche Eigenschaften spielen eine weit wichtigere Rolle als Fachwissen. Dennoch geben auch hier Männer dem Fachwissen ein größeres Gewicht als Frauen. Auch die meisten Schlüsselqualifikationen werden von Männern geringfügig höher bewertet. „Selbstlosigkeit", ein ehemals wichtiges Merkmal für die freiwillige Tätigkeit von Frauen, erhält hingegen gegenwärtig von ihnen einen etwas geringeren Stellenwert.

Die stärkere familiäre Zuständigkeit, verbunden mit einem engeren Zeitspielraum, führt offensichtlich dazu, dass Frauen weniger an Weiterbildung teilnehmen können. Es kann daraus noch nicht der Schluss gezogen werden, dass Frauen der Qualifizierung des Tätigkeitsfeldes ein geringeres Gewicht als Männer geben.

Die zeitlichen Strukturen der freiwillig Tätigen sind stark geprägt von bereits länger dauernder Tätigkeit, regelmäßigen und verpflichtenden Einsätzen. Die kurzfristige, sporadische Tätigkeit - Kennzeichen des „neuen" Ehrenamtes - hat nach den Ergebnissen dieser Befragung noch nicht so stark und eindeutig an Gewicht gewonnen, wie es im Sozio-ökonomischen Panel aus dem Jahr 1996 festgestellt wurde. Geschlechtsspezifische Ausprägungen zeigen sich besonders darin, dass Frauen auch verstärkt vormittags und nachmittags in der Woche tätig sind, hingegen nutzen Männer häufig das Wochenende für ihre Arbeit. Auch dies ist ein Hinweis dafür, dass Frauen am Wochenende stärker familiengebunden sind.

Freiwillige Tätigkeit begründet sich auf ein Bündel von Motiven. Sie wird vor allem ausgeübt, weil sie Spaß macht. Das gilt für Männer und Frauen gleichermaßen. Altruistische Gründe haben weiterhin einen hohen Stellenwert. Aber auch mehr individuelle Motive sind Motor für freiwillige Tätigkeit.

Freiwillig tätige Frauen und Männer wünschen sich Unterstützung und Förderung zur Verbesserung und Anerkennung ihrer freiwilligen Arbeit. Trotz hoher festgestellter Zufriedenheit sind in nicht unerheblichem Maße Forderungen genannt worden. Sie richten sich zum einen an die Organisationen bzw. Einrichtungen und betreffen vorrangig die freiwillige Tätigkcit selbst, wobei finanzielle und organisatorische Aspekte im Vordergrund stehen. Aber auch die Begleitung und Betreuung der freiwillig Tätigen sollte verbessert und ihre Arbeit stärker von Hauptamtlichen anerkannt werden.

Auch der Staat ist angesprochen, Rahmenbedingungen der Freiwilligenarbeit zu verbessern und ihr eine höhere gesellschaftliche Anerkennung zu geben. Dazu gehört die steuerliche Entlastung, die Berücksichtigung der Arbeit bei der Alterssicherung, eine bessere Absicherung in der Haftpflichtversicherung sowie die Berücksichtigung von Erfahrungen und Qualifikationen, die durch freiwillige Arbeit erworben werden, in Ausbildung und Erwerbsarbeit.

Schlussfolgerungen

Frauen sind weniger freiwillig aktiv und sie investieren auch deutlich weniger Zeit in ihre Tätigkeit. Unterschiedliche Gründe für die geringere Präsenz sind anzuführen. Die ungleiche Verteilung der Familienaufgaben zwischen den Geschlechtern ist ein sehr wesentlicher Grund. Frauen sind auch heute noch überwiegend verantwortlich und zuständig für die Daseinsvorsorge und die Erledigung der Familien- und Haushaltsarbeiten. Ihre familiären Leistungen bedeuten bereits einen wichtigen gesellschaftlichen Beitrag. Ihre zunehmende parallele Erwerbstätigkeit engt ihren Zeitspielraum ein, auch für die Ausübung freiwilliger Tätigkeit. Die quantitative Differenz ist deshalb nicht als Defizit anzusehen, sondern im Kontext ihrer Mehrfachtätigkeit zu reflektieren Die Frage nach einer Angleichung der Beteiligungsrate der Frauen auf das Niveau der Männer stellt sich aus diesem Grunde nicht.

Frauen und Männer favorisieren unterschiedliche Tätigkeitsfelder. Das Engagement der Frauen wird stärker familienbezogen und sozial bestimmt. Männer dagegen bevorzugen Bereiche mit einer stärkeren Berufsrelevanz und einem höheren Prestige. Funktions- und Leitungsaufgaben sind ein Kennzeichen ihres Tätigkeitsprofils. So bedeutet die geschlechtsspezifische Besetzung der Bereiche eine Trennung dergestalt, dass Frauen ihre freiwillige Tätigkeit eher an dem familiären Bereich und Männer mehr an der öffentlichen Lebenswelt orientieren. Dies bedeutet eine Festschreibung der Geschlechterhierarchie oder anders ausgedrückt: Die geschlechtsspezifische gesellschaftliche Arbeitsteilung führt auch zu einer geschlechtsspezifischen Segmentierung freiwilliger Tätigkeit. Sie bedeutet darüber hinaus eine unterschiedliche Bewertung der freiwilligen Arbeit von Frauen und Männern, vor allem deshalb, weil die Tätigkeiten in den stärker männerdominierten Bereichen gesellschaftsbezogen eine größere Wirkung haben. Tätigkeiten der Frauen – sozial, betreuend, pflegend – haben auch eine hohe gesellschaftliche Bedeutung – sie sind jedoch weniger sichtbar, so dass sie in der Öffentlichkeit nicht das ihnen zustehende Gewicht erhalten.

Die unterschiedliche geschlechtsspezifische Präsenz in den Bereichen begründet sich auch in ihrer historischen Entwicklung. Organisatorische und strukturelle Bedingungen sowie zeitliche Strukturen sind stärker auf die Interessen und die Lebensgestaltung von Männern ausgerichtet. Solche Strukturen und Ausgestaltungen erschweren den Zugang von Frauen in diese Tätigkeitsfelder. Zugang für Frauen würde auch bedeuten, sich auf neue, veränderte Strukturen einzulassen, die auf einen Abbau hierarchischer Strukturen abzielen. Allerdings erschwert die ungleiche Präsenz der Geschlechter, sprich die Unterrepräsentanz von Frauen in diesen Bereichen, Entwicklungen in diese Richtung in Gang zu setzen.

Um zu den freiwillig Tätigen gehören zu können, sind ein persönliches Fundament und ein bestimmter persönlicher Rahmen von Nutzen. Günstige Ausgangsbedingungen wie ein gutes Bildungsniveau, Erwerbstätigkeit, ein gutes Einkommen, soziale Integration sind förderlich für die gesellschaftliche Partizipation und das Engagementverhalten. Während der familiäre Rahmen Männern die Möglichkeit bietet, ohne Kompromiss ihrer freiwilligen Tätigkeit nachgehen zu können, setzt die Doppelorientierung Erwerbstätigkeit und Familie Frauen Grenzen im Hinblick auf ihre freiwillige Tätigkeit.

Unter dem Aspekt des Abbaus der Geschlechterhierarchie und der Verbesserung der Chancengleichheit von Frauen und Männern in der Gesellschaft ist nach neuen partnerschaftlichen Modellen zu suchen. Diese Modelle würden dazu beitragen, die geschlechtsspezifische Arbeitsteilung aufzubrechen und neue Arbeitsteilungen zwischen Frauen und Männern in der Reproduktions- und Erwerbsarbeit umzusetzen. Dadurch würden neue Freiräume entstehen für ein freiwilliges Engagement von Männern mehr familienbezogen und sozialpolitisch und von Frauen mehr öffentlichkeitswirksam. Eine Grundbedingung ist dafür ein Verändern der vorgefertigten Rollen-zuschreibungen und eine Neuverteilung der Arbeit in der Familie und im Erwerbsleben.

2. Jugend und freiwilliges Engagement

Sibylle Picot (Infratest Burke Sozialforschung)

In der öffentlichen Diskussion ist häufig von einer Krise des Ehrenamts die Rede, und Verbandsvertreter klagen über mangelnde Bereitschaft zum ehrenamtlichen Engagement insbesondere bei Jugendlichen. Dem wird in der sozialwissenschaftlichen Literatur entgegengehalten, nur das traditionelle Ehrenamt sei erschöpft, dagegen gäbe es neue Formen des freiwilligen Engagements, die den veränderten Lebensbedingungen, Konzepten und Orientierungen der Menschen eher entsprächen. Jugendliche – häufig als Agenten des Wandels bezeichnet – könnten Vorreiter einer solchen Entwicklung sein. Die Ergebnisse dieser repräsentativen Untersuchung weisen jedoch eher die traditionellen Formen und Strukturen des Engagements bei Jugendlichen nach.

Vielfach wird davon ausgegangen, dass die Individualisierung jugendlicher Lebensentwürfe und die „Spaßorientierung" Jugendlicher dem Engagement hinderlich seien, eine These, der in der sozialwissenschaftlichen Diskussion jedoch auch deutlich widersprochen wird. Diese Studie zeigt, dass Jugendliche sich in großem Umfang und in beträchtlicher Vielfalt und Intensität freiwillig engagieren, wobei Engagement und Spaßorientierung offenbar gut in Einklang zu bringen sind.

Kein Mangel an Engagement bei Jugendlichen

Jugendliche im Alter von 14 – 24 Jahren sind eine besonders aktive Altersgruppe in der Gesellschaft. Zum einen ist die Aktivität im Sinne des „Mitmachens" in Vereinen, Gruppierungen und Projekten stärker ausgeprägt als in allen anderen Altersgruppen. Zum anderen ist auch die Zahl der freiwillig bzw. ehrenamtlich Engagierten mit 37% sehr hoch. Sie entspricht dem Anteil der Engagierten im Erwerbstätigenalter, und sie liegt noch über dem Anteil der Engagierten ab 60 Jahre. Die Zahlen sprechen dafür, dass es den Jugendlichen, von denen 70% Schüler oder in Ausbildung sind, relativ gut gelingt, einen beträchtlichen Teil ihrer Zeit für freiwilliges Engagement zu erübrigen. Sie haben im Rahmen ihres freiwilligen Engagements regelmäßige zeitliche Verpflichtungen, und mehr als ein Drittel aller engagierten Jugendlichen wenden über 5 Stunden pro Woche für ihre freiwillige

Tätigkeit auf. Im Vergleich zu älteren Engagierten erstaunt auch die Häufigkeit, mit der Jugendliche einer freiwilligen Tätigkeit nachgehen. Bei 44% ist dies täglich oder mehrmals in der Woche der Fall.

Der Anteil jugendlicher Engagierter an allen ehrenamtlich Engagierten ist in einigen Tätigkeitsbereichen so groß, dass diese ohne das Engagement Jugendlicher nicht auskommen könnten. Hier sind besonders der Sportbereich und der Unfall- und Rettungsdienst zu nennen.

Eher in herkömmlichen Kontexten engagiert

Das freiwillige Engagement Jugendlicher findet bisher sehr weitgehend in traditionellen Organisationsstrukturen statt und unterscheidet sich in dieser Hinsicht nicht gravierend von dem der anderen Altersgruppen. Die Hälfte aller Jugendlichen sind in Vereinen engagiert, ein Viertel in gesellschaftlichen Großorganisationen, unter denen die Kirche die mit Abstand größte Rolle spielt. Bei den Jugendlichen, die zwei ehrenamtliche Tätigkeiten ausüben, findet die zweite häufiger in selbst organisierten Gruppen, Initiativen oder Projekten statt, dabei jedoch vielfach im schulischen Kontext.

Die quantitative Bedeutung selbst organisierter Gruppen und Initiativen, die eher einem neueren Verständnis „ehrenamtlicher" bzw. freiwilliger Tätigkeit entsprechen, ist nach diesen Ergebnissen bei Jugendlichen derzeit (noch) nicht sehr groß.

Engagement beginnt im persönlichen Lebensumfeld

Die Schwerpunkte jugendlicher Aktivität und jugendlichen Engagements liegen im Bereich unterschiedlichster Tätigkeiten im persönlichen Lebensumfeld. So ist das freiwillige Engagement Jugendlicher in den Bereichen Sport und Bewegung, Freizeit und Geselligkeit, im schulischen, kulturellen und kirchlichen Bereich sowie im Bereich der Rettungsdienste und der freiwilligen Feuerwehr besonders stark ausgeprägt. Dagegen sind Jugendliche dort unterrepräsentiert, wo es im engeren und weiteren Sinn um soziales und politisches Engagement geht.

Freiwilliges Engagement Jugendlicher in den unterschiedlichen Tätigkeitsfeldern kommt vor allem Kindern und Jugendlichen zugute.

Dies betrifft auch ihr Engagement in Tätigkeitsfeldern wie Sport und Bewegung oder Freizeit und Geselligkeit, Kultur und Musik oder im kirchlichen Bereich.

Ins Engagement „hineinsozialisiert"

Die Hälfte aller freiwillig Engagierten (d.h. aller Altersgruppen) gibt an, schon mit unter 20 Jahren erstmals eine ehrenamtliche Tätigkeit übernommen zu haben. Dies zeigt, dass viele frühzeitig ins ehrenamtliche Engagement hineinwachsen. Wer sich in seiner Jugend erstmals engagiert, gehört mit sehr viel größerer Wahrscheinlichkeit auch später zu den freiwillig Engagierten. Dass der Einstieg ins Engagement so häufig bereits in jungen Jahren erfolgt, legt Konsequenzen im Hinblick auf die Anerkennung und Förderung jugendlichen Engagements durch gezielte Verbesserung der Rahmenbedingungen nahe.

Begrifflicher Wandel

Jugendliche benutzen weitaus seltener als ältere Engagierte den traditionellen Begriff „Ehrenamt" und sprechen, wenn sie ihr eigenes Engagement bezeichnen, eher von „Freiwilligenarbeit". Dies kann sich auch daraus erklären, dass sie weniger oft Tätigkeiten ausüben, in die man gewählt wird und weniger oft in leitender Funktion tätig sind. Letzteres erscheint lebenszyklisch bedingt.

Obwohl die Bezeichnung „Ehrenamt" also de facto für jugendliches Engagement weniger gut passt, kann dies die sehr deutliche Bevorzugung des „neueren" Begriffs „Freiwilligenarbeit" durch Jugendliche nur zum Teil erklären. Es zeichnet sich durchaus eine Modernisierung der Begrifflichkeit ab, für die Jugendliche Vorreiter sind.

Anforderungen und Weiterbildungsbedarf

Was die Tätigkeitsinhalte betrifft, so steht bei jugendlichen Engagierten, deren Engagement ja zu fast 70% auf die Arbeit mit Kindern und Jugendlichen bezogen ist, die pädagogische Betreuung oder Anleitung von Gruppen im Mittelpunkt. Jugendliche sagen häufiger, dass ihre ehrenamtliche Tätigkeit ihnen im starken Maße hohe Einsatzbereitschaft und Belastbarkeit abverlangt. Angesichts der insgesamt als hoch empfundenen Anforderungen an jugendliches Engagement wundert es nicht, dass ein Drittel aller jugendlichen Engagierten angibt, durch die eigene Tätigkeit manchmal überfordert zu sein.

Eingedenk des verglichen zu anderen Altersgruppen relativ hohen Anteils von Jugendlichen, die sich den Anforderungen ihrer freiwilligen Tätigkeit nicht immer gewachsen fühlen, erhalten Weiterbildungsangebote einen besonderen Stellenwert. Allerdings kennt gut die Hälfte der jugendlichen Engagierten für ihren Tätigkeitsbereich keine Kurs- oder Seminarangebote zur Weiterbildung. Dabei wird andererseits deutlich, dass Jugendliche an einem Kompetenzgewinn durch das freiwillige Engagement sehr interessiert sind. Auch das Interesse an einem Tätigkeitsnachweis ist entsprechend hoch, besonders bei Jugendlichen aus den neuen Bundesländern.

Soziale Integration und Engagement Jugendlicher

Bei Jugendlichen wie bei Erwachsenen hängt die Engagementbereitschaft sehr stark mit der sozialen Integration zusammen. Neben der Aktivität in Vereinen und Gruppierungen, die in ganz direktem Zusammenhang mit dem Engagement steht, sind es vor allem das Eingebundensein in einen großen Freundes- und Bekanntenkreis, die Verwurzelung am Wohnort und die Kirchenbindung, die Engagementbereitschaft positiv beeinflussen. Auch zeigt sich eine deutliche Beziehung zwischen Engagement und formalem Grad der Schulbildung. Die Ergebnisse bei den Jugendlichen weisen die gleiche Tendenz auf wie bei den Engagierten insgesamt: Freiwilliges Engagement steht in einem bestimmten sozialen Kontext, und es sind die besser integrierten und höher ausgebildeten Befragten, die häufiger engagiert sind.

Spaß am Engagement

Hinsichtlich der Motive für das Engagement steht für Jugendliche ganz deutlich im Vordergrund, dass die Tätigkeit Spaß machen soll und dass man mit sympathischen Menschen zusammenkommt. Die Betonung des Spaßes entspricht dabei dem Wertekanon Jugendlicher, in dem hedonistische und auch materialistische Lebensziele eine große Rolle spielen. Sie akzentuieren entsprechende Werte wesentlich stärker als erwachsene bzw. ältere Menschen (wie z.B. „die guten Dinge des Lebens in vollen Zügen genießen" und „einen hohen Lebensstandard haben"), und dabei gibt es keinen Unterschied zwischen engagierten und nicht engagierten Jugendlichen.

Was die Motivation für freiwilliges Engagement betrifft, so spielt auch die Erweiterung des eigenen Erfahrungshorizonts eine große Rolle. Jugendliche Engagierte betonen stärker als Erwachsene die Wichtigkeit von eigenen Entscheidungsspielräumen und dass sie für ihre Tätigkeit auch Anerkennung finden möchten. Insgesamt wird deutlich, dass Jugendliche im Vergleich zu älteren Engagierten mit sehr hohen Erwartungen an ein freiwilliges Engagement herangehen.

Stärker als bei Engagierten im Erwachsenenalter wird bei den Jugendlichen aber die Erwartung, dass freiwilliges Engagement Spaß machen soll, auch eingelöst. Für fast 90% der engagierten Jugendlichen trifft dies in hohem Maße zu und – damit eng verknüpft – wird auch das Bedürfnis nach sozialen Kontakten im Rahmen des freiwilligen Engagements befriedigt.

Enttäuschungspotenzial

Jugendliche sehen an sich ihre Erwartungen an das Engagement in hohem Maße als eingelöst an und zwar häufiger als Engagierte im Erwachsenenalter.

Das zunächst recht positiv erscheinende Bild hinsichtlich der Zufriedenheit Jugendlicher mit dem Engagement verdient eine differenzierte Betrachtung und zeigt auf den zweiten Blick auch problematische Aspekte. Bei jungen Menschen mit hohen Erwartungswerten zeigt sich das Enttäuschungspotenzial am deutlichsten. Es liegt gerade in all jenen Punkten, in denen es stärker um die eigenen Interessen der Jugendlichen geht. Vor allem wem es wichtig gewesen wäre, „berechtigte eigene Interessen" zu vertreten oder „eigene Probleme selbst in die Hand zu nehmen und zu lösen", sieht seine Erwartungen relativ häufig enttäuscht. Das gilt auch für die Jugendlichen, die gern einen beruflichen Nutzen aus der Tätigkeit ziehen möchten.

Jugendliches Engagement und „Erwachsenwerden"

Innerhalb der Altersgruppe der Jugendlichen bilden sich deutliche Unterschiede im Engagement ab. Dies betrifft jüngere und ältere Jugendliche, also den Unterschied zwischen den 14 bis 19-Jährigen und den 20 bis 24-Jährigen, es betrifft männliche und weibliche Jugendliche, und es betrifft junge Engagierte in Ost und West.

Jugendliche unter 20 Jahren werden quasi hineinsozialisiert in gesellschaftliche Verantwortung und Interessenvertretung. Wie der Vergleich zur Altersgruppe der 20 bis 24-Jährigen zeigt, sind die Tätigkeitsschwerpunkte und –inhalte bei diesen anders gelagert. Während Jüngere sich ganz überwiegend im Bereich der Organisation von Aktivitäten in ihrem persönlichen Lebensumfeld engagieren, kommt bei den Jugendlichen ab 20 das soziale und politische Engagement hinzu. Auch sind sie häufiger in überregional tätigen Gruppierungen aktiv. Sie sind öfter in ein Ehrenamt gewählt worden und/oder haben eine Leitungs- oder Vorstandsfunktion inne. Auch die Inhalte der Tätigkeiten sind quasi „erwachsener", es geht stärker um organisatorische Aufgaben und Verwaltungstätigkeiten. Jüngeren Engagierten ist es im Vergleich zu den älteren Jugendlichen noch deutlich wichtiger, ihre Eigenständigkeit im freiwilligen Engagement zu beweisen, was sich an den von ihnen betonten Motiven zum Engagement klar zeigt. Das freiwillige Engagement spielt offenbar eine bedeutsame Rolle beim „Erwachsenwerden" in dieser Gesellschaft.

Jugendliches Engagement und Emanzipationsbedarf

Junge Frauen im Alter zwischen 14 und 24 Jahren sind deutlich seltener engagiert als junge Männer. Sie engagieren sich stärker im schulischen und kirchlichen Bereich, im sozialen Bereich und im Tier- und Naturschutz, während die jungen Männer häufiger im Sport und beim Rettungsdienst und der freiwilligen Feuerwehr ehrenamtlich tätig sind. Junge Frauen engagieren sich auch häufiger für Kinder und Jugendliche. Geschlechtsspezifische Muster zeigen sich sowohl in der Wahl der Tätigkeitsfelder als auch in der Einschätzung der Anforderungen. Dabei sind junge engagierte Frauen in der Regel hoch motiviert. Weiterbildungsangebote werden von ihnen häufig angenommen. Der Zugang zum Engagement scheint derzeit stärker von ihrer eigenen Initiative abhängig, denn sie werden seltener von leitenden Personen aus der Gruppe oder Organisation angesprochen und auch seltener von Freunden oder Bekannten ermuntert. Zu ihren

Verbesserungswünschen hinsichtlich der Rahmenbedingungen des Engagements zählen besonders mehr öffentliche Anerkennung und bessere Informationen über Gelegenheiten zum ehrenamtlichen Engagement.

Es mag erstaunen, dass sich auch in der jungen Generation geschlechtsspezifische Stereotype so stark in einem Bereich abbilden, der als „freiwilliger" Sektor Gestaltungsspielräume und Wahlmöglichkeiten bieten sollte.

Jugendliches Engagement in den neuen Bundesländern mit anderem Akzent

In den neuen Bundesländern ist praktisch jeder dritte Jugendliche nicht aktiv, in den alten Bundesländern ist es nur jeder vierte. Auch der Anteil der Engagierten ist verglichen mit den alten Bundesländern deutlich geringer. Es gibt, was die strukturellen Bedingungen des Engagements betrifft, wesentliche Unterschiede: So spielen die Kirchen, die im Westen eine sehr aktive Jugendarbeit betreiben, in den neuen Bundesländern als Trägerinnen ehrenamtlichen Engagements keine wesentliche Rolle. Im Zuge des Systemwandels lösten sich staatliche und betriebsgebundene Engagementstrukturen größtenteils auf. Allerdings hat die Jugendarbeit in staatlichen und kommunalen Einrichtungen auch heute eine größere Bedeutung als in den alten Bundesländern. Höher ist auch die Zahl der Jugendlichen, die sich im Rahmen von Projekten, Initiativen und selbst organisierten Gruppen engagieren.

Mit dem Begriff „Ehrenamt" können Jugendliche im Osten fast gar nichts anfangen, sie sind noch seltener in ihr Engagement gewählt oder bekleiden eine Leitungs- und Vorstandsfunktion, ihre Tätigkeit vollzieht sich öfter im Team. Jugendliches Engagement entsteht eher aus dem Motiv, die eigenen Geschicke selbst in die Hand zu nehmen. Engagierte Jugendliche in den neuen Bundesländern geben öfter an, ihre Tätigkeit diene der Interessenvertretung und Mitsprache. Interessanterweise wird die Erwartung, durch das Engagement eigene Probleme in Angriff nehmen zu können, aber auch stärker erfüllt. Hier liegt ein sehr deutlicher Unterschied in der Bewertung verglichen mit jugendlichen Engagierten im Westen.

Der Anstoß zur Übernahme der ehrenamtlichen Tätigkeit kommt sehr viel häufiger von Freunden und Bekannten und seltener von leitenden Personen aus der Gruppierung oder Organisation. Jugendliche werden also in stärkerem Maße von anderen Jugendlichen zum Engagement motiviert, was logisch erscheint, wenn es auch stärker um Engagement in eigener Sache geht. Tatsächlich scheinen sich in den neuen Bundesländern, wo Engagementstrukturen vielfach zusammengebrochen sind, beim Engagement Jugendlicher eher Elemente dessen abzuzeichnen, was in einer stärker auf den Westen bezogenen Diskussion als „neues Ehrenamt" gilt.

Motive hochengagierter Jugendlicher

Eine besondere persönliche Bedeutung hat ehrenamtliches Engagement für jugendliche Hochengagierte, also jene Engagierten, die mehr als 5 Stunden pro Woche auf freiwillige Tätigkeiten verwenden. Auch für sie bedeutet, wie für jugendliche Engagierte überhaupt, ihr Engagement zu einem guten Teil „Erwachsenwerden", geht aber über diese Erfahrung noch hinaus. Die Möglichkeit, sich an den Anforderungen des Ehrenamts zu erproben, wird offenbar häufig als Selbsterfahrung gesucht, wobei die Erweiterung eigener Kenntnisse und Erfahrungen und eigener Verantwortung und Entscheidungsmöglichkeiten im Mittelpunkt stehen.

Größerer Nutzen des Engagements für Jugendliche

Was die Verbesserung der Rahmenbedingungen angeht, so unterscheiden sich Jugendliche hinsichtlich ihrer Wünsche an die Organisationen selbst nicht wesentlich von den älteren Engagierten, anders ist dies bei den Maßnahmen zur Förderung des Engagements durch Staat und Öffentlichkeit. So steht die Möglichkeit einer Anerkennung ehrenamtlicher Tätigkeiten als berufliches Praktikum oder berufliche Weiterbildung hier höher in der Rangordnung, und auch die Anerkennung als Ersatz für Wehr- und Zivildienst ist vielen ein Anliegen.

Andere Ergebnisse bestätigen, dass dem beruflichen Nutzen des Engagements für Jugendliche Aufmerksamkeit gewidmet werden sollte bzw. vorhandene Ansätze weiterverfolgt werden sollten. Dies betrifft z.B. auch das Interesse Jugendlicher an einem Tätigkeitsnachweis und das Interesse, eine ähnliche als die derzeit freiwillig übernommene Tätigkeit auf beruflicher Basis auszuüben. Zu bedenken ist, dass in freiwilliges Engagement die sozial schlechter Integrierten und sozial schlechter Gestellten weniger einbezogen sind, so dass, solange sich hieran nichts ändert, positive Effekte entsprechender Maßnahmen nicht unbedingt den Jugendlichen zugute kommen, die darauf noch stärker angewiesen wären.

Zugangswege und Wege der Förderung

Derzeit nicht engagierte Jugendliche zeigen sich sehr häufig nicht abgeneigt, wenn es um ein zukünftiges Engagement geht (63%), und viele Engagierte wären bereit, ihr Engagement auszuweiten (57%). Ein für Jugendliche besonders wichtiger Weg zum Engagement ist dabei der Weg über Freunde und Bekannte bzw. über andere Jugendliche. Gerade wenn es um ein Engagement in eigener Sache geht und um selbst organisierte Formen des Engagements, tun sich Jugendliche zusammen, und dieser Prozess kann im wesentlichen durch die Schaffung geeigneter Rahmenbedingungen gefördert werden bzw. durch stärkere Berücksichtigung der spezifischen Interessenlage Jugendlicher. Dabei sei daran erinnert, dass späteres Engagement sehr häufig seine Wurzeln im Jugend- oder Kindesalter hat, und dies akzentuiert die Notwendigkeit früher Förderung.

Junge Engagierte betonen aber sehr stark auch die Notwendigkeit, dass besser über Möglichkeiten zur Freiwilligenarbeit informiert und beraten wird. Von Informations- und Kontaktstellen haben 80% der Jugendlichen noch nicht gehört.

Folgt man der öffentlichen Diskussion, so hat es den Anschein, dass jugendliches Engagement häufig unterschätzt wird. Ein wichtiges Problem läge dann im Bereich des öffentlichen Bewusstseins: Jugendliche müssen verstärkt wahrgenommen werden als Bürgerinnen und Bürger, die bereits jetzt einen wesentlichen Beitrag zum freiwilligen Engagement leisten und bereit sind, Verantwortung zu übernehmen, wenn ihnen die entsprechenden Spielräume eingeräumt werden

Jugendliches Engagement

Basis: Jugendliche 14 - 24 Jahre

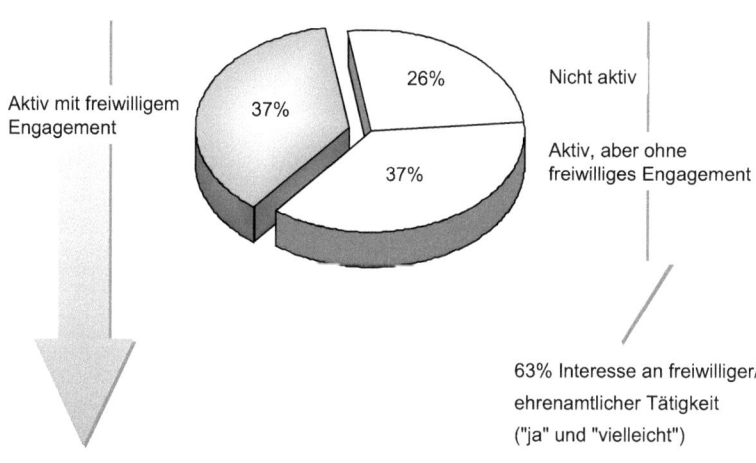

Aktiv mit freiwilligem Engagement — 37%

26% Nicht aktiv

37% Aktiv, aber ohne freiwilliges Engagement

63% Interesse an freiwilliger/ ehrenamtlicher Tätigkeit ("ja" und "vielleicht")

88%	Tätigkeit macht Spaß
69%	Tätigkeit kommt Kindern und Jugendlichen zugute
44%	üben ihr Engagement täglich oder mehrmals in der Woche aus
40%	engagiert im Bereich "Sport und Bewegung"
64%	nennen ihr Engagement "Freiwilligenarbeit"
76%	nicht in Ehrenamt gewählt
73%	keine Leitungs- oder Vorstandsfunktion
78%	üben Tätigkeit im Team aus
85%	Tätigkeit erfordert Belastbarkeit
33%	vergleichbare Tätigkeit wird von anderen beruflich bzw. gegen Bezahlung ausgeübt
33%	fühlen sich manchmal überfordert
55%	Anerkennung als berufliches Praktikum oder Weiterbildung erwünscht
48%	Anerkennung als Ersatz für Wehr- / Zivildienst erwünscht
57%	wären bereit, Engagement auszuweiten

(Alle Merkmale signifikant häufiger als bei Engagierten über 25 Jahre)

© Infratest Burke Sozialforschung, Freiwilligensurvey 1999

3.   Freiwilliges Engagement der Seniorinnen und Senioren

Ulrich Brendgens, Joachim Braun (ISAB-Institut)

Der demografische Wandel in einer „Gesellschaft des langen Lebens" hat in den letzten Jahren zu vielfältigen gesellschaftspolitische Veränderungen geführt. Fast jeder vierte Bewohner ist heute älter als 60 Jahre und zählt in Deutschland zu den Senioren. Im Jahr 2015 wird jeder dritte Deutsche älter als 60 Jahre sein. Damit stellen die Senioren eine quantitativ bedeutende Bevölkerungsgruppe.

Durch die Zunahme der Lebenserwartung und Abnahme der Lebensarbeitszeit gewinnt die nachberufliche Phase immer größere Bedeutung: Es steigt der Bedarf an Kommunikation, Teilhabe am Leben in der Gemeinschaft und sinngebender Tätigkeit im Rahmen freiwilligen Engagements. Gleichzeitig steigt aber auch der Bedarf nach gesellschaftlicher Anerkennung der Seniorinnen und Senioren und der Leistungen, die sie für die Gesellschaft erbringen. Diese Leistungen werden in vielen Engagementbereichen erbracht. Das freiwillige Engagement der Seniorinnen und Senioren ist ein bedeutsames Sozialkapital, das viele Organisationen und Verbände oft erst in die Lage versetzt, ihren Aufgaben nachzukommen.

Auf der Grundlage des Freiwilligensurvey 1999 werden in diesem Bericht zur aktuellen Situation des freiwilligen Engagements der Seniorinnen und Senioren empirische Befunde zu folgenden Fragen vorgestellt:

* Welche Seniorinnen und Senioren engagieren sich, welche Faktoren beeinflussen ihr freiwilliges Engagement und ihre Engagementbereitschaft?
* Wie unterscheidet sich das freiwillige Engagement der Senior/innen (der über 60-Jährigen) vom freiwilligen Engagement der 50- bis 59-Jährigen, der nachwachsenden Seniorengeneration?
* Welche Tätigkeiten und welche Engagementbereiche werden von den Senior/ innen und den nachwachsenden Senior/innen präferiert?
* Welche Anforderungen stellen Seniorinnen und Senioren an das freiwillige Engagement, welche Unterstützung wird von ihnen erwartet?

- Wie verstehen Seniorinnen und Senioren ihr freiwilliges Engagement und in welchen Organisationsformen sind sie überwiegend engagiert?
- Welche Leistungen erbringen freiwillig engagierte Seniorinnen und Senioren für die Gesellschaft und für sich selbst?
- Welche Bereitschaften bestehen bei Seniorinnen und Senioren zu weiterem freiwilligen Engagement und welche Hinderungsgründe stehen dem entgegen?

Im Hinblick auf die künftige Entwicklung des freiwilligen Engagements der Seniorinnen und Senioren sind die Engagementbereitschaften und Präferenzen der nachwachsenden Seniorengeneration von besonderem Interesse. Kernergebnisse des Berichtes zum freiwilligen Engagement der Senior/innen werden in Abb. 1 und 2 zusammengefasst.

Freiwillig Engagierte und „aktiv" beteiligte Seniorinnen und Senioren

Es gibt vielfältige Möglichkeiten, außerhalb von Familie und Beruf irgendwo mitzumachen, beispielsweise in einem Verein, einer Initiative, einem Projekt oder einer Selbsthilfegruppe. Den Seniorinnen und Senioren wurden 14 Bereiche genannt und gefragt, ob sie sich in einem oder mehreren dieser Bereiche aktiv beteiligen. Danach wurden sie gefragt, ob sie sich in den Bereichen, in denen sie sich aktiv beteiligen, auch Aufgaben oder Arbeiten übernommen haben, die sie freiwillig oder ehrenamtlich ausüben. Diese Fragestellung erlaubt es, drei Gruppen hinsichtlich ihres Engagements zu unterscheiden. 45% der Senior/innen beteiligen sich weder aktiv noch engagieren sie sich. 29% sind aktiv beteiligt. 26% sind freiwillig engagiert. Damit engagieren sich die Seniorinnen und Senioren etwas weniger als die jüngeren Altersgruppen. (37% der 14- bis 49-Jährigen und 38% der 50- bis 59-Jährigen).

Die 60- bis 69-Jährigen engagieren sich mit 31% fast genauso häufig wie der Durchschnitt aller Befragten (34%). Erst ab dem 75. Lebensjahr ziehen sich die älteren Seniorinnen und Senioren aus ihrem Engagement zurück: Der Anteil der Engagierten sinkt auf unter 20%. Der Vergleich mit den 50- bis 59-Jährigen, der Altersgruppe mit der höchsten Engagementquote zeigt deutlich den Umbruch in der Lebenssituation von Seniorinnen und Senioren auch im Hinblick auf ihre Einbindung in das und die Zugangschancen zum freiwilligen

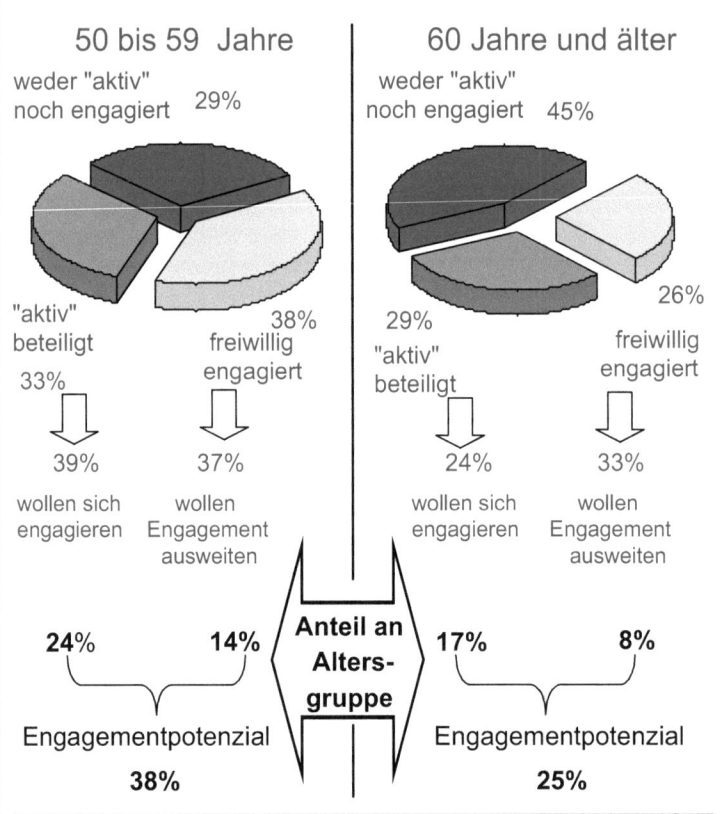

Abb.1: Umfang und Potenzial des freiwilligen Engagements der Senior/innen und der 50- bis 59- Jährigen

50 bis 59 Jahre

weder "aktiv" noch engagiert 29%

"aktiv" beteiligt 33%

38% freiwillig engagiert

39% wollen sich engagieren

37% wollen Engagement ausweiten

24%   14%

Engagementpotenzial
38%

60 Jahre und älter

weder "aktiv" noch engagiert 45%

29% "aktiv" beteiligt

26% freiwillig engagiert

24% wollen sich engagieren

33% wollen Engagement ausweiten

Anteil an Alters- gruppe

17%   8%

Engagementpotenzial
25%

►Senior/ innen engagieren sich in allen 14 Bereichen des Freiwilligensektors.

►Sport und Bewegung, sozialer Bereich, Freizeit und Geselligkeit, kirchlicher und religiöser Bereich sowie Kultur und Musik sind die präferierten Engagementbereiche der Senior/ innen

►Über 60-Jährige, insbesondere die engagierten Senior/innen, spenden öfter und mehr als die unter 60 Jährigen.

© ISAB-Institut Köln 4/2000 Freiwilligensurvey 1999 (n = 14.922)

Abb.2: Freiwilliges Engagement der Seniorinnen und Senioren sowie der 50- bis 59-Jährigen

	50 – 59 J.	60 J. und älter
Engagierte insgesamt	38%	26%
➢ Männer	45%	30%
Frauen	31%	21%
➢ in alten Bundesländern	40%	26%
in neuen Bundesländern	29%	22%
Ø Zeitaufwand: Stunden pro Monat	17 h	21,5 h
➢ Erstmalig engagiert im Alter von		
unter 30 Jahren	51%	40%
30 bis 50 Jahren	43%	35%
über 50 Jahren	6%	23%
➢ Dauer des derzeitigen Engagements		
bis 4 Jahre	20%	18%
5 bis 10 Jahre	22%	21%
länger als 10 Jahre	58%	51%
➢ Leitungsfunktionen nehmen wahr:	46%	37%
➢ Den Anforderungen gewachsen fühlen sich:	77%	81%
➢ Geworben, bzw. auf ein freiwilliges Engagement angesprochen wurden:	63%	56%
➢ Aus eigener Initiative engagiert haben sich:	33%	39%
➢ Bessere Information & Beratung über Gelegenheiten zum Engagement erwarten:	59%	48%
➢ Mehr Möglichkeiten zur Weiterbildung erwarten:	39%	33%

© ISAB-Institut Köln, 4/2000; Freiwilligensurvey 1999, (n =14.922)

Engagement. Das Ausscheiden aus der Erwerbstätigkeit, der Abschluss der Familienphase, der Verlust des Ehepartners etc. führen zu Zeitstrukturierungsproblemen, Kompetenzverlusten und zu besonderen Herausforderungen beim Finden sinnvoller Engagementmöglichkeiten und bei der Übernahme von Verantwortungsrollen im Alter.

Engagementbereiche von Seniorinnen und Senioren

Obgleich die Seniorinnen und Senioren sich in allen gesellschaftlichen Bereichen engagieren, sind 5 der 14 Engagementbereiche für sie besonders wichtig. Dies sind die Bereiche Sport und Bewegung, Kirche und religiöse Bereiche, der soziale Bereich, Freizeit und Geselligkeit sowie Kultur und Musik. In den übrigen Bereichen engagieren sich die Seniorinnen und Senioren nicht so häufig. Der Umfang ihres Engagements in den verschiedenen Bereichen variiert nach Geschlecht, Alter, Erwerbs-, Berufs- und Einkommensstatus sowie nach unterschiedlichen Regionen und der Organisationsform, in der sie sich engagieren. Soziale Eingebundenheit in Familie und Gemeinwesen begünstigen den Zugang zum freiwilligen Engagement. Auch ein hoher Bildungsstatus und eine hohe berufliche Position, die meist mit einer günstigen materiellen Absicherung verbunden sind, haben positiven Einfluss auf das freiwillige Engagement von Seniorinnen und Senioren.

Umfang des freiwilligen Engagements von Seniorinnen und Senioren

Die Engagementquote älterer Männer ist mit 30% höher als die Engagementquote älterer Frauen (21%). In vier von 14 Engagementbereichen (Soziales, Kirche und religiöser Bereich, Kindergarten und dem schulischen Bereich sowie Justiz und Kriminalitätsprobleme) engagieren sich allerdings die Frauen stärker als die Männer. Die geschlechtsspezifisch unterschiedliche Beteiligung am freiwilligen Engagement besteht auch bei den 50- bis 59-Jährigen. In den neuen Bundesländern liegt die Engagementquote der über 60-Jährigen und insbesondere der 50- bis 59-Jährigen erheblich unter der Engagementquote der vergleichbaren Altersgruppen in den alten Bundesländern.

Die Haushaltsgröße hat einen Einfluss auf die Engagementbereitschaft der Seniorinnen und Senioren. Alleinlebende sind geringer

160

engagiert, als dies bei Ehepaaren oder Seniorinnen und Senioren in Mehrpersonenhaushalten der Fall ist. Senior/innen, die noch im Beruf stehen, sind häufiger freiwillig engagiert. Mit steigendem Bildungsabschluss verdoppelt sich die Engagementquote von 21% bei den Senior/innen mit Hauptschulabschluss auf 42% bei den Senior/innen, die das Abitur gemacht oder ein Studium absolviert haben.

Die markantesten Unterschiede zwischen den beiden Gruppen der nachwachsenden Seniorengeneration und den Älteren zeigen sich am Erwerbsstatus. Von den 60- bis 69-jährigen Engagierten sind 14% erwerbstätig, 86% nicht erwerbstätig. Unter den 50- bis 59-jährigen Engagierten sind 73% erwerbstätig, 27% nicht erwerbstätig. Bezogen auf ihren Anteil an der jeweiligen Altersgruppe sind die Erwerbstätigen in beiden Altersgruppen am engagiertesten.

Auch Wertvorstellungen beeinflussen Seniorinnen und Senioren in ihrem Engagement: Es zeigt sich, dass engagierte Senior/innen stärker Realisten und Idealisten (als Synonym für stärker ich-bezogene Menschen) sind, während die nicht engagierten Senior/innen stärker durch typische Wertvorstellungen von Konventionalisten und Resignierten geprägt sind.

In Kommunen unter 20.000 Einwohnern besteht eine höhere Bereitschaft, sich freiwillig zu engagieren: Während in den größeren Kommunen durchschnittlich 24% der Befragten engagiert sind, trifft dies auf 29% der Senior/innen in den kleinen Kommunen zu. Offensichtlich bietet ein überschaubarer Wohnort günstige Voraussetzungen, sich im Gemeinwesen zu engagieren. Besonders bei jüngeren Senior/innen ist mit abnehmender Größe des Wohnortes das freiwillige Engagement besonders hoch.

Vielfach sind die Seniorinnen und Senioren lange in eine Organisation hinein gewachsen und übernehmen hier seit Jahren bestimmte Aufgaben. Dabei kann sich die Aufgabe und die Art des Engagements wandeln. Abnehmende Leistungsfähigkeit in einem Bereich wird durch Zunahme der Aktivitäten in einem anderen Bereich kompensiert: Während die jüngeren Senior/innen oftmals praktische Aufgaben wie Organisation von Veranstaltungen oder pädagogischer Betreuung oder Anleiten einer Gruppe übernehmen, wandelt sich das Anforderungsprofil der älteren Senior/innen, und sie nehmen verstärkt persönliche Hilfen, die Vernetzungsarbeit und besonders Mittelbeschaffung (fund-raising) als Aufgaben wahr.

Der Freiwilligensektor ist ein dynamischer Bereich, in dem Seniorinnen und Senioren in unterschiedlichen Bereichen verschiedene Tätigkeiten freiwillig ausüben können. Die Formen und Inhalte des freiwilligen Engagements wandeln sich, wenn sich die Lebensbedingungen oder die individuelle Präferenzen ändern. So steigt mit zunehmendem Alter beispielsweise das Engagement im sozialen Bereich an, während das Engagement in der Jugend- und Erwachsenenbildung zurückgeht. Dies zeigt, dass Senior/innen auch im Alter ihre Engagementbereitschaft noch sehr flexibel ihren Bedürfnissen anpassen. Das „lebenslange Ehrenamt" ist passé, aber die Engagementbereitschaft hat Bestand und wechselt entsprechend der Lebensphase den Engagementbereich, wie die Befragung auf vielfältige Weise belegt.

Das Engagement von Seniorinnen und Senioren bildet einen bedeutenden Teil ihres Alltagslebens: Über die Hälfte nimmt ihr Engagement mindestens jede Woche wahr, jeder Vierte mindestens einmal im Monat. Der zeitliche Umfang beträgt bei der Hälfte der Senior/innen 5 Stunden pro Woche, eher sporadisch engagiert sind die über 70-Jährigen.

Leitungsfunktionen in den Vorständen von Vereinen, Gruppen und Verbänden nehmen 37% der Senior/innen wahr, im Unterschied zu 46% der 50- bis 59-Jährigen. Der durchschnittliche monatliche Zeitaufwand für freiwilliges Engagement liegt bei den Senior/innen mit 21,5 Stunden über dem Zeitaufwand der 50- bis 59-Jährigen mit 17 Stunden.

Viele ältere Menschen engagieren sich in mehr als einem Bereich, wenngleich mit zunehmendem Alter der Anteil der Mehrfachengagierten abnimmt. Das durchschnittliche Alter, in dem sich die Seniorinnen und Senioren erstmalig engagierten, liegt mit 35 Jahren um 6 Jahre über dem Alter, in dem sich z.B. die nachwachsende Altersgruppe der 50 bis 59-Jährigen erstmalig engagierten. Vielfach wurde nach dem erstmaligen Engagement eine „Engagementpause" eingelegt. Das derzeitige Engagement wurde oft Jahre nach dem erstmaligen Engagement begonnen. Dies stützt den Befund, dass es das „lebenslange" freiwillige Engagement nicht gibt, sondern entsprechend der Lebens- und Familienlage sowie der Interessenslage der Engagementbereich wechseln kann.

Fast jeder vierte ältere Mensch hat sich erst im Alter über 50 Jahre freiwillig engagiert. 18% der Senior/innen üben ihr jetziges Engagement erst seit 4 Jahren aus. Dass sich bei den jüngeren Senior/innen jeder Fünfte und bei den älteren fast jeder Dritte im höheren Alter erstmalig engagierte, zeigt, dass sich auch in fortgeschrittenem Alter viele neu engagieren.

Engagementverständnis der Älteren und präferierte Organisationsformen

Das freiwillige Engagement von Senior/innen hat für sie einen hohen Stellenwert: 8 von 10 geben an, dass ihnen das Engagement wichtig ist. Das freiwillige Engagement gewinnt mit zunehmendem Alter an Bedeutung: Den älteren Senior/innen ist das Engagement wichtiger als den jüngeren. Zwar bezeichnet fast jeder Zweite das freiwillige Engagement als Freiwilligenarbeit, allerdings charakterisieren Senioren ihre Tätigkeiten – im Vergleich zu jüngeren Altersgruppen – öfter als Ehrenamt. Während Freiwilligenarbeit häufig bei den Engagementbereichen Sport und Freizeit genannt wird, steht Ehrenamt eher als Synonym in den Bereichen Politik, Justiz, Rettungswesen und Soziales.

Die weitaus häufigste Organisationsform ist das Vereinswesen, wenn es um freiwilliges Engagement von Seniorinnen und Senioren geht: 48% engagieren sich in Vereinen. Vereine finden unter den engagierten Senior/innen in den neuen Bundesländern mit 54% überproportionalen Zuspruch, allerdings ist das Vereinswesen eher eine Männerdomäne: 57% der engagierten Älteren in den Vereinen sind Männer, nur 33% Frauen. Während Senioren sich häufiger in Vereinen engagieren, bevorzugen Seniorinnen das Engagement in Kirchen, Kindergärten und Schulen sowie in selbstorganisierten Gruppen.

Anforderungen

Jeder zweite engagierte ältere Mensch bedarf nach eigenen Aussagen besonderer Qualifikationen (u.a. Fachwissen, berufliche Erfahrung oder eine spezielle Schulung), um der Aufgabe gerecht zu werden. Offensichtlich besteht ein Bedarf an Weiterqualifizierungsmaßnahmen, denn die Angebote finden unter den engagierten Senior/innen eine hohe Resonanz und werden gerne angenommen: Die Mehrzahl hat mehrmals an Weiterbildungsmaßnahmen teilgenommen (besonders die älteren Senior/innen). Hier zeigt sich ein wichti-

163

ges Erfordernis zur Förderung des freiwilligen Engagements von Seniorinnen und Senioren.

Freiwilliges Engagement erfordert von den Seniorinnen und Senioren in erster Linie soziale Kompetenz und die Fähigkeit, gut mit Menschen umgehen zu können. Jeder Zweite betont darüber hinaus eine hohe Einsatzbereitschaft, die das freiwillige Engagement verlangt. Von jedem Dritten werden Belastbarkeit, Organisationstalent und Fachwissen als wichtige Voraussetzung genannt. Ältere Menschen über 60 Jahren fühlen sich in der Regel den Anforderungen für ihre Tätigkeiten gewachsen, sei es durch ihre Lebenserfahrung oder durch die Weiterbildung, die sie wahrgenommen haben. Von den 50- bis 59-Jährigen gibt dagegen mit 23% fast jeder Vierte an, manchmal überfordert zu sein.

Unterstützungsinteressen der Seniorinnen und Senioren

Auf die Frage, mit welchen Maßnahmen das freiwillige Engagement gefördert und unterstützt werden kann, halten die Senior/innen aus einer Reihe verschiedener Vorschläge zwei Fördermaßnahmen für besonders wichtig. Der Staat bzw. die Kommunen sollten bessere Informations- und Beratungsmöglichkeiten über Gelegenheiten zum freiwilligen Engagement bereitstellen. Weiterbildungsmöglichkeiten für freiwilliges Engagement halten über ein Drittel der Senioren für notwendig.

Eine spezielle Schulung zur Vorbereitung auf die Tätigkeit ist für 22% der engagierten Senior/innen wichtig. 48% geben an, dass es für diejenigen, die freiwillige Tätigkeiten ausüben, Kurs- und Seminarangebote zur Weiterbildung gibt. Fast genauso viele kennen keine Weiterbildungsmöglichkeiten.

Potenzial und zusätzliche Engagementbereitschaften der Seniorinnen und Senioren

Überwiegend kam auch bei den Senior/innen der Anstoß zu freiwilligem Engagement von außen („wurde angesprochen"), allerdings haben sie häufiger die Initiative ergriffen und sich häufiger aus eigener Initiative engagiert, als dies bei den Jüngeren der Fall ist.

33% der bereits engagierten Senior/innen bekunden die Bereitschaft, ihr Engagement auszuweiten. Dies trifft auch für die älteren Seniorinnen und Senioren zu. Nicht engagierte ältere Menschen argumentieren dagegen deutlich zögerlicher. Ihre Bereitschaft zum Engagement ist geringer als bei den Engagierten. Umgekehrt artikulieren Nichtengagierte ein höheres generelles Interesse („kommt darauf an").

24% der Senior/innen wollen sich zukünftig freiwillig engagieren, wenn sich etwas Interessantes ergäbe. Hier können durch gezielte Information z.B. im Rahmen von engagementorientierter Beratung und durch Vernetzungsangebote die Zugangschancen erhöht werden, da unter den Interessierten nur jeder Zweite bereits Vorstellungen von einem möglichen Engagement hat. Besonders der soziale Bereich, aber auch der Gesundheitsbereich und der Bereich des Umwelt-, Natur- und Tierschutzes werden häufig genannt. Damit ergibt sich insgesamt ein hohes zusätzliches Engagementpotenzial älterer Menschen, welches Vereine, Verbände, Kirchen und andere Organisationen des Gemeinwesens durch Entwicklung geeigneter Zugangswege erschließen könnten.

Zukünftig wird es aufgrund der demografischen Entwicklung noch wichtiger sein, Engagement von Seniorinnen und Senioren zu fördern, in vorhandene Strukturen einzubinden und Freiräume für neue Strukturen zu schaffen. Dies resultiert sowohl aus der Notwendigkeit, ältere Menschen stärker in gesellschaftliche und altersspezifische Fragen einzubinden, als auch aus der Notwendigkeit, der großen Gruppe der „nachwachsenden Seniorinnen und Senioren" eine zufriedenstellende Perspektive für ein erfolgreiches Altern und die Eingebundenheit in die Gesellschaft zu bieten.

Schlussfolgerungen zur Förderung des freiwilligen Engagements der Seniorinnen und Senioren

1. Die Situation der Senior/innen ist durch den Umbruch der Entberuflichung und der nach-familialen Phase gekennzeichnet. In dieser Situation können sinngebende Tätigkeiten im Rahmen freiwilligen Engagements wichtig sein. Da in dieser Phase vielfach eine Neuorientierung stattfindet, besteht Handlungsbedarf in einer nutzernahen Information zum freiwilligen Engagement und Beratung über die konkreten Möglichkeiten der Betätigung.

2. Neben der Information ist den Seniorinnen und Senioren eine Vorbereitung auf die Aufgaben wichtig, die sie freiwillig übernehmen wollen. Dies beinhaltet sowohl Qualifizierung für die Tätigkeiten als auch Information über die Rahmenbedingungen. Wichtig ist daher die Organisation der Weiterbildung und eine Abstimmung oder ggfs. Arbeitsteilung von Bildungsorganisationen (verbandliche Bildungseinrichtungen, Volkshochschulen, qualifizierte Weiterbildungsveranstaltungen der Initiativen)

3. Obgleich die Engagementquote der Senioren höher ist als die der Seniorinnen, ist aufgrund der höheren Lebenserwartung die Zahl der engagierten Frauen im Alter sehr groß. Dies erfordert auch eine frauenspezifische Ausrichtung der Weiterbildungsmöglichkeiten, um Frauen auch für Positionen zu qualifizieren, die heute noch sehr von Männern bestimmt werden.

4. Durch die demographische Entwicklung und zunehmende Singularisierung nehmen Unterstützungspotenziale der Senior/innen ab. Handlungsbedarfe ergeben sich daher in allen Bereichen, in denen Senioren entlastet werden können. Da der soziale Bereich für Senior/innen wichtig ist, und da besonders jüngere Seniorinnen und Senioren noch häufiger engagiert sind, sollte eine Kultur der „Hilfe auf Gegenseitigkeit" initiiert werden.

5. Eine wesentliche Rolle kann hierbei die nachwachsende Generation der zukünftigen Seniorinnen und Senioren spielen. Die heute 50- bis 59-Jährigen weisen die höchste Engagementquote auf, sind teilweise aber noch stark in beruflichen oder familialen Bezügen engagiert. Hier ergibt sich das Erfordernis, das Engagement dieser Menschen auch in der nachberuflichen Phase zu stützen. Die nachrückende Seniorengeneration (die 50- bis 59-Jährigen) zeichnet sich durch deutlich höhere engagementförderliche Werteinstellungen aus als die heute über 60-Jährigen. Ihr Interesse an Selbstbestimmung und kreativer Gestaltung eigenverantwortlich organisierter Formen des bürgerschaftlichen Engagements ist höher. Hieraus ergibt sich der erhöhte Bedarf, dass Tätigkeitsfelder und Verantwortungsrollen sowie deren Rahmenbedingungen künftig noch stärker diesen gewandelten Wertorientierungen der Seniorinnen und Senioren gerecht werden müssen.

4. Ehrenamt und Freiwilligenarbeit im Sport

Bernhard von Rosenbladt, Karen Blanke
(Infratest Burke Sozialforschung)

Ehrenamt und Freiwilligenarbeit sind in den unterschiedlichsten Gesellschaftsbereichen von Bedeutung. Die Diskussion um das freiwillige Engagement wird – zu Recht – vielfach daher mit Bezug auf die konkreten Fragestellungen und Probleme des jeweiligen Bereichs geführt. Am Beispiel des Sports soll im Folgenden exemplarisch gezeigt werden, inwieweit die allgemeinere, umfassende Perspektive dieser Untersuchung mit spezifisch bereichsbezogenen Fragestellungen verknüpft werden kann.

Die Sportvereine sehen traditionell – seit den Ursprüngen der bürgerlichen und proletarischen Sportbewegungen des 19. Jahrhunderts – das freiwillige, ehrenamtliche Engagement ihrer Mitglieder als ein konstitutives Element ihrer Organisation und ihres Leistungsangebots an. Diese Basis scheint nun jedoch, folgt man besorgten Äußerungen von Seiten des Deutschen Sportbunds, Risse zu zeigen. Immer weniger Mitglieder würden Interesse an freiwilliger Mitarbeit zeigen; vielmehr sei eine zunehmende Konsumentenhaltung zu verzeichnen. Dabei ist sicher von Bedeutung, dass die Sportvereine sich einer zunehmenden Konkurrenz privater, kommerziell betriebener Sportangebote insbesondere im Fitnessbereich und bei den Trendsportarten gegenüber sehen.

Wie stellt sich die Situation nun dar, wenn man die Auskünfte der Befragten in dieser Untersuchung über ihr freiwilliges Engagement im Sport zugrunde legt?

Der Sport ist in Deutschland der größte Sektor freiwilligen Engagements

Sport ist derjenige Bereich, in dem am meisten Menschen „irgendwo aktiv mitmachen". Nach den Ergebnissen der repräsentativen Befragung für diese Untersuchung sind es 37% der Bundesbürger ab 14 Jahren, das sind rd. 23 Mio. Menschen.

Von diesen wiederum hat nach eigener Angabe gut jeder Vierte auch Aufgaben oder Arbeiten auf freiwilliger oder ehrenamtlicher Basis übernommen. Bezogen auf die Gesamtheit der Bundesbürger ab 14 Jahren sind das 11%. Bezogen auf die Gesamtheit der freiwillig Engagierten in allen Bereichen stellt der Bereich *Sport und Bewegung* allein 22%. Er ist damit quantitativ der mit Abstand bedeutendste Bereich, wenn es um ehrenamtliche Tätigkeiten und Freiwilligenarbeit in Deutschland geht.

Freiwilliges Engagement im Sportbereich spielt sich zu 94% in einem Verein oder Verband ab

Organisatorischer Rahmen für ehrenamtliches Engagement und Freiwilligenarbeit im Bereich Sport und Bewegung ist ganz überwiegend der Verein (90%) oder ein Verband (4%). Selbstorganisierte Gruppen außerhalb dieses Rahmens kommen vor, haben aber quantitativ geringe Bedeutung (4%). Dasselbe gilt für staatliche, kommunale oder private Einrichtungen (2%).

Die folgenden Auswertungen für den Sportbereich wurden auf diejenigen Engagierten begrenzt, die im Rahmen eines Vereins oder Verbands tätig sind.

Die freiwillig Engagierten im Sport sind zu 50% ehrenamtliche Funktionsträger und zu 50% „Helfer"

Innerverbandliche Statistiken des Deutschen Sportbunds (DSB) gehen von 2,2 Mio. ehrenamtlichen Mitarbeitern in den Sportvereinen aus. Der größte Teil davon sind „Funktionsträger" im Sinne von Vorstandsmitgliedern auf Vereins- und Abteilungsebene, Übungsleitern, Schiedsrichtern u.ä.

Die vorliegende Untersuchung war nicht speziell auf den Sportbereich zugeschnitten. Um für die innerverbandliche Diskussion im Sportbereich von Nutzen zu sein, muss sie aber innerverbandlich relevante Teilgruppen der freiwillig Engagierten unterscheiden können. Das ist mit den in der Befragung verwendeten Begriffen – die ja auf alle Engagementbereiche passen mussten – nur näherungsweise möglich. Es führt jedoch zu einem plausiblen Ergebnis, das für die „Binnensicht" der Verhältnisse in den Sportvereinen durchaus von Bedeutung ist.

Drei Gruppen werden unterschieden:

(1) *Vorstandsmitglieder*
Definitionskriterium: Man hat eine „Leitungs- oder Vorstandsfunktion" <u>und</u> es handelt sich um „ein Amt, in das man gewählt
wurde".

(2) *Übungsleiter*
Definitionskriterium: Hauptinhalt der Tätigkeit ist die „pädagogische Betreuung oder die Anleitung einer Gruppe" <u>und</u> die Tätigkeit ist „mit regelmäßigen zeitlichen Verpflichtungen verbunden".

(3) *Helfer*
Definitionskriterium: Alle übrigen.

Die Gruppen (1) und (2) weisen im Umfang von rd. 20% Überschnei-
dungen auf. Befragte, die nach den verwendeten Kriterien in beide
Gruppen gehören würden, wurden für die weiteren Auswertungen der
Gruppe (2), also den Übungsleitern zugerechnet. Es ergibt sich danach folgende Verteilung:

Von allen freiwillig Engagierten in den Sportvereinen, die in dieser
Untersuchung erfasst wurden, sind

- 20% Vorstandsmitglieder
- 30% Übungsleiterinnen und Übungsleiter
- 50% Helferinnen und Helfer.

Die Gruppe der Helfer, die überwiegend keine formale Funktion
ausüben, ist also gleich groß wie die beiden Gruppen von
Funktionsträgern zusammen genommen. Für die Vereine ist dieses
freiwillige Engagement jenseits der formalen Strukturen von großer
Bedeutung. Man kann vom „unsichtbaren Personal" der Vereine
sprechen, das in Organisationsplänen und Statistiken überwiegend
nicht erscheinen dürfte, ohne das aber das Vereinsleben nicht
funktionieren würde.

Wenn in der Verbandsstatistik der Sportvereine 2,2 Mio. ehrenamtliche Mitarbeiter ausgewiesen sind und die Annahme zutrifft, dass
mit dieser Zahl die ehrenamtlichen Funktionsträger erfasst sind, dann
ist die Gesamtzahl von Engagierten in den Sportvereinen, die
ehrenamtliche Funktionen ausüben oder Freiwilligenarbeit leisten,
zwei mal so groß, beträgt also 4,4 Mio. Menschen. Da diese

Rechnung mit Unsicherheiten behaftet ist, sollte man vielleicht besser von 4 – 4,5 Mio. Menschen sprechen. Dieses Gesamtspektrum des freiwilligen Engagements in den Sportvereinen kann mit dieser Untersuchung erstmals abgebildet werden.

Vorstände: Älter, männlicher, mehr Beamte und Selbständige, manchmal amtsmüde

Unter den freiwillig Engagierten in den Sportvereinen sind ein Drittel Frauen. Das entspricht nach den DSB-Statistiken etwa dem weiblichen Mitgliederanteil. Unter den Vorstandsmitgliedern ist der Frauenanteil mit 24% allerdings niedriger, während Frauen in der Gruppe der Helfer überproportional zu finden sind (39%).

Freiwillig Engagierte im Sport sind insgesamt etwas jünger als die freiwillig Engagierten im Durchschnitt aller Engagementbereiche. Dies gilt allerdings nicht für die Vorstandsmitglieder; diese sind deutlich älter als die Übungsleiter und Helfer. Nur 12% der Vorstandsmitglieder sind unter 30 Jahre alt, jeder Zweite ist 50 Jahre und älter.

Vorstände in den Sportvereinen sind auch in ihrer Berufsstruktur von den beiden anderen Gruppen freiwillig Engagierter verschieden. Beamte und Selbständige sind bei ihnen mit 33% überproportional vertreten, während sie unter den Helfern/Helferinnen beispielsweise nur 16% ausmachen.

Eine gewisse Tendenz zum „Honoratiorentum" ist also unverkennbar.

Vorstandsmitglieder üben ihr Ehrenamt im Verein häufig schon sehr lange aus: fast jeder Zweite seit 10 Jahren und länger. Die meisten möchten ihre Tätigkeit auch noch weiterführen wie bisher, ggf. sogar noch ausweiten (zusammen 74%). Jeder Vierte zeigt dagegen Zeichen von Amtsmüdigkeit und möchte seine Tätigkeit gern einschränken oder ganz aufgeben (zusammen 26%) – ein Anteil, der höher liegt als in den übrigen beiden Gruppen freiwillig Engagierter.

Übungsleiter: Höchstes zeitliches Engagement, jeder Vierte mit finanzieller Vergütung

Die Übungsleiter – zu 67% Männer und zu 33% Frauen, also Übungsleiterinnen – sind von ihrer ehrenamtlichen Aufgabe zeitlich stark gefordert. Die Mehrzahl muss mehrmals in der Woche präsent sein (62%). Jeder Zweite wendet pro Monat 20 Stunden und mehr für die Tätigkeit auf, im Durchschnitt sind es 21,1 Std. Zum Vergleich: Bei den Vorständen beträgt der durchschnittliche Zeitaufwand pro Monat 16,5 Std., bei den Helfern 12,3 Std.

Die meisten Übungsleiter erhalten für ihren Einsatz keine finanzielle Vergütung. Der Anteil derer, die eine solche Vergütung erhalten (pauschale Aufwandsentschädigungen oder eine „geringfügige Bezahlung"), beträgt 24%. Die Vergütung liegt überwiegend unter 300 DM monatlich, lediglich in jedem zehnten Fall liegt sie im Bereich von 300 – 700 DM, und sie wird überwiegend (70%) für angemessen gehalten.

Unter den anderen beiden Teilgruppen freiwillig Engagierter spielen freiwillige Vergütungen für die Tätigkeit eine deutlich geringere Rolle. 7% der Vorstandsmitglieder und 13% der Helfer erhalten eine pauschale Aufwandsentschädigung oder geringfügige Bezahlung.

Die Übungsleiter sind die Teilgruppe der freiwillig Engagierten im Sport, die nicht nur zeitlich, sondern auch in der Sache am stärksten gefordert sind. Mehr als von den übrigen wird von ihnen verlangt: Fachwissen, Führungsqualitäten, mit Menschen gut umgehen können, Belastbarkeit.

Helfer: Die große Zahl der „guten Geister"

Die freiwillig Engagierten, die hier unter dem Begriff der „Helfer" zusammengefasst werden, übernehmen vorwiegend Aufgaben bei der Organisation und Durchführung von Veranstaltungen und bei „praktischen Arbeiten, die geleistet werden müssen". Auch bei ihnen sind die Aufgaben in der Mehrzahl mit regelmäßigen Terminen und zeitlichen Verpflichtungen verbunden (60%). Der Anteil derer, bei denen das nicht der Fall ist, liegt aber höher als in den anderen beiden Teilgruppen.

Nur jeder Vierte der Helfer bezeichnet die Tätigkeit als „Ehrenamt". Der Begriff „Freiwilligenarbeit" erscheint den meisten (64%) für angemessener.

Die Helfer sind zu 61% männlich und zu 39% weiblich, also Helferinnen. Der Frauenanteil in diesem Bereich des freiwilligen

Engagements liegt damit sogar über dem weiblichen Mitgliederanteil, der in der Verbandsstatistik für die Altersgruppe ab 15 Jahren mit 37% ausgewiesen ist.

Die Helfer kommen aus allen Altersgruppen. Die Jüngeren sind hier jedoch häufiger vertreten als in den anderen beiden Teilgruppen: Jeder Dritte ist unter 30 Jahre alt.

Die meisten sind bereit, ihre Tätigkeit auch künftig weiterzuführen wie bisher. Jeder Fünfte (22%) möchte sie jedoch einschränken oder aufgeben, nur 13% würden sie „gerne noch ausweiten". Dies ist insofern bemerkenswert, als an anderer Stelle im Interview nahezu 40% der befragten Helfer angeben, sie wären „bereit und in der Lage, ihr ehrenamtliches Engagement noch auszuweiten und weitere Aufgaben zu übernehmen, wenn sich etwas Interessantes bietet". Hier besteht offenbar ein Potenzial für die Übernahme weitergehender Aufgaben, wenn sie denn angeboten werden und als „etwas Interessantes" empfunden werden.

Potenzial für freiwilliges Engagement im Sport

Die überwiegende Mehrzahl derer, die im Sportbereich irgendwo aktiv mitmachen, hat derzeit keine freiwilligen, ehrenamtlichen Arbeiten oder Aufgaben übernommen. Viele waren nach eigener Angabe jedoch früher einmal in dieser Weise engagiert. Jeder Zweite wäre grundsätzlich auch bereit, freiwillige, ehrenamtliche Aufgaben und Arbeiten zu übernehmen. Soweit dies mit konkreteren Vorstellungen verbunden ist, denkt dabei allerdings nur jeder Zweite an den Sport. Die sportlich Aktiven haben also durchaus auch Interesse an anderen Tätigkeitsfeldern.

Die an einem freiwilligen Engagement im Sportbereich Interessierten sind deutlich jünger als diejenigen, die bisher schon dort engagiert sind. Jeder Zweite ist unter 30 Jahre alt. Hier ist also ein Feld für die Gewinnung von „Nachwuchs".

Etwa jeder Zweite der potentiell Interessierten ist bereits in einem Sportverein aktiv beteiligt, jeder Zweite dagegen nicht. Im Sport irgendwo aktiv mitzumachen und dort auch freiwillige, ehrenamtliche Aufgaben zu übernehmen, ist vielfach also auch dann eine attraktive Vorstellung, wenn man derzeit (noch) gar nicht aktiv in einem Sportverein mitmacht.

Perspektiven: „Krise des Ehrenamts"?

Heute bestehen in Deutschland rund 87 Tsd. Sportvereine mit insgesamt rund 23 Mio. Mitgliedern, darunter rund 16 Mio. Personen ab 14 Jahren. Das Leistungsangebot der Sportvereine hat sich ausgeweitet und differenziert, steht allerdings zunehmend auch in Konkurrenz zu anderen, insbesondere kommerziell organisierten Sportangeboten.

Für die Sportvereinsarbeit ist die freiwillige, ehrenamtliche Mitwirkung der Mitglieder nach wie vor die Grundlage. Zugleich gibt es verstärkte Tendenzen zu einer Professionalisierung und Dienstleistungsorientierung. Dies ist verbunden mit Klagen über eine zunehmende Konsumentenhaltung der Mitglieder, d.h. einen Rückgang an Engagement und Einsatzbereitschaft für Arbeiten und Aufgaben, die gemeinschaftlich zu leisten sind. Dies Bündel an – vermeintlichen – Entwicklungstendenzen findet Ausdruck in der Formel von der „Krise des Ehrenamts".

Nach den Ergebnissen dieser Untersuchung erbringen etwa 4 bis 4,5 Mio. Menschen ehrenamtliche Leistungen im Rahmen der Sportvereinsarbeit. Diese Zahl liegt deutlich höher als in bisherigen Schätzungen. Der Grund ist, dass neben ehrenamtlichen Tätigkeiten im engeren Sinne – etwa in Vorstandsfunktionen oder als Übungsleiter oder Trainer – auch die Freiwilligenarbeit im Verein einbezogen ist.

Etwa die Hälfte des Spektrums ehrenamtlicher Leistungen im Sportverein entfällt auf Formen der freiwilligen Mitwirkung außerhalb des engeren Bereichs ehrenamtlicher Funktionsträger. Die Anforderungen an die Tätigkeit und die dafür aufgewendete Zeit sind bei der großen Zahl der freiwilligen „Helfer" zwar geringer als bei Vorstandsmitgliedern und Übungsleitern, aber sie sind insgesamt gesehen alles andere als unbedeutend oder vernachlässigenswert.

Die breitere Sicht auf das ehrenamtliche Engagement ist notwendig, um die Arbeit der Sportvereine angemessen darzustellen und zu verstehen. Manche Thesen zum Ehrenamt im Sport erscheinen bei dieser Betrachtung überprüfungsbedürftig, und manche vorliegenden Untersuchungsergebnisse zumindest in ihrer Reichweite relativierungsbedürftig, da auf eine zu eng gefasste Gruppe ehrenamtlicher Funktionsträger begrenzt.

- Bereits die Zahl von 4 bis 4,5 Mio. freiwillig Engagierten in den Sportvereinen lässt Zweifel daran aufkommen, ob ein Schlagwort wie das von der „Krise des Ehrenamts" die Situation zutreffend und angemessen beschreibt.

- Das Ehrenamt im Sport als „Männerdomäne" darzustellen, ist allenfalls zutreffend für die Vorstandspositionen, nicht aber für den Übungsleiterbereich und erst recht nicht für die geleistete Freiwilligenarbeit. Vorliegende Daten sprechen überdies dafür, dass die Frauen in den 90er Jahren im sportlichen Ehrenamt erheblich an Boden gewonnen haben.

- Ähnliches gilt für die Beteiligung der jüngeren Altersgruppen und vornehmlich der Jugendlichen. Diese sind in Vorstandsfunktionen unterrepräsentiert, spielen im Übungsleiterbereich und der breiteren Freiwilligenarbeit aber eine wichtige Rolle. Insgesamt gesehen ist das freiwillige Engagement im Sportbereich „jünger" als in anderen Engagementbereichen der Gesellschaft.

- Kontrovers diskutiert wird eine zunehmende Tendenz zur Vergütung ehrenamtlicher Leistungen – auch – im Sportbereich („bezahltes Ehrenamt"). Manche sehen dies als Antwort auf die Probleme, andere fürchten einen „Zerstörungszirkel" für die Motivation zum ehrenamtlichen Engagement. Diese Untersuchung spricht dafür, dass die Größenordnung des Problems zuweilen überschätzt wird. Ein relativ kleiner Teil der freiwillig Engagierten im Sport erhält für seine Leistungen eine finanzielle Vergütung, und die Höhe der Vergütungen hält sich in engem Rahmen. Anfallende Kosten tragen viele ehrenamtlich Tätige selbst. In den Wünschen für verbesserte Rahmenbedingungen spielt das Thema der Vergütung ehrenamtlicher Leistungen gegenüber anderen Problemen eine eher nachrangige Rolle. Von einer weitgehenden Aushöhlung bestehender Ehrenamtlichkeit durch offene oder verdeckte Formen der Vergütung kann bisher nicht die Rede sein.

- Die Tendenz zur „Verberuflichung" der Sportvereinsarbeit hält sich bisher ebenfalls in engen Grenzen. Die breite Grundlage ehrenamtlicher Mitarbeit wird davon nicht wirklich berührt. Das zeigt bereits die geringe Zahl haupt- und nebenamtlicher Kräfte in den Sportvereinen. Bei den ehrenamtlich Tätigen gibt es überdies, wie die Untersuchung zeigt, nur sehr kleine Teilgruppen, die an einem Wechsel zur bezahlten, beruflichen Tätigkeit interessiert wären. Erheblich größeres Interesse besteht an verbesserten Weiterbildungsmöglichkeiten, aber auch an erweiterten Möglichkeiten zum Nachweis erworbener Kompetenz in der ehrenamtlichen Tätigkeit und zur Nutzung solcher (nachgewiesener) Kompetenz auch in beruflichen Zusammenhängen.

Das Prinzip der freiwilligen, ehrenamtlichen Mitwirkung der Sportvereinsmitglieder ist nach den Untersuchungsergebnissen weiterhin tragfähig und lebendig. Rekrutierungsprobleme für bestimmte Funktionen und Positionen gibt es sicherlich, insbesondere im Vorstandsbereich. Hier wäre zu fragen, auf welche Weise Personengruppen, die in diesen Funktionen traditionell unterrepräsentiert sind – etwa Frauen und junge Leute –, eingebunden werden können, und welche Entwicklung in der „Vereinskultur" dies möglicherweise verlangt.

Steigende Anforderungen an die Professionalität der Vereinsarbeit – sei es im Vereinsmanagement oder im sportlichen Trainings- oder Betreuungsangebot – sollten nicht als Gegensatz zu einer breiten Mitwirkung der Mitglieder auf Basis von Freiwilligkeit und Ehrenamtlichkeit gesehen werden. Beides auf sinnvolle Weise zu verbinden, ist die Anforderung, vor der Vereine, Verbände und Einrichtungen in vielen gesellschaftlichen Bereichen – und auch im Sport – stehen.

5.   Freiwilliges Engagement in den neuen Ländern

Thomas Gensicke
(Forschungsinstitut für öffentliche Verwaltung, FÖV)

Freiwilliges Engagement in den neuen Ländern geringer als in den alten

Der Anteil der Bürgerinnen und Bürger, die in Gruppierungen, Initiativen, Vereinen, Organisationen oder Einrichtungen auf den verschiedensten Feldern irgendwo mitmachen ("aktive Beteiligung"), ist in den neuen Ländern niedriger als in den alten Ländern. Die entsprechenden Anteilswerte, wie sie in dieser Untersuchung ermittelt wurden, betragen 55% in den neuen und 68% in den alten Ländern, jeweils bezogen auf die Bevölkerung ab 14 Jahren. Entsprechend dieser geringeren Partizipation ist auch die Teilgruppe derer, die in diesem Rahmen freiwillige, ehrenamtliche Aufgaben oder Arbeiten übernommen haben, kleiner. Der Anteil der "freiwillig Engagierten" in der Bevölkerung ab 14 Jahren beträgt 28% in den neuen Ländern gegenüber 35% in den alten Ländern.

Diese Engagementquote hat in allen neuen Ländern etwa das gleiche Niveau. Eine Ausnahme bildet Berlin, wo sie – insbesondere im Ostteil der Stadt – noch niedriger ist. Die alten Länder haben durchweg höher Engagementquoten, wobei die Quoten in den Stadtstaaten und Niedersachsen nur geringfügig, in den übrigen Ländern jedoch deutlich höher sind.[39]

Diese Zahlen zeigen die heutige Situation. Bei der Interpretation muss berücksichtigt werden, dass sich Menschen *über 40 Jahre* in den neuen Ländern häufig *vor der Wende* freiwillig engagiert haben. Außerdem gibt es unter den jungen Menschen in den neuen Ländern ein *großes Potenzial* für freiwilliges Engagement. Warum sich die Älteren oft *nicht mehr* und die Jüngeren sich oft *noch nicht* engagieren, will die vorliegende Studie im Rahmen ihrer Möglichkeiten aufklären.

---

39 vgl. die genaueren Zahlen in Kapitel 3.2 in Teil 1 dieses Berichts

Ansatzpunkte zur Erklärung

Die Studie führt Unterschiede zwischen neuen und alten Ländern bezüglich öffentlicher Aktivität und des freiwilligen Engagements auf eine ganze Reihe von Faktoren zurück, hebt allerdings *Infrastrukturprobleme* für „aktive Beteiligung" und im engeren Sinne für „freiwilliges Engagement" als besonders wichtig hervor. In den Problemkreis der Infrastrukturprobleme ordnet sich neben einer geringeren Mitgliedschaftsquote der neuen Bundesbürger in Vereinen, Verbänden und anderen Organisationen auch die geringere *kirchlich-religiöse Basis* der aktiven Beteiligung und des freiwilligen Engagements in den neuen Ländern ein.

Das öffentliche Engagement der neuen Bundesbürger bleibt jedoch auch deswegen hinter den alten Ländern zurück, weil sich die *ökonomische Lage* der privaten und öffentlichen Haushalte immer noch ungünstiger darstellt, was in der *hohen Arbeitslosigkeit* nur seinen besonders auffälligen Ausdruck findet. Diese betrifft besonders stark die *Frauen*, die stärker als in den alten Ländern an einer Erwerbsarbeit interessiert sind und freiwillige bzw. unbezahlte Tätigkeiten nicht als „Ersatz" dafür akzeptieren.

Es ist jedoch nicht zu übersehen, dass auch das *politische Interesse* der neuen Bundesbürger hinter den alten Ländern zurückbleibt und sich dieser Umstand ungünstig auf die öffentliche aktive Beteiligung und das freiwillige Engagement in den neuen Ländern auswirkt. Der politische Prozess seit Wende und Vereinigung hat bei nicht wenigen neuen Bundesbürgern zu Enttäuschungen und zu Erscheinungen politischer Entfremdung geführt. Politische und öffentliche Institutionen genießen weniger Vertrauen als in den alten Ländern und das führt im Moment auch zu weniger öffentlichem Engagement.

Angesichts eines „Syndroms" besonderer, mit der Situation der sozialen und politischen *Transformation* zusammenhängender Schwierigkeiten muss auf die dennoch beträchtliche öffentliche Aktivität und das beträchtliche freiwillige Engagement der neuen Bundesbürger hingewiesen werden. Die weitere sozialwissenschaftliche Beobachtung sollte aufmerksam verfolgen, ob sich in den neuen Ländern in stärkerem Maße neuartige Elemente der sozialen Selbstorganisation und Selbsthilfe entwickeln als in den alten Ländern, wo eine längerfristig gewachsene Infrastruktur aktiver Beteiligung und freiwilligen Engagements noch eher Kontinuität bzw. einen langsameren Wandel verbürgt.

Besondere Infrastrukturprobleme des freiwilligen Engagements

Mit dem Systemwandel (Transformation) verlor die Infrastruktur der aktiven Beteiligung und des freiwilligen Engagements der DDR oft ihre Grundlage, weil sie in erhöhtem Maße betriebs- und institutionengebunden war (Schulen etc.). Vor allem Großbetriebe, die oft Träger und Finanziers einer Infrastruktur des aktiven Mitmachens und des freiwilligen Engagements (z.b. im Sportbereich) waren, sind durch den Zusammenbruch der DDR-Industrie, die zwei Drittel ihrer Arbeitsplätze verlor, in dieser Förderungsfunktion schlechthin ausgefallen. Zwar hat vor allem der kommunale Bereich eine Reihe der „sozialen Funktionen" der Betriebe übernommen, dennoch ist vieles in der Umstrukturierung aus Finanzierungs- und anderen Gründen verloren gegangen.

An die Stelle der in starkem Maße an Großbetriebe und staatliche Institutionen gebundenen Infrastruktur der aktiven Beteiligung und des freiwilligen Engagements trat auch in den neuen Ländern eine lokale Vereins- und Organisationskultur, die nach dem Vorbild der alten Länder transformiert wurde.

Allerdings ist es z.B. im *kirchlichen Bereich*, der in den alten Ländern besonders im ländlichen und kleinstädtischen Bereich eine wichtige Infrastruktur für aktive Beteiligung und freiwilliges Engagement darstellt, sehr fraglich, ob die neuen Länder sich aufgrund der hohen Konfessionslosigkeit (75%) überhaupt an die alten angleichen werden.

Auch im „Großbereich" des Sports ist der Beteiligungsgrad der neuen Bundesbürger deutlich geringer als in den alten Ländern, wobei bei steigendem Wohlstand ein gewisses Wachstumspotenzial anzunehmen ist. In den alten Ländern sind im Sportbereich 39% der Bevölkerung aktiv beteiligt, in den neuen 25%, von denen jeweils 12% bzw. 8% auch freiwillig „Aufgaben" und „Arbeiten" übernommen haben.

Noch deutlicher unterscheidet sich das Bild, wenn man nur die Mitgliedschaft in *Sportvereinen* betrachtet. 28% der Bevölkerung der alten Länder sind dort Mitglieder, aber nur 12% in den neuen. Das heißt, dass im Sportbereich der neuen Länder den „Aktiven" (ohne freiwilliges Engagement) nur etwa halb so viele Menschen *mit Vereinsmitgliedschaft* in Sportvereinen gegenüberstehen. Viele sportliche Aktivitäten dürften daher eher „informell" (ohne Vereinsmitgliedschaft) ausgeübt werden.

Fast ein Jahrzehnt nach der Wende ist also in den neuen Ländern die „formelle" Einbindung des „aktiven Mitmachens" in Vereinen, etwa im „Großbereich" des Sports, noch lange nicht an die Verhältnisse der alten Länder „angeglichen".

Viele Menschen haben mit der Wende ihr Engagement aufgegeben

Im Freiwilligensurvey wurde der besonderen Situation des Systemwandels in den neuen Ländern dadurch Rechnung getragen, dass die Befragten auch ihr *ehemaliges Engagement* beschreiben und bewerten konnten. Es zeigte sich, dass z.B. in der Altersgruppe der 40-49jährigen 26% der neuen Bundesbürger früher freiwillig engagiert waren (alte Länder: 19%), bei den 50- bis 59-Jährigen 27% (alte Länder: 18%) und bei den 60- bis 69-Jährigen sogar 33% (alte Länder: 22%).

Man erkennt, wie stark gerade in den ehemals kulturtragenden „DDR-Generationen" im Vergleich zu den entsprechenden „BRD-Generationen" das freiwillige Engagement zurückgegangen ist. Rechnet man die Jahre 1988 bis 1990 zusammen, dann wurden in den neuen Ländern damals 36% des früheren freiwilligen Engagements beendet, in den alten Ländern dagegen nur der halbe Prozentsatz (18%).

„Verluste" in den reifen Jahrgängen besonders problematisch

Von den 1999 50- bis 59-Jährigen hat in den neuen Ländern sogar die Hälfte (51%) zwischen 1988 und 1990 ihr Engagement aufgegeben, gegenüber nur 21% dieser Altersgruppe in den alten Ländern. Die Altersgruppe weicht auch durch eine hohe Arbeitslosenquote von 21% besonders stark von ihrem Gegenstück in den alten Ländern ab (nur 5% Arbeitslose).

Da die große Gruppe der 50- bis 59-Jährigen gemeinsam mit den 40- bis 49-Jährigen üblicherweise die „Kernmannschaft" des Freiwilligenbereichs stellt, in dem sich Personen diesen Alters besonders oft engagieren, viele verantwortliche Positionen ausüben und auch neue Freiwillige „anwerben", erscheinen die „Verluste" in den neuen Ländern besonders schmerzhaft.

Eindrucksvoll kommt der Zusammenbruch eines größeren Teils der Infrastruktur des freiwilligen Engagements in den neuen Ländern in dem Faktum zum Ausdruck, dass in den alten Ländern freiwilliges Engagement nur zu 10% deswegen beendet wurde, weil Organisationen und Gruppen *aufgelöst* wurden, in den neuen Ländern dagegen mit 32% zu fast einem Drittel. Im Jahre 1989, als in der DDR allein 27% des freiwilligen Engagements beendet wurden, waren solche Auflösungserscheinungen sogar zu 51% die Ursache dafür.

Wichtig ist festzuhalten, dass diejenigen, die ihr freiwilliges Engagement beendet haben, in den neuen wie alten Ländern durchaus nicht „im Zorn" ausgeschieden sind. Die allermeisten bewerten ihr ehemaliges Engagement positiv. Eine ganze Reihe wären sogar bereit, wieder ein Engagement auszuüben, allerdings ist die Tendenz dazu in den alten Ländern ausgeprägter als in den neuen.

Engagement der Jüngeren „selbstorganisierter"

Der Rückgang des freiwilligen Engagements gerade in den etwas reiferen Altersgruppen, die für dieses Engagement „typisch" sind, wird in den neuen Ländern durch neues Engagement bei *jüngeren Leuten* noch nicht ausgeglichen, was wohl zum einen auf stärkere berufliche Prioritäten jüngerer Leute in den neuen Ländern zurück geht.

Zum andern ist für die neuen Länder besonders auf den Mangel an Gelegenheiten und ein Umfeld hinzuweisen, in dem jüngere Leute schwieriger auf freiwilliges Engagement ansprechbar sind. Letztlich fehlen auch die Anstöße durch die reiferen Generationen, die selbst gegenüber dem Engagement zurückhaltender geworden sind.

Dennoch gilt es festzuhalten, dass viele junge Leute in den neuen Ländern durchaus ein Interesse am freiwilligen Engagement haben. Da, wo sie sich engagieren, gewinnt dieses Engagement stärker als in den alten Ländern den Charakter einer *Selbstorganisation*, indem man in eigener Initiative Gruppen bildet und die eigenen Interessen deutlicher zu Sprache bringt. (Vgl. Kapitel 2 in Teil 2 dieses Berichtes)

Ähnliche Struktur des Freiwilligenbereichs in den neuen und alten Ländern

Da wo in den neuen Ländern freiwilliges Engagement stattfindet, entwickelt es eine ähnliche soziale und Psycho-Logik wie in den alten Ländern. Hier wie dort sind es vorrangig die *besser Gestellten*, die sich freiwillig engagieren, weil sie sich für das Gemeinwesen *verantwortlich* fühlen und ihr eigenes Leben *interessanter* und *anregender* gestalten wollen. Für das freiwillige Engagement sind in den neuen und alten Ländern nicht die sozial weniger gut Gestellten oder die Arbeitslosen typisch, die sich etwa in sozialer Selbsthilfe zusammenschließen und ihre Interessen durchsetzen wollen.

Ein Unterschied besteht darin, dass der Freiwilligenbereich in den alten Ländern enger an eine soziale Schichtung angelehnt ist, die mehr als in den neuen Ländern von der Höhe des Einkommens bestimmt wird. Dort wird die soziale Logik des freiwilligen Engagements mehr von der *Bildung* und auch von bestimmten prosozialen Wertvorstellungen beeinflusst, wobei die Unterschiede allerdings eher graduell sind.

Z.B. engagieren sich Hochschulabsolventen in beiden Landesteilen mit etwa 44% Beteiligung am freiwilligen Engagement etwa gleich intensiv, bei Menschen mit Mittelschulabschlüssen sind das in den alten Ländern immer noch 39%, in den neuen Ländern jedoch nur 27%.

Frauen beim Engagement zurückhaltender

Auffällig ist auch, dass *Frauen* in den neuen Ländern eine größere Zurückhaltung gegenüber dem freiwilligen Engagement zeigen als Frauen in den alten Ländern. Sie sind häufiger berufstätig oder zumindest als Arbeitslose an einer Erwerbstätigkeit stark interessiert. Unter den Frauen in den alten Ländern gibt es dagegen eine vier Mal größere Gruppe von Hausfrauen (20% gegenüber 5% in den neuen Ländern), von denen sich mit 39% überdurchschnittlich viele freiwillig engagieren.

Frauen aus den neuen Ländern erwarten in erhöhtem Maße von einer freiwilligen Tätigkeit, dass diese ihnen auch einen *beruflichen Nutzen* erbringt. Bezüglich der Einlösung dieser Erwartung haben sie jedoch nicht selten Zweifel, insbesondere, wenn sie arbeitslos sind. Sie halten sich daher auch öfter vom Engagement zurück.

Insgesamt gesehen, stellt freiwilliges Engagement von sozial Benachteiligten, Arbeitslosen oder prekär Beschäftigten selbst nicht die gelegentlich erhoffte dominante Lösungsstrategie für die in Ostdeutschland weiterhin besonders drückenden Arbeitsmarktprobleme dar bzw. für die Bewältigung von deren Folgen. Diese Problemlast tragen besonders oft die Frauen.

Besondere Bedeutung finanzieller Knappheit

Da freiwilliges Engagement eng an die soziale Schichtung und ein gutes materielles Lebensniveau auf Haushalts- und auch auf gesellschaftlicher Ebene angelehnt ist, werden belastende Faktoren *finanzieller Knappheit* auch im Freiwilligenbereich der neuen Länder deutlicher erkennbar als in den alten Ländern.

In objektiver Hinsicht fehlt den Organisationen noch stärker als in den alten Ländern das Geld für Projekte und die laufende Arbeit. Freiwilliges Engagement wurde von Befragten in den neuen Ländern auch öfter deswegen aufgegeben, weil keine Finanzierung von Organisationen und Gruppen mehr gegeben war.

Viel mehr Befragte in den neuen Ländern meinen, dass sie sich freiwilliges Engagement nicht leisten könnten und es gibt vermehrt Befürchtungen, im Engagement nicht richtig versichert zu sein. Solche materiellen Gründe machen gerade diejenigen geltend, die eigentlich am freiwilligen Engagement interessiert wären und sich durchaus dafür geeignet sehen.

Zwar muss man auch in diesem Befund den subjektiven Reflex der Finanzknappheit der privaten und öffentlichen Haushalte und der Organisationen in den neuen Ländern respektieren. Allerdings kann man davon ausgehen, dass hier teilweise auch Vorurteile im Spiele sind, die man durch Aufklärung und Information ausräumen kann.

Ungünstigere Infrastruktur bedeutet weniger Ansprechbarkeit für freiwilliges Engagement

Die in den neuen Ländern weniger entwickelte Infrastruktur des freiwilligen Engagements wirkt besonders deswegen als Hemmnis, weil der Freiwilligensurvey gezeigt hat, dass freiwilliges Engagement auch heute nur in eingeschränktem Maße aus individuellem Entschluss und individueller Initiative heraus zustande kommt, auch wenn die Bedeutung solcher individueller Impulse vielleicht im Anwachsen ist.

Der wichtigere Mechanismus, durch den freiwilliges Engagement entsteht, ist immer noch „Rekrutierung" durch *Ansprache und Werbung* von potenziellen Freiwilligen innerhalb einer breitgefächerten und vernetzten Infrastruktur von Vereinen, Organisationen und zunehmend auch Informations- und Kontaktstellen. Dieser Mechanismus wird begleitet durch Anstöße aus dem familiären, dem Freundes- und Bekanntenkreis. (Vgl. dazu Kapitel 6 in Teil 2 dieses Berichtes)

Ansprache und Werbung können jedoch in den neuen Ländern weniger zur Wirkung kommen, da bereits auf der Vereinsebene die Einbeziehung der neuen Bundesbürger geringer als in den alten Ländern ist, sie also in diesem Umfeld weniger für zu übernehmende freiwillige Tätigkeiten erreichbar sind. Zwar interessiert sich ein großer Teil der neuen wie alten Bundesbürger ähnlich stark für „lokale Ereignisse" und das „Geschehen am Ort". Allerdings geht man in den alten Ländern auch öfter zu Vereinsveranstaltungen („regelmäßig" bzw. „ab und zu" 52% gegenüber 40% in den neuen Ländern).

Der *Verein* ist in den neuen wie den alten Ländern immer noch die häufigste Organisationsform des freiwilligen Engagements, wo etwa die Hälfte des freiwilligen Engagements auch junger Leute angesiedelt ist.

Infrastrukturlücken müssen geschlossen werden

Wie in anderen Bereichen sind in den neuen Ländern also auch im Freiwilligenbereich die verschiedenen staatlich-öffentlichen Ebenen verstärkt gefordert, Lücken zu schließen, die der private Sektor – Großorganisationen, Parteien und Kirchen – auf absehbare Zeit nicht oder überhaupt nicht füllen kann. Durch die Schwäche der Infrastruktur des freiwilligen Engagements in den neuen Ländern sind auf kommunaler Ebene und mit deren Unterstützung (bzw. auch der Länder) aufklärende, aktivierende und vernetzende *Informations- und Kontaktstellen* noch unverzichtbarer als in den alten Ländern, wenn freiwilliges Engagement intensiviert werden soll.

Bereits jetzt ist erkennbar, dass Lücken, die z.b. der geringer dimensionierte kirchliche Bereich bezüglich des freiwilligen Engagements in den neuen Ländern hinterlässt, von öffentlichen Institutionen mehr oder weniger geschlossen werden. Vollziehen sich in den alten Ländern freiwillige Tätigkeiten zu 15% im Bereich der Kirchen bzw. religiöser Vereinigungen, so sind das in den neuen Ländern nur 7%. In staatlichen bzw. kommunalen Einrichtungen finden in den alten Ländern dagegen nur 10% der freiwilligen Tätigkeiten statt, in den neuen Ländern aber 14%.

Engagement als soziale Selbsthilfe – eine Ergänzung zur Beschäftigungspolitik

Nach den Erkenntnissen des Freiwilligensurveys kann freiwilliges Engagement von Benachteiligten, wenn auch nicht Ersatz, so doch eine *Ergänzungsstrategie* zu einer beschäftigungsfreundlichen Politik sein. In Ostdeutschland sind vermehrt Strategien von Arbeitslosen oder prekär Beschäftigten zu erkennen, über freiwilliges Engagement auch ihre *beruflichen Aussichten* zu verbessern.

48% derer, die sich in den neuen Ländern für freiwilliges Engagement interessieren, würden sich engagieren, wenn ihnen das Engagement auch beruflich etwas nützt. Wie angedeutet, gibt es unter diesen Menschen zwar gewisse Zweifel, ob diese Erwartung auch eingelöst werden kann. Dennoch ist hier ein großes Potenzial zu erkennen, auf unkonventionellem Wege Arbeitsmarktprobleme wenigstens zu lindern.

Die Forderung an den Staat, dafür zu sorgen, dass freiwilliges Engagement mit dem Bezug von Arbeitslosengeld vereinbar ist, wird in den neuen Ländern mit 40% noch wesentlich öfter erhoben als in den alten Ländern (32%). Selbst wenn freiwilliges Engagement nicht direkt in bezahlte Tätigkeiten überführbar ist, so kann es doch zum Erhalt eines positiven Lebensgefühls und von Kompetenzen, einer sozialen Einbindung und zur Horizonterweiterung der Person führen.

Freiwilliges Engagement als „demokratisches Erfahrungsfeld"

In den neuen Ländern wird das öffentlich-politische System der Bundesrepublik (vor allem in seiner praktischen Funktionsweise) ungünstiger bewertet als in den alten Ländern. Abgesehen von politischer Enttäuschung werden solche Urteile auch von einem Standpunkt größerer Distanz zum alltäglichen öffentlich-politischen Prozess gefällt, da weniger neue Bundesbürger als alte öffentlich aktiv und engagiert sind. Förderung von freiwilligem Engagement in den neuen Ländern sollte daher nicht nur als Ergänzungsstrategie zur Lösung besonderer Arbeitsmarktprobleme bzw. zur Linderung von deren Folgen begriffen werden, sondern auch als Chance, dass mehr neue Bundesbürger praktische Erfahrungen in öffentlich-politischen Zusammenhängen sammeln können. Es sind dabei alle gefordert, die im Bereich „Politische Bildung" tätig sind und allgemein an einer politischen Aktivierung der neuen Bundesbürger interessiert sind, also etwa die Landeszentralen für politische Bildung, Schulen und Ausbildungseinrichtungen.

6. Zugangswege zu Bereichen und Formen des freiwilligen Engagements in Deutschland

Hans Günter Abt, Joachim Braun (ISAB-Institut)

Mit der Einrichtung von Kontakt- und Informationsstellen für Selbsthilfe, von Seniorenbüros sowie von Anlauf- und Vermittlungsstellen für Freiwillige sind auf kommunaler Ebene bereits Maßnahmen ergriffen worden, die Zugangsmöglichkeiten zum freiwilligen Engagement zu verbessern. Allerdings wurde die Situation zunehmend unübersichtlicher, auch für die Bürgerinnen und Bürger. Daher werden Überlegungen angestellt, wie eine Integration oder Vernetzung der bisherigen Förderformen erfolgen kann und wie deren Ausweitung auf Kommunen erfolgen kann, in denen es noch keine Engagement unterstützende Infrastruktur gibt. Mit Blick auf das „Jahr der Freiwilligen" 2001 gewinnen diese Fragen an Aktualität, wenn die Chance der öffentlichen Aufmerksamkeit für eine Weiterentwicklung der Förderstrukturen und des freiwilligen Engagements genutzt werden soll.

Die Verwendung des Freiwilligen-Begriffs wird durch die Befragung als richtig unterstrichen. Mit der Ansprache auf ein „Ehrenamt" sind viele engagierte Bürgerinnen und Bürger nicht zu erreichen. Dieses Ergebnis, dass die Bezeichnung „Freiwilligenarbeit" von den meisten Engagierten als angemessen erlebt wird, dürfte viele überraschen. Bisher wird der Begriff in der öffentlichen Debatte wenig verwendet. Seine Bevorzugung durch die Engagierten macht deutlich, dass diese sich in ihrem Selbstverständnis vor allem gegenüber der beruflichen Arbeit abgrenzen. Somit ist auch für die Ansprache der nicht engagierten Bürgerinnen und Bürger das Selbstverständnis der Freiwilligen passender als das der Ehrenamtlichen, was bei der Verbesserung der Zugangswege zu beachten ist.

In Abb. 1 werden wichtige Ergebnisse des Freiwilligensurvey 1999 zum Thema „Zugangswege zum freiwilligen Engagement" zusammengefasst.[40]

---

40 Die Angaben beziehen sich jeweils auf die erste, zeitaufwendigste freiwillige Tätigkeit, die eine Person ausübt. Die Zahlen können geringfügig von denen in Teil 1 dieses Berichts genannten Zahlen abweichen, da dort auf alle – auch die weiteren, weniger zeitaufwendigen – Tätigkeiten Bezug genommen wird.

Abb. 1: Zugangswege zu Bereichen und Formen des freiwilligen Engagements

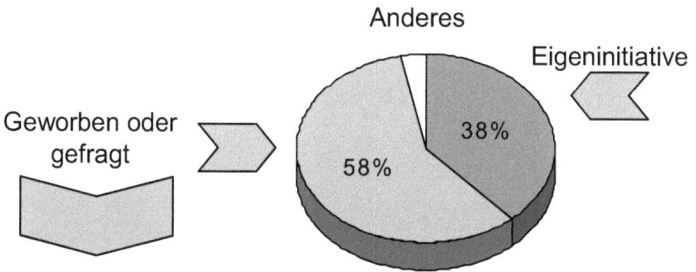

42 %	von leitenden Personen in Freiwilligenorganisationen
35 %	von aktiven Freunden oder Bekannten
3 %	von Informations- und Kontaktstellen für freiwilliges Engagement und Selbsthilfe
29 %	von eigenen Erlebnissen angeregt

Weitere Zugangswege

41 % wurden für ihre freiwillige Tätigkeit gewählt
38 % haben leitende oder Vorstandsfunktion
73 % arbeiten im Team
23 % sehen Zusammenhang mit beruflicher Tätigkeit

Durchschnittsalter bei Aufnahme der freiwilligen Tätigkeit

34 Jahre   zu Beginn der aktuellen freiwilligen Tätigkeit
23 Jahre   zu Beginn der erstmaligen freiwilligen Tätigkeit

Fluktuation im freiwilligen Engagement

24 % nahmen aktuelle Tätigkeit in den letzten 2 Jahren auf
25 % werden aktuelle Tätigkeit in absehbarer Zeit beenden

Unterstützungswunsch: bessere Information und Beratung über Gelegenheiten für freiwilliges Engagement

56 % aller engagierten BürgerInnen
73 % Engagierte in bürgerschaftlicher Aktivität am Wohnort
72 % Engagierte im Gesundheitsbereich
64 % Engagierte in Umwelt, Naturschutz, Tierschutz
63 % Engagierte im sozialen Bereich

© ISAB-Institut Köln 4/2000, Freiwilligensurvey 1999. (n = 14.922)

Zeitliche Kontinuität und Flexibilität im freiwilligen Engagement

Der erste Einstieg in das freiwillige Engagement erfolgte bei der Mehrheit der Engagierten bereits in der Jugend oder im frühen Erwachsenenalter. Mehr als die Hälfte engagierte sich erstmals bis zum Alter von 20 Jahren, zwei Drittel bis zum Alter von 25 Jahren. Älter als 55 Jahre sind nur 5% bei ihrem ersten Einstieg in freiwilliges Engagement. Unter denen, die heute 40 Jahre und älter sind, ist es jede zweite befragte Person, die bis zum Alter von 25 Jahren ihr Engagement begonnen hat. Das heute vorzufindende freiwillige Engagement lebt also überwiegend von Bürgern, die bereits zu einem frühen Zeitpunkt in ihrem Leben Erfahrungen damit gemacht haben.

Der Einstieg in die aktuell ausgeübten freiwilligen Tätigkeiten erfolgt häufig noch im mittleren Erwachsenenalter und ist selbst im Seniorenalter keine Seltenheit. Ein Viertel der Engagierten, also ein relativ hoher Anteil, übt die jetzige freiwillige Tätigkeit erst seit maximal zwei Jahren aus. Die Befragungsergebnisse sind einerseits Belege für Veränderungen im freiwilligen Engagement und die hohe Dynamik im Freiwilligenbereich, andererseits für Aktivierungsmöglichkeiten im Erwachsenenalter bis hin zum Seniorenalter. Bürgerinnen und Bürger engagieren sich in den meisten Fällen bereits in der Jugend, später wiederum als Erwachsene, dann aber auf einem neuen Gebiet oder in einer neuen Aufgabe.

Je nach Lebensphase und Engagementbereich gibt es hohe Fluktuationen bei denen, die sich freiwillig engagieren. Daher ist die Engagementquote von 34% keine statische Größe. Die Frage des Zugangs zum freiwilligen Engagement stellt sich vielmehr für viele Bürgerinnen und Bürger immer wieder neu. Da die Tendenz zu langjährigen Engagements zudem eher abnimmt, suchen viele immer wieder neu nach Gelegenheiten und Tätigkeitsmöglichkeiten. Geeigneten Informations- und Beratungsangeboten über Gelegenheiten zum freiwilligen Engagement kommt daher eine steigende Bedeutung zu.

Eigeninitiative und Anstöße auf dem Weg zum freiwilligen Engagement

Entgegen einer verbreiteten Auffassung, dass freiwilliges Engagement in der Regel auf individuelles, eigenverantwortliches Handeln zurückzuführen wäre, kommen auf zwei Befragte, die aus Eigeninitiative zu ihrer Haupttätigkeit fanden (38%), drei andere, die ihren Weg dahin vorrangig infolge einer Anfrage oder Werbemaßnahme gegangen sind (58%), die also von außen dazu angeregt wurden. Freiwilliges Engagement kann also durch gezielte und werbende Ansprache gefördert werden. Für die aktuell Engagierten kamen die wichtigsten Anstöße von anderen Engagierten, die selbst Leitungsaufgaben in Gruppen oder Organisationen wahrnahmen. Dass vier von zehn Engagierten von dort entscheidende Anstöße erhielten, lässt vermuten, dass sich die meisten von ihnen schon vorher im Umfeld der Engagierten bewegten. Die Teilnahme an Aktivitäten, die Mitgliedschaft in einer Gruppe oder Organisation oder andere Formen der Einbindung bildeten den Hintergrund für ihren Übergang ins Engagement. Die zweitwichtigste Gruppe der Anstoßgeber sind Personen aus dem unmittelbaren sozialen Umfeld: vor allem Freunde und Bekannte (35%), aber auch Familienangehörige (12%), überdurchschnittlich häufig bei jüngeren Engagierten. Für ein Drittel aller Engagierten spielen enge persönliche Beziehungen zu anderen Aktiven oder freiwillig Engagierten damit eine wesentliche Rolle. Bei mehr als einem Viertel der Engagierten lag der freiwilligen Tätigkeit zudem eine eigene Betroffenheit zugrunde. Mitentscheidende Anstöße durch Medien wie Presse, Radio oder Fernsehen erhielten 3% der Engagierten, ebenso viele durch Informations- und Kontaktstellen.

Millionen engagierter Personen entfalten somit durch werbende Ansprache in ihren Kontakten mit noch nicht engagierten Personen eine enorme Wirkung. Daher ist ein engagementfreundliches Gesamtklima in der Gesellschaft, in dem die Engagierten eine angemessene Anerkennung und Unterstützung erfahren, ein elementares Erfordernis dafür, dass sie ausreichend motiviert bleiben, auch Neueinsteiger für freiwilliges Engagement zu gewinnen. Gleichzeitig hat die Wirksamkeit persönlicher Ansprache ihre Grenzen, weil sie die Existenz stabiler sozialer Beziehungen bereits voraussetzt. In einer mobilen Gesellschaft kann dies nur für einen Teil der Bürger gelten, während der andere Teil auf öffentlich zugängliche Informationen und Kontakte angewiesen bleibt. Hinsichtlich der Verbesserung der Zugangschancen ist zu beachten, dass persönliche Beziehungen nur in begrenztem Umfang über öffentliche Maßnahmen gefördert werden können. Hingegen sind öffentliche Information und Kontaktvermittlung leichter zu gestalten.

Viele Engagierte sind nicht isoliert, sondern in sozialen Bezügen tätig, die ihr Engagement mit tragen. Der Zugang zum Engagement erfolgt nicht immer direkt. Über die Teilnahme an Aktivitäten müssen vielmehr zuerst soziale Einbindung und Akzeptanz erreicht werden.

Die Wahl für eine freiwillige Tätigkeit ist als Zugangsweg ein Beispiel dafür, da sie neben der eigenen Bereitschaft, das Engagement zu übernehmen, die Zustimmung anderer voraussetzt. Viele Engagierte, nämlich 41%, haben ihre Haupttätigkeit auf diesem Weg übernommen und sind mit einem Mandat ausgestattet. Somit gehört dieser Zugangsweg zur Normalität im freiwilligen Engagement. Das freiwillige Engagement ist auch Teil der demokratischen Kultur. Die Befunde zur Leitungstätigkeit und zur Einbindung in Teams bestätigen die soziale Einbindung freiwilliger Tätigkeiten. Diese beruhen auf sozialer Akzeptanz der aktiven und engagierten Umgebung. 38% aller Engagierten sind mit besonderer Verantwortung ausgestattet, nämlich mit Leitungsaufgaben oder Vorstandsfunktionen. Fast drei Viertel engagieren sich im Team. Somit genießen freiwillig Engagierte in ihrer Umgebung zumindest Akzeptanz, wenn nicht sogar aktive Unterstützung. Hoher Zeitaufwand und längerfristiges Engagement gehen mit Leitungsaufgaben einher. Weitaus mehr Männer als Frauen, vor allem zwischen 40 und 59 Jahren, engagieren sich mit offizieller Legitimation, wie sie durch Wahlen und Leitungstätigkeit gegeben ist. Jüngere Engagierte zählen relativ selten zu diesem Kreis.

Eine Besonderheit ist die „eingeschränkte Freiwilligkeit" beim Zugang zum freiwilligen Engagement, auch wenn dies paradox klingt. In diese Grauzone fallen zum einen die Schöffen, die aufgrund öffentlicher Berufung zu ihrem Amt kommen, zum anderen die Wehrpflichtigen, die als Alternative einen Hilfsdienst im Rettungswesen wählen. Beide Gruppen sind jedoch mit weniger als einem Prozent der Engagierten sehr klein.

23% der Engagierten sehen einen Zusammenhang zwischen ihrem freiwilligen Engagement und ihrer beruflichen Tätigkeit. Er besteht meist in einer Übereinstimmung zwischen beruflichen und freiwilligen Aufgaben. Vermutlich gibt es weitere Verbindungen durch beruflich bedingte Kontexte. Berufliche Kenntnisse können für eine Reihe von freiwilligen Tätigkeiten daher als Selektionskriterien zur Anwendung kommen. Entsprechende Anforderungen sind bei der Vermittlung von interessierten Bürgern zu beachten. Der Zusammenhang zwischen Beruf und freiwilligem Engagement ist um so häufiger, je älter die Engagierten sind, je besser ihr Bildungsabschluss und je intensiver das Engagement ausgeübt wird. Beschäftigte in gemeinnützigen Organisationen und im öffentlichen Dienst stellen diesen Bezug am häufigsten heraus.

Zugangswege in verschiedene Bereiche des freiwilligen Engagements

Menschen engagieren sich nicht allgemein, sondern für ganz bestimmte Themen und Aktivitäten. Die Inhalte sind nicht beliebig austauschbar, sondern vielfach der Hauptbeweggrund, sich freiwillig für eine Sache oder für andere Menschen zu engagieren. Daher ist die Differenzierung nach Engagementbereichen für die Klärung der Zugangswege unverzichtbar. Daneben ist die Gruppe der „aktiv" Beteiligten zu beachten, die sich (noch) nicht freiwillig engagieren. Beispiele dafür sind aktive Sportler, Musiker, Selbsthilfegruppenmitglieder, Teilnehmer an Freizeitaktivitäten und am Vereinsleben. Diese Aktivenkreise können Zielgruppen für die persönliche Ansprache sein, die nachgewiesenermaßen der bisher bedeutsamste Weg zur Gewinnung für freiwillige Tätigkeiten ist. Mit ihrer Zahl wächst in der Regel aber auch der Bedarf an freiwilligem Engagement.

Die meisten freiwillig Engagierten und die meisten aktiv Beteiligten sind unabhängig vom Alter in den freizeitorientierten Bereichen zu finden: in „Sport und Bewegung" als größtem, daneben in „Kultur und Musik" sowie „Freizeit und Geselligkeit". Hier sind auch die meisten Einsteiger in jungen Jahren zu finden. Männer sind unter den Engagierten etwas überrepräsentiert. In den beiden ersten Bereichen sind die eigenen Erlebnisse wichtig. Anstöße kommen vor allem aus dem Bekanntenkreis, in „Sport und Bewegung" sowie „Kultur und Musik" auch von leitenden Personen. Ähnlich sieht die Situation im deutlich kleineren Bereich „Bürgerschaftlicher Aktivität am Wohnort" aus. Nur liegt der Einstieg dort häufiger in höheren Altersgruppen. Aufgrund verschiedener Merkmale ist von einer hohen Integration der Engagierten auszugehen.

Der soziale und der gesundheitliche Bereich sowie die Jugend- und Bildungsarbeit sind deutlich kleiner als die freizeitorientierten Bereiche. Zusammenhänge des freiwilligen Engagements mit der beruflichen Tätigkeit sind relativ häufig. Die Aufnahme der freiwilligen Tätigkeit mit höherem Lebensalter und ein stärkeres Engagement sind Merkmale in den ersten beiden Bereichen. Frauen sind dort überrepräsentiert, Männer und Jüngere hingegen in Jugend- und Bildungsarbeit. Anstöße kommen für die sozialen und gesundheitlichen Bereiche häufiger als anderswo von Medien oder Kontaktstellen.

„Umwelt, Naturschutz / Tierschutz" ist ein Wachstumsbereich mit hohem Einsatz. Männer und Frauen sind gleichermaßen engagiert. Es bestehen nur wenige Querverbindungen zu anderen Bereichen. Bei ausgeprägter Eigeninitiative kamen Anstöße vorwiegend aus dem Bekanntenkreis, eigene Erlebnisse, Medien und Kontaktstellen waren häufig beteiligt. Die Aktualität des Themas und die Sensibilität hierfür scheinen bedeutsamer als die soziale Einbindung der Engagierten in ein festes Umfeld.

„Schule / Kindergarten" und „Justiz / Kriminalitätsprobleme" weisen insofern Gemeinsamkeiten auf, als die Engagierten meist an Einrichtungen angebunden sind, die für die Erneuerung des Engagements Sorge tragen. Unterschiede zwischen alten und neuen Bundesländern treten deshalb kaum auf. Bei Alter, Geschlecht und Intensität unterscheiden sie sich hingegen, da sich Schülerinnen und Mütter im ersten Bereich mäßig und vorübergehend, Männer in der zweiten Lebenshälfte im zweiten relativ stark und langfristig engagieren.

Engagierte in der beruflichen oder politischen Interessenvertretung weisen erhebliche Gemeinsamkeiten auf: Es engagieren sich relativ viele Männer in der zweiten Lebenshälfte, sie tun dies außerdem meist länger als in anderen Bereichen und engagieren sich häufig auch anderweitig. Wahlen gehören vielfach zum Engagement. Im Bereich der beruflichen Interessenvertretung sind Anstöße von außen relativ häufig, natürlich auch der Bezug zum Beruf. Die Schwellen zu einem Engagement sind wegen der starken sozialen Integration und der weiteren Anforderungen in diesen Bereichen als relativ hoch anzusehen.

Gesondert zu betrachten sind zwei andere Bereiche: Der kirchlich-religiöse Bereich weist ein geringes Umfeld aktiv Beteiligter auf. Am Nachwuchs allein kann dies nicht liegen, denn für jüngere Menschen ist dies ein wichtiger Engagementbereich, ebenso für Erwachsene in der zweiten Lebenshälfte. Frauen sind hier in der Mehrheit. Bei eher geringem Zeitaufwand sind die Bindungen meist sehr langfristig. Anstöße kamen vorrangig von leitenden Personen. Eine Besonderheit ist die geringe Bedeutung dieses Bereichs in den neuen Bundesländern. Der mittelgroße Bereich „Unfall-, Rettungsdienste, Feuerwehr" wird durch den Einstieg junger Menschen geprägt, der häufig aus deren sozialer Einbindung in Familie und Peer Group resultiert und in ein Langzeitengagement einmündet. Er ist überwiegend für das Engagement von Männern und in besonderem Maß auch von Arbeitern offen. Querverbindungen bestehen kaum.

Zugangswege zu verschiedenen Organisationsformen des freiwilligen Engagements

Kritische Stimmen behaupten, dass die tradierten Organisationsformen den Bedürfnissen der Menschen beim freiwilligen Engagement nicht ausreichend Raum lassen und daher für den Rückgang der Engagiertenzahlen mitverantwortlich wären. Diese Erklärung ist nach den vorliegenden Ergebnissen nicht ausreichend. Die Organisation, in der sich freiwilliges Engagement mit 43 % aller Tätigkeiten am häufigsten wiederfindet, ist der Verein, vor allem in den freizeitorientierten Bereichen. Vereine generieren ihren Nachwuchs an Freiwilligen vor allem durch Ansprache bereits aktiver Personen. Jeweils gleich große Anteile von Freiwilligen vereinen mit 13 bis 14% die Großorganisationen wie Parteien, Verbände und Gewerkschaften, andere Freiwilligenvereinigungen wie Selbsthilfegruppen, Initiativen, Projekte und selbstorganisierte Gruppen sowie die privaten und öffentlichen Einrichtungen und die Kirchen.

Einige Engagementbereiche zeichnen sich durch divergierende Organisationsformen aus, insbesondere der soziale und der gesundheitliche Bereich sowie die Jugend- und Bildungsarbeit. Vermutlich wird dort deshalb der Kontrast zwischen Großorganisationen und anderen Freiwilligenvereinigungen am deutlichsten empfunden, weil auch unterschiedliche Selbstverständnisse und Konzeptionen miteinander konkurrieren. In der Anziehungskraft für die verschiedenen Bevölkerungsgruppen unterscheiden sich die Organisationsformen jedoch nur wenig. Insbesondere gilt dies für die verschiedenen Altersgruppen.

Verbesserung der Zugangschancen zum freiwilligen Engagement

Die erhebliche Bedeutung persönlicher Anstöße bei der Übernahme freiwilliger Tätigkeiten führt zu der Frage nach dem Zugang für Menschen, die selbst über keine persönlichen Kontakte ins Milieu der Freiwilligen verfügen. Überraschend ist, dass von 56% der bereits Engagierten mehr Information und Beratung über Möglichkeiten zum freiwilligen Engagement als öffentliche Unterstützung eingefordert werden, ein größerer Anteil als bei finanziellen und ehrenden Maßnahmen. Engagierte in kleineren und problemorientierten Engagementbereichen sehen Information und Beratung am häufigsten als notwendige Unterstützung an. Vermutlich erkennen gerade dort die

Engagierten die Folgen geringer Transparenz und den vermehrten Bedarf an Öffentlichkeitsarbeit deutlicher (vgl. Abb. 2).

In Informations- und Kontaktstellen mit unterschiedlicher Ausrichtung wird diese geforderte Aufgabe bereits in Ansätzen wahrgenommen. Daher erfahren auch immer mehr Menschen von deren Existenz. Mehr als ein Viertel kennt eine Stelle in der jeweiligen Region. Fast 60% haben allerdings noch nichts von Informations- und Kontaktstellen gehört. Fünf Prozent hatten bereits Kontakt mit einer entsprechenden Stelle, das ist jede/r Sechste von allen, die davon Kenntnis haben. Das persönliche Interesse an einschlägigen Informationen ist jedoch mit 30% wesentlich höher. Auf die Bundesrepublik Deutschland hochgerechnet sind dies 18 Millionen Menschen, die damit Leistungen von Informations- und Kontaktstellen für sich selbst beanspruchen. Insofern existiert eine klare Diskrepanz zwischen erklärten Informationswünschen und deren Realisierung. Frauen, Menschen in der zweiten Lebenshälfte, am meisten die Senioren und Großstadtbewohner haben den besseren Kenntnisstand und profitieren bisher am meisten von den vorhandenen Informations- und Kontaktstellen. Engagierte in den großen, freizeitorientierten Bereichen und in Anbindung an Einrichtungen sind seltener über Kontaktstellen informiert als andere, am besten Engagierte in den kleineren Bereichen, in problemorientierten Feldern und der Interessenvertretung. Sie haben häufiger Kontakte zu diesen Stellen. Insofern stabilisieren Informations- und Kontaktstellen das dort vorhandene Engagement.

Die Förderung des freiwilligen Engagements ist zu Recht auf kommunaler Ebene angesiedelt, wo sich 80% der Freiwilligen engagieren. Gerade die Vielfalt der erbrachten Leistungen lässt im Zusammenhang mit ihrem örtlichen Bezug erkennen, welche Bedeutung das freiwillige Engagement für die Lebensqualität der Bürgerinnen und Bürger besitzt. Es mischen sich Elemente der Freizeitgestaltung, der Bildung, der Unterstützung für bedürftige Menschen mit partizipativen Aktionen und mit Organisationsleistungen, ohne die viele freiwillige Angebote im kommunalen Raum nicht existieren würden.

Die Leistungen von Engagement unterstützenden Einrichtungen werden wesentlich stärker von Frauen in Anspruch genommen als von Männern. Demnach werden sie dem höheren Interesse von bisher nicht engagierten Frauen gerecht. Sie fördern gleichzeitig die Chancen von Frauen zur Übernahme freiwilliger Tätigkeiten, deren tatsächliches Engagement bisher geringer ist als das der Männer.

Abb. 2: Informations- und Kontaktstellen und Informationsinteresse

In vielen Städten und Kreisen werden Freiwilligenagenturen, Selbsthilfe-
kontaktstellen und Seniorenbüros eingerichtet. ...
Haben Sie davon schon einmal gehört?
Gibt es eine solche Informations- oder Kontaktstelle in Ihrer Stadt oder in
Ihrer Region?
Haben Sie selbst schon einmal Kontakt mit einer solchen Informations-
oder Kontaktstelle gehabt?

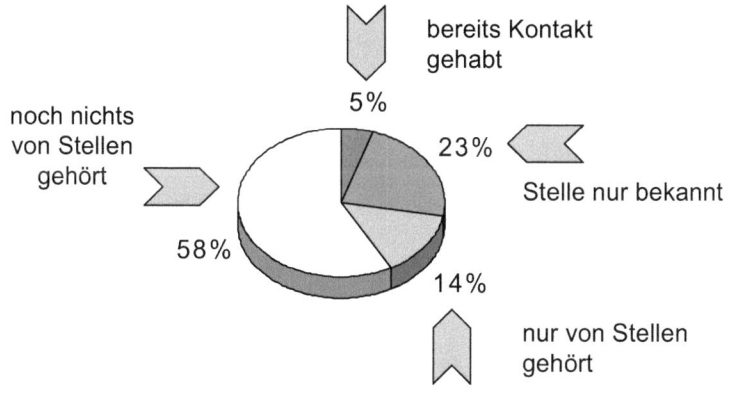

Wären Sie persönlich interessiert, sich bei einer solchen Stelle einmal
über Möglichkeiten für freiwilliges Engagement zu informieren?

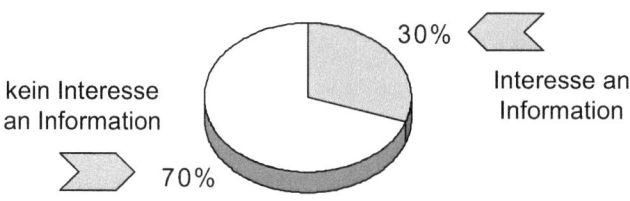

© ISAB-Institut Köln 4/2000, Projektverbund
Befragung zu freiwilligem Engagement in Deutschland. (n = 14.922)

195

Die Entscheidung, ob freiwilliges Engagement durch Information und Beratung öffentlich gefördert werden soll, ist auf politischer Ebene zu treffen. Sie wird aus Sicht der Bürgerinnen und Bürger für wichtig gehalten. Für die Gestaltung von Informations- und Kontaktangeboten lassen sich aus den Ergebnissen wichtige Hinweise ableiten.

Als Zielgruppen sind junge Menschen und Senioren wichtige, aber keineswegs die einzigen Zielgruppen. Vielmehr richten sich Information und Beratung zweckmäßigerweise an alle Bevölkerungsgruppen, auch unabhängig vom Engagement der Angesprochenen, um diese nicht nur beim Einstieg, sondern auch beim Wechsel in ein neues Engagement zu unterstützen. Für Menschen, die nicht oder nur wenig in für freiwilliges Engagement aufgeschlossene soziale Netze und soziokulturelle Milieus eingebunden sind, für benachteiligte Personen bei Bildung und Einkommen, für räumlich mobile Personen, teilweise auch für Frauen und für Bürgerinnen und Bürger in den neuen Bundesländern bestehen zum Teil erhebliche Zugangsprobleme ins freiwillige Engagement und damit ein besonderer Förderbedarf. Es sind deshalb zielgruppenspezifische Anspracheformen zu entwickeln.

Die Förderung kann nicht abstrakt auf freiwilliges Engagement im allgemeinen gerichtet sein, sondern auf bestimmte, den Zielgruppen angemessene Inhalte und Themen. Bisher noch nicht Engagierte sind eher auf lebensnahe Themen ansprechbar und leichter für die freizeitorientierten Bereiche zu gewinnen. Dagegen sind für freiwillige Tätigkeiten im sozialen und politischen Bereich mit größeren Erfolgschancen Personen im mittleren Lebensalter anzusprechen, die bereits Erfahrungen im freiwilligen Engagement haben.

Das Warten auf die Eigeninitiative von Interessenten lässt den größeren Teil des Potenzials unberücksichtigt. Eine aktive Ansprache erreicht weitere Kreise, wobei Formen der persönlichen Ansprache und Information erfolgreicher zu sein scheinen als mediale. Dabei erhöhen Wahlmöglichkeiten zwischen verschiedenen Organisationsformen die Chance auf eine Gewinnung für freiwilliges Engagement. In der Beratung ist zudem die Übereinstimmung zwischen fachlichen Anforderungen und den bei Interessenten vorhandenen Fähigkeiten und Fertigkeiten zu berücksichtigen.

Ob der Zugang zum freiwilligen Engagement tatsächlich gelingt, hängt somit nicht nur von der persönlichen Motivation, sondern auch von gesellschaftspolitisch beeinflussbaren Faktoren ab. Die gesellschaftliche Wertschätzung und Anerkennung des freiwilligen Engagements, die Rahmenbedingungen, die Verfügbarkeit von Informationen über Gelegenheiten zum Engagement sowie tatsächliche Unterstützung sind in hohem Maße entscheidend dafür, ob die Bereitschaft der Bürgerinnen und Bürger in einer bestimmten Lebenssituation in konkretes Tun und Engagement umgesetzt wird.

7. Engagementpotenziale in Deutschland

Helmut Klages
(Forschungsinstitut für Öffentliche Verwaltung, FÖV)

Ein dynamisches Modell des freiwilligen Engagements

Es gibt in der Bevölkerung Deutschlands eine starke und insgesamt anwachsende Engagementbereitschaft, die dazu geführt hat, dass zunehmend viele Menschen während ihres Lebensverlaufs ein freiwilliges Engagement aufgenommen haben. Es handelt sich bei diesem Engagement allerdings keinesfalls immer um eine Tätigkeit auf Lebenszeit. Vielmehr muss man offenbar davon ausgehen, dass sich sehr viele Menschen aus einem bestimmten Anlass oder auch in einer bestimmten Lebenssituation *auf Zeit* engagieren, wobei sie entweder von vornherein davon ausgehen, dass es sich nur um ein befristetes Engagement handelt, oder aufgrund von Umständen, die sich im Laufe des Lebenszyklus einstellen, zur Aufgabe des Engagements veranlasst werden – sei es, weil sie Kinder bekommen, denen sie zeitweilig ihre verfügbare Kraft widmen müssen, sei es, weil sie besonderen beruflichen Ansprüchen genügen müssen, oder sei es auch, weil sie krank werden oder umziehen. Geht man einmal fiktiverweise davon aus, dass tatsächlich die Hälfte dieser Menschen irgendwann ins Engagement zurückkehrt, dann erhält man das Bild einer fortwährend laufenden Zirkulationsbewegung ins Engagement hinein, aus dem Engagement heraus und wieder ins Engagement zurück, zu der immer wieder Neueintritte ins Engagement hinzuzurechnen sind, die irgendwann zu Austritten und nachfolgend zu Wiedereintritten führen.

Dieses Bild lässt sich durch die Hinzufügung der in der Befragung ermittelten Tatsache anreichern, dass die Menschen, die ins Engagement zurück wollen, keineswegs immer an denselben Ort, d.h. in dieselbe Organisation oder in dieselbe Gruppe zurück wollen und dass sie vielfach etwas ganz anderes als früher machen wollen. Man erhält, wenn man dies alles einbezieht, ein *dynamisches Möglichkeitsbild* des Engagements, welches von starken Ein- und Austrittsbewegungen erfüllt ist, die sich mit einer Wachstumstendenz verbinden. Es handelt sich hierbei allerdings nicht um ein Wachstum, bei dem sich gewissermaßen immer neue „Jahresringe" um bestehen bleibende ältere Jahresringe lagern. Vielmehr muss man ein Bild ineinander greifender Strömungen und Austauschbewegungen zugrunde legen. In gewisser Weise ähnelt dieses Bild den Strömungen und Austauschvorgängen, die sich am *Arbeitsmarkt* vollziehen, bei dem es ebenfalls ständige Neueintritte, Austritte und Wiedereintritte gibt, die man in den Blick fassen muss, wenn man seine Dynamik verstehen will.

Die vorliegende Untersuchung war primär als eine Querschnittserhebung angelegt, die Umfang und Strukturen des Engagements zu einem bestimmten Zeitpunkt Mitte 1999 beschreibt. Dabei wurden jedoch auch Verlaufsaspekte einbezogen, also Fragen des Zugangs ins freiwillige Engagement, Dauer und zeitliche Befristung der derzeitigen Tätigkeit, Zeitpunkt der Beendigung eines früheren Engagements und Gründe hierfür, wie auch Interessen an einem zukünftigen oder erweiterten Engagement. Das vorliegende Kapitel stellt die prospektive Sicht, also den Blick auf bestehende Engagementpotenziale, in den Mittelpunkt.

Der überraschend große Umfang des Engagementpotenzials

Als „Engagementpotenzial" bezeichnen wir diejenigen Personen, die nach eigener Angabe heute oder künftig bereit und interessiert wären, Aufgaben und Arbeiten im Bereich des freiwilligen, bürgerschaftlichen Engagements zu übernehmen. Ein solches Potenzial gibt es in verschiedenen Teilgruppen der Bevölkerung mit unterschiedlichen Ausgangsbedingungen und Erfahrungen in diesem Bereich:

• Unter den derzeit Engagierten sagt jeder Dritte, er bzw. sie „wäre bereit und in der Lage, sein bzw. ihr ehrenamtliches Engagement noch auszuweiten und weitere Aufgaben zu übernehmen, wenn sich etwas Interessantes bietet". Diese Teilgruppe des Potenzials kann man die „Expansiven" nennen, sie umfasst 11% aller Befragten.

• Unter den früher einmal engagierten Personen sagt fast jeder Zweite, er bzw. sie wäre „heute oder zukünftig interessiert, sich in Vereinen, Initiativen, Projekten oder Selbsthilfegruppen zu engagieren und dort Aufgaben oder Arbeiten zu übernehmen, die man freiwillig oder ehrenamtlich ausübt".[41] Diese Teilgruppe des Poten-

---

41 Neben denjenigen, die diese Frage mit einem klaren „ja" beantworten, sind dabei auch diejenigen einbezogen, die mit „vielleicht, kommt drauf an"

zials kann man die „Ehemaligen" nennen; sie umfasst 10% der Befragten.

- In der großen Gruppe derer, die bisher nie Tätigkeiten im Bereich des freiwilligen Engagements ausgeübt haben, wäre gut ein Drittel grundsätzlich daran interessiert, sich in dieser Weise zu engagieren. Diese Teilgruppe des Potenzials kann man die „Neuen" nennen; sie umfasst 16% der Befragten.

Diese drei Teilgruppen bilden zusammen das *Engagementpotenzial in Deutschland*. Es umfasst 37% der Bevölkerung, hochgerechnet also über 20 Mio. Menschen. Das Potenzial ist damit sogar größer als die Gesamtgruppe der derzeit Engagierten.

Dieses Ergebnis ist beeindruckend und weist auf die möglichen Erfolgschancen hin, die sich einer zukünftigen Engagementförderung bieten.

Standorte des Engagementpotenzials in Deutschland		
Freiwillig Engagierte 34%	Personen, die derzeit nicht engagiert sind 66%	
⇩	davon waren ...	
	früher einmal engagiert 31%	bisher nicht engagiert 67%
von diesen wären bereit und in der Lage, ihr Engagement noch auszuweiten 34%	von diesen wären heute oder zukünftig interessiert ...	
	sich wieder zu engagieren 47%	sich erstmals zu engagieren 37%
„Expansive"	„Ehemalige"	„Neue"
in % aller Befragten		
11%	10%	16%
Engagementpotenzial gesamt: 37%		

---

antworten. Wie die Analyse zeigt, sind sich die „Ja"- und die „Vielleicht"-Antworter in vieler Hinsicht sehr ähnlich.

Eine genauere Untersuchung der drei Teilgruppen des Potenzials erbringt allerdings auch eine Reihe von Befunden, die die Notwendigkeit einer aktiveren Engagementförderung erkennen lassen und zugleich auf spezifische Erfolgsfaktoren hinweisen, die bei einer Engagementförderung beachtet werden müssten.

Das Rückkehrproblem der „Ehemaligen"

Wie schon erwähnt, wird freiwilliges Engagement zunehmend „auf Zeit" ausgeübt – sei es weil die Aufgabe selbst befristet ist oder sei es, weil Ereignisse der individuellen Lebensführung – Kinder, Krankheiten, zeitweilige berufliche Sonderbelastungen oder Umzüge – zur Beendigung eines Engagements zwingen. Unter solchen Bedingungen einer ausgeprägten Diskontinuität kommt es entscheidend darauf an, dass Menschen, die einmal ins Engagement eingemündet sind, eine stabile Engagementdisposition aufbauen können, die die Fluktuation der Aufgabenstellungen und die Wechselfälle des Lebens überdauert und die stark genug ist, um sie zu Bemühungen um die Rückkehr ins Engagement zu veranlassen, sobald sich hierzu eine Gelegenheit ergibt.

Wäre diese Bedingung tatsächlich erfüllt, dann müsste sich bei der überwiegenden Mehrzahl der „Ehemaligen" ein Interesse an der Wiederaufnahme des Engagements finden. Tatsächlich ist dies aber, wie die obige Übersicht zeigt, nicht der Fall. Es sind nicht einmal 50% der ehemals Engagierten, die ein solches Interesse äußern, obwohl die Rückerinnerung an das frühere Engagement bei den allermeisten positiv gefärbt ist und in der Regel kaum irgendwelche gravierenden subjektiven Engagementhemmnisse geltend gemacht werden.

Es kommt aber hinzu, dass der überwiegende Teil der „Ehemaligen", die ein Rückkehrinteresse äußern, bereits seit mehr als 5 Jahren kein Engagement mehr ausgeübt hat, d.h. also bereits diejenige Zeitschwelle überschritten hat, vor deren Erreichung noch von einem direkten „Wiederanknüpfen" an die früheren Kontakte, Kenntnisse und Erfahrungen ausgegangen werden konnte. Mit anderen Worten funktioniert das „normative" Bild einer Fluktuation, welche die Menschen auf eine „glatte" und „zügige" Weise ins Engagement hinein, aus dem Engagement heraus und in nachfolgende Engagements hineinführt, in der Praxis nicht in einem ausreichenden Maße. Die Erstengagements entfalten offenbar nicht diejenige „Sozialisationswirkung", die zu dem wünschenswerten Aufbau einer Engagementdisposition führen würde, welche stark genug wäre, um im geeigneten Augenblick ein spontanes individuelles Handeln in Richtung von Nachfolge-Engagements in Gang zu setzen. Die „Ehemaligen" besitzen zwar nachweislich ein höheres Engagementinteresse als die bisher nicht Engagierten. Dieses Interesse führt aber – soweit es vorhanden ist – in einem Großteil der Fälle nur zu einem unentschiedenen Schwebezustand zwischen Wollen und Handeln und klingt, wie die Daten des Freiwilligensurvey 1999 zeigen, konsequenzenlos ab, wenn sich der zeitliche Abstand allzu sehr vergrößert.

Es kommt weiter hinzu, dass ein überraschend großer Teil der Ehemaligen gar nicht an derselben Stelle ins Engagement zurückkehren will, sondern ein Interesse daran äußert, ggf. etwas anderes zu machen, d.h. in andere Engagementfelder, andere Organisationen und andere Aufgabenbereiche einzumünden. Diese Tendenz zur „Mobilität im Engagement" kompliziert das Bild und lässt die rein individuelle, nicht von Unterstützungsstrukturen mitgetragene Lösung des sich abzeichnenden „Rückkehrproblems" noch unwahrscheinlicher werden.

Ungeachtet des beeindruckenden Bildes, welches der Grobüberblick über den Umfang des Engagementpotenzials vermittelt, zeichnet sich hier ein Problemsachverhalt ab, welcher dem Ausblick auf die weitere Entwicklung des Engagements ein Fragezeichen hinzufügt. Die Diagnose muss lauten, dass eine mangelnde Austauschdynamik als ein Systemdefizit des Engagements vorliegt. Die relativ große Zahl von rückkehrwilligen „Ehemaligen", über die man sich im ersten Augenblick freuen mag, erweist sich einerseits als zu niedrig, repräsentiert aber gleichzeitig auch einen „Stau" von Menschen, die zwar im Prinzip rückkehrwillig sind, die aber den Weg zurück nicht mehr rechtzeitig finden.

Das Engagementsystem arbeitet aufgrund dieses Sachverhalts mit einer Verlustquote, die eigentlich intolerabel ist und die darüber hinaus dazu veranlasst, ihm ungeachtet gegenwärtiger Wachstumstendenzen eine schlechte Prognose zu stellen.

Die „Neuen" als Kontrastgruppe

Die zweite Teilgruppe der Potenzialträger, die Gruppe der bisher noch nicht engagierten „Interessierten", hebt sich überraschend deutlich durch eine Reihe von strukturellen Besonderheiten von den

Engagierten ab und lässt sich insofern geradezu als eine Kontrastgruppe ansprechen.

Kurz zusammengefasst zeichnen sich die „Neuen" – in teils krassem Unterschied zu den Engagierten – durch eine Dominanz der Frauen, durch einen sehr hohen Anteil junger Menschen, durch einen relativ hohen Anteil von Volks- und Grundschulabsolventen und Arbeiter(innen), wie auch durch ein beträchtliches Gewicht der Schlechterverdienenden aus. Die „stille Reserve" des Engagements bei den bisher nicht Engagierten bringt also Gruppen ins Spiel, die im Engagement bisher unterrepräsentiert sind.

Die Aktualisierung des hier vorhandenen Potenzials muss dementsprechend eine Reihe von Sonderfragen aufwerfen, mit denen sich die Überlegungen zur Intensivierung der Engagementförderung bisher noch relativ wenig beschäftigt haben. Insbesondere ist damit zu rechnen, dass man die Menschen, um die es in dieser Gruppe geht, nur unter der Bedingung gewinnen kann, dass man den spezifischen Erwartungen gerecht wird, die sie an das Engagement herantragen.

Bei der Untersuchung dieser Erwartungen lässt sich feststellen, dass sich die „Neuen" mit den „Ehemaligen" überall da einig sind, wo es um den in beiden Fällen stark ausgeprägten Wunsch nach emotional erfüllenden Erfahrungen und Erlebnisgehalten des Engagements, um seine helfende Wirkung, wie auch um seine gesellschaftliche Anerkennung geht. Deutlich stärkere Erwartungen bringen die „Neuen" aber überall da ein, wo der persönliche Nutzen ins Spiel kommt, wobei besonders auffällt, dass der Abstand bei der Erwartung eines Nutzens für die beruflichen Möglichkeiten am größten ist.

Mit anderen Worten tragen die „Neuen" an das freiwillige Engagement neben „intrinsischen" Motiven, welche auf den gesellschaftlichen Wertewandel zurückverweisen, in einem stärkeren Maße auch eine Reihe von handfesteren Motiven heran, bei denen es nicht unbedingt ums Geld gehen muss, bei denen jedoch die generelle Erwartung, dass die freiwillige Tätigkeit für einen selbst etwas „bringen" muss, deutlich materiellere Züge annimmt. Es handelt sich hier um einen Unterschied der Motivlage, den man als eine „Nuance" betrachten mag, der aber mit Sicherheit in demjenigen Augenblick in Rechnung zu stellen sein wird, in welchem man sich Gedanken über eine zukünftige Engagementförderung macht, die in der Lage ist, eine Attraktivitätswirkung zu entfalten.

Für die Engagementförderung ist das weitere Ergebnis von Bedeutung, dass sich bei den „Neuen" – im Unterschied zu den „Ehemaligen" – erhebliche Engagementhemmnisse finden, die überwunden werden müssen, wenn mit ihrer Gewinnung für das Engagement gerechnet werden soll.

Abstände zwischen den beiden Gruppen sind insbesondere da deutlich, wo es um die Frage der verfügbaren Zeit, um den Kostenaufwand der freiwilligen Tätigkeit und um die Frage der persönlichen Eignung geht. Während die „Ehemaligen" diesen Fragen auf ihrem persönlichen Erfahrungshintergrund mit einiger Gelassenheit gegenüberstehen, offenbaren die „Neuen" dann, wenn sie daraufhin angesprochen werden, eine gewisse Irritation und Unsicherheit. Zusammen genommen beschäftigt sie die Frage, ob sie sich nicht überfordern, verzetteln und somit letztlich selbst schaden, wenn sie sich für das – grundsätzlich bejahte – Engagement entscheiden.

Hinzu kommt aber auch eine erhebliche Uninformiertheit darüber, welche Möglichkeiten es im Engagement gibt, ob man also mit ausreichender Treffsicherheit diejenige Tätigkeit finden kann, die auf einen selbst „passt". Erwartungsgemäß besitzen die „Neuen" weniger klare Vorstellung darüber, in welchem Bereich sie sich ggf. engagieren würden. Während die betreffende Frage bei den „Ehemaligen" – auch diese Zahl ist eigentlich erstaunlich niedrig und nur erklärlich, wenn man eine Absicht zur „Mobilität im Engagement" (vgl. oben) unterstellt – von 59% bejaht wird, sind es bei den „Neuen" nur 51%. Die „Neuen" wissen darüber hinaus weniger gut als die „Ehemaligen", mit wem sie Kontakt aufnehmen könnten, um sich genauer über die Möglichkeiten und Bedingungen des freiwilligen Engagements zu informieren. Die betreffende Frage wird von 78% bzw. 65% der Befragten in den jeweiligen Gruppen bejahend beantwortet. Kenntnisse über Informations- und Kontaktstellen für Menschen, die nach einer Möglichkeit für freiwilliges Engagement suchen, haben bei den „Ehemaligen" immerhin 50%, bei den „Neuen" dagegen nur 41%, d.h. deutlich weniger als die Hälfte von ihnen.

Unerfüllte Karriereerwartungen bei den „Expansiven"

Die Engagierten, die ein Interesse an der Ausweitung ihres Engagements kundtun, legen eher ein Bedürfnis nach der Beseitigung qualitativer Unterforderungen als nach vermehrter Auslastung zugrunde. Gleichzeitig ist der Wunsch nach „Mobilität im Engagement" (vgl.

oben) bei ihnen sehr ausgeprägt. Es handelt sich bei ihnen großenteils um hochmotiviert nachdrängende relativ jugendliche Aktive, die nicht im Vollbesitz der herkömmlichen Zugangsvoraussetzungen zu den Ämtern des Ehrenamts sind, weil sie die Handicaps aufweisen, dafür noch „zu jung" zu sein und kein ausreichendes soziales Ansehen in die Waagschale werfen zu können.

Aufschlussreich ist weiter, dass bei den Expansiven – oder jedenfalls bei Teilen von ihnen – ein deutlich größeres Interesse an einer *Verberuflichung der ehrenamtlichen Tätigkeit* vorliegt. Man wird bei der Interpretation dieses Ergebnisses Vorsicht walten lassen müssen. Ganz sicherlich wäre es übertrieben, wenn man feststellen würde, dass die Expansiven von der Freiwilligkeit und Ehrenamtlichkeit wegstreben. Viel eher wird man in Rechnung zu stellen haben, dass sie sich im Engagement finanziell benachteiligt fühlen, da sie nur in einem geringeren Maße als die Übrigen eine regelmäßige Vergütung erhalten. Man kann davon ausgehen, die Daten angemessen zu interpretieren, wenn man den Mittelweg wählt und den Expansiven ein Interesse daran zuschreibt, unter Ausgleich von Benachteiligungen im Engagement ein *höheres Professionalisierungsniveau* zu erreichen.

Auf dem Hintergrund ihrer unerfüllten Tätigkeits- und Geltungsansprüche neigen die „Expansiven" zu einer vermehrten Sensibilität für die ehrenamtspolitischen und organisatorischen Defizite des Engagements. Man wird es deshalb mit besonderer Aufmerksamkeit zu registrieren haben, dass sie stärker als die übrigen Engagierten Mängel bei der Unterstützung durch Hauptamtliche, Mängel bei der Ausstattung des Ehrenamts mit Sach- und Finanzmitteln, Mängel im Bereich der gesellschaftlichen und politischen Anerkennung und Absicherung des Ehrenamts, wie auch in besonderem Maße Mängel bei der Information und Beratung über die Möglichkeiten des Zugangs zum Engagement kritisieren.

Folgerungen für die Engagementförderung

Aus den Ergebnissen der Untersuchung über das Engagementpotenzial lassen sich neuartige Orientierungsgesichtspunkte für die zukünftige Engagementförderung ableiten, die nur aus dieser Perspektive sichtbar werden können.

Angesichts der Beobachtung schwerwiegender Fluktuationshemm-
nisse und „Staus" im gesellschaftlichen Umfeld des Engagements
und unausgeschöpfter Aktivitätspotenziale in seinem Innern legt es
sich zunächst nahe, die allgemeine Zielsetzung der Engagementförderung zu überdenken. Abstrakt formuliert sollte das *zentrale Leitziel
der Engagementförderung* die bestmögliche Organisierung von Ein-
tritts-, Austritts- und Wiedereintrittsprozessen sein, die eine dynamische Nutzung verfügbarer Engagementpotenziale auf einem höchst-
möglichen Niveau individueller Motivation und unter höchstmöglicher
Erfüllung individueller Mobilitätsbedürfnisse unter möglichst weitgehender Vermeidung von Energie- und Zeitverlusten gewährleisten,
welche auf das Wirken eigentlich beeinflussbarer und minimierbarer
Engagementhemmnisse innerer und äußerer Art zurückzuführen
sind.

Im Einzelnen wird aus den Äußerungen der Befragten *erstens* erkennbar, dass sich das Engagement bisher noch weitgehend in einer
unzureichenden *finanziellen* Situation befindet, und zwar *einerseits*
aufgrund einer bisher noch allzu mangelhaften Ausstattung mit Räumen und Sachmitteln, wie auch *andererseits* aufgrund einer bisher
noch allzu schwachen und mehr oder weniger zufällig erfolgenden
finanziellen Unterstützung, Entlastung und Absicherung der Engagierten.

Zweitens muss aber in einem besonderen Maße auffallen, dass in
der Spitzengruppe der Nennungen die Forderung nach „*besserer In-
formation/Beratung über Gelegenheiten zum ehrenamtlichen Engagement"* auftaucht.

In der Tat mangelt es hieran beim freiwilligen Engagement in einem
bislang noch kaum nachdrücklich und deutlich genug erkannten und
ausgesprochenen Maße.

Man kann das Vergleichsbeispiel des Arbeitsmarktes heranziehen,
um das Defizit zu entdecken, das beim freiwilligen Engagement bezüglich des Ausmaßes und der Qualität von Informationen besteht.
Zur Information, Beratung und Vermittlung von Arbeitsuchenden wird
in der Arbeitsverwaltung ein umfangreicher Apparat unterhalten, der
auf dichte Weise flächendeckend ist und der in seinen Dimensionen
darauf angelegt ist, in jedem Einzelfall eine zuverlässige Erfassung
zu gewährleisten und die jeweiligen Möglichkeiten einer Rückführung
in die Beschäftigung lückenlos auszuschöpfen.

Fragt man sich, wie es diesbezüglich beim freiwilligen bürgerschaftlichen Engagement steht, dem heute bezüglich seines gesellschaftlichen und politischen Funktionswert große Bedeutung zugesprochen wird, dann gelangt man zu einem vergleichsweise enttäuschenden Ergebnis.

Gewiss gibt es in Deutschland inzwischen einige hundert Freiwilligenbörsen, Informations- und Beratungsstellen, Ehrenamts- und Freiwilligenagenturen usw. Man kann insofern von Ansätzen zu einer informations- und beratungsfähigen „Infrastruktur" sprechen. Von einer ausreichenden Angebotsdichte für Informations- und Beratungsleistungen kann aber bisher keine Rede sein und die öffentlichen Fördermittel, die in diese meist kleinen Pioniereinrichtungen fließen, sind bisher sehr begrenzt. Charakteristischerweise gibt es über die Zahl der mit öffentlichen Mitteln geförderten Stellen dieser Art bisher noch keine zuverlässigen Informationen. Es ist aber davon auszugehen, dass weniger als die Hälfte von ihnen öffentliche Fördermittel erhält. Zwar hat man zunehmend erkannt, dass man mit der Förderung des freiwilligen Engagements viel Geld sparen kann. Es wurde aber bisher noch nicht in einem ausreichenden Maße erkannt, dass wirksames Sparen – auch im Fall des freiwilligen Engagements – kostet, dass, mit anderen Worten, in das freiwillige Engagement erst einmal investiert werden muss, bevor von ihm nennenswerte Leistungsbeiträge erwartet werden können. Engagement ist nicht zum Nulltarif zu haben.

Was wir heute brauchen, ist eine *ausreichend dichte, auf kommunaler Ebene angesiedelte „Infrastruktur"* von Informations- und Kontaktstellen für freiwilliges Engagement (oder Freiwilligen- bzw. Ehrenamtsagenturen und -börsen) in allen Bundesländern. In welcher Weise diese Informations- und Kontaktstellen organisatorisch ausgestaltet sein sollen, bei welchen Trägern sie am besten anzusiedeln sind usw., diese Fragen können an dieser Stelle völlig offen bleiben. Sie sind am besten in der Praxis unter den lokalen Akteuren selbst zu klären. An dieser Stelle geht es lediglich um die allgemeine Perspektive. Es lässt sich die These aufstellen, dass der „aktivierende Staat" von dem heute zu Recht die Rede ist, erst dann zur Realität wird, wenn in Deutschland eine dichte Infrastruktur von Engagementförderungsstellen vorhanden ist, die Informations-, Beratungs- und Vermittlungsaufgaben leisten können.

Im *Vorraum* einer solchen Infrastruktur, die wir brauchen, muss in Zukunft *drittens* eine *breitenwirksame Information und Aufklärung* unter Einsatz der *Medien* stehen. Man spricht heute – nicht zu Unrecht – davon, dass wir in einer „Informations- und Mediengesellschaft" leben. Wo und wie ist aber das freiwillige bürgerschaftliche Engagement, von dem nach zunehmender Überzeugung so viel abhängt, in der *Medienszene* deutlich wahrnehmbar präsent? Wird im Medienbereich für das Engagement auch nur ein Bruchteil dessen getan, was für die Herstellung eines rein konsumtiven und anstrengungslosen, der individuellen Bequemlichkeit gewidmeten und letztlich egoistischen Freizeitgenusses getan wird? Und konterkarieren die Medien mit ihrer vorherrschenden Unterhaltungs-, Erlebnis- und Freizeitorientierung nicht die Entstehung eines von Blockierungen befreiten und somit „gesunden" und leistungsfähigen Engagementsystems in unserer Gesellschaft?

Neben diesen fundamentalen Erfordernissen einer künftigen Engagementförderung dürfen *viertens* einige weitere Dinge nicht vergessen werden, welche die Attraktivität des freiwilligen Engagements und somit auch die Chancen zu einer Realisierung von Engagementinteressen beeinflussen und konsequenterweise von den Engagierten als den Kennern des Systems eingefordert werden.

Hierbei spielen die *Weiterbildungsmöglichkeiten*, die in der Tat bisher noch unterentwickelt sind, eine herausragende Rolle.

Sehr wichtig sind aber auch Dinge, die innerhalb der Organisationen der Freiwilligentätigkeit selbst geleistet werden müssen. Bei der – ebenfalls in den Wunschlisten der Engagierten auftauchenden – „fachlichen Unterstützung der Tätigkeit" geht es nicht nur ums Geld, sondern auch um ein *verändertes Verhältnis zwischen Hauptamtlichen und Freiwilligen*. Die Hauptamtlichen müssen lernen, als Helfer der Freiwilligen tätig zu sein, nicht als deren Vorgesetzte und Meister. Es betrifft dies die sogenannte *„Kultur der Freiwilligkeit"*, von der ebenfalls heute oft die Rede ist, in einem ganz zentralen Maße.

Zu dieser Kultur gehört auch, dass man bei der Gestaltung der Tätigkeitsbedingungen der Freiwilligen in Zukunft viel stärker als heute auf die geänderten *Wertvorstellungen* der Menschen Rücksicht nimmt.

In vielen Organisationen hat man immer noch das Vergangenheitsbild des „selbstlosen" Helfers vor Augen, wenn man an Freiwillige denkt. Man kann dann natürlich nicht für Menschen mit Selbstentfaltungswerten, die „Spaß am Helfen" haben wollen, attraktiv sein. Die Leitgesichtspunkte, die man in Zukunft im Auge haben sollte, lassen

sich zu zwölf Erfordernissen von „Verantwortungsrollen" zusammenfassen, die grundsätzlich für alle Engagierten verfügbar sein sollten:

1. Spielraum für selbständiges und eigenverantwortliches Handeln und Entscheiden;

2. Chance zur Einbringung eigener Neigungen und Fähigkeiten;

3. Chance, auch und gerade subjektiv etwas „Sinnvolles" zu tun;

4. Chance zum ergebnisorientierten Handeln, d.h. zur Einbringung eines Interesses am Resultat der Tätigkeit – sei es auch nur um der Befriedigung des „idealistischen" Motivs, über ein „feedback" verfügen zu können, das eine Selbstbewertung anhand selbst-gewählter Erfolgsmaßstäbe erlaubt;

5. Zuerkennung von Verantwortlichkeit im Sinne der Möglichkeit, sich die Folgen eigenen Handelns – auch im Sinne rechtlicher Verbindlichkeiten – selbst zurechnen zu können;

6. Chance zum selbstorganisierten Teamwork;

7. Chance zur Selbstkontrolle;

8. Gewährleistung eines ausreichenden Könnens und Wissens; Einräumung von Chancen zu seiner Weiterentwicklung (Qualifi-zierungskriterium);

9. Einräumung großzügiger Flexibilitätschancen in zeitlicher Hin-sicht (= Chance zur Ausübung von „Zeitsouveränität");

10. Chance zur Beteiligung an der Festlegung von Tätigkeitszielen;

11. Gewährleistung einer „aktivierenden" Führung;

12. Chance zum Wechsel, zum Austritt (zur „Untreue") ohne Recht-fertigungszwang.

ANHANG

1. Methodische Anlage der repräsentativen Befragung
2. Das Fragenprogramm der Erhebung
3. Mitglieder des Projektbeirats

Anhang 1

Methodische Anlage der repräsentativen Befragung

Untersuchungsziel ist ein Gesamtüberblick zu freiwilligem Engagement in Deutschland, unter Einbeziehung verschiedener Formen wie ehrenamtlicher Tätigkeit, Freiwilligenarbeit und bürgerschaftlichem Engagement in Initiativen und Projektgruppen und Selbsthilfe. Dabei sollen Umfang, Art, Strukturbedingungen und Motivation freiwilligen Engagements dargestellt werden.

Dieses Untersuchungsziel ist nur mit einer repräsentativen Befragung zu erreichen, bei der die Bürgerinnen und Bürger selbst Auskunft darüber geben, ob sie als relevant erachtete Tätigkeiten ausüben oder nicht. Die Befragung muss daher zunächst die Gesamtbevölkerung einbeziehen; die Eingrenzung auf Personen mit freiwilligem Engagement erfolgt nicht vorab, sondern innerhalb des Interviews.

Im folgenden wird die methodische Anlage der repräsentativen Befragung kurz erläutert. Weitergehende Ausführungen zu einzelnen Aspekten finden sich im *Materialband*, a.a.O. (Fußnote in der Vorbemerkung).

Die Stichprobe

Grundgesamtheit der Befragung ist die Wohnbevölkerung Deutschlands ab 14 Jahren.[42] Diese Grundgesamtheit umfasst rd. 64 Mio.

---

42 Um exakt zu sein, muss die tatsächliche Grundgesamtheit beschrieben werden als „die deutschsprechende Wohnbevölkerung in Privathaushalten mit Telefonanschluß". Personen in Anstaltshaushalten (Alten- und Pflegeheime, Wohnheime, Gefängnisse usw.) werden nicht befragt. Personen, die über keine ausreichenden Deutschkenntnisse für ein Interview verfügen, können ebenfalls nicht befragt werden. Dasselbe gilt bei telefonischen Befragungen natürlich auch für Haushalte ohne Telefonanschluss; diese machen rd. 4% aller Haushalte aus.
Die wichtigste systematische Unterrepräsentation in der realisierten Stichprobe, die aus diesen und anderen Gründen entsteht, betrifft den Anteil der Personen mit ausländischer Staatsangehörigkeit. Sie sind in der Stichprobe mit 3% vertreten, während ihr Anteil in der Grundgesamtheit rd. 8% beträgt.

Menschen. Diese sollen durch eine Stichprobe von rd. 15.000 Personen repräsentiert werden. Die Stichprobe stellt dabei ein verkleinertes Abbild der Wohnbevölkerung dar. Wenn dies methodisch zuverlässig realisiert wird, können die Ergebnisse der Befragung verallgemeinert werden und als Aussagen über die Verhältnisse in der Bevölkerung insgesamt gelten.

Die Befragungspersonen werden nach einem Zufallsverfahren ausgewählt. Grundlage ist im vorliegenden Fall das Infratest-Telefonhaushalts-Master-Sample (ITMS). Dieses ist durch eine sehr differenzierte Schichtung nach regionalen Kriterien auf Ebene der Gemeinden, in Großstädten bis hinunter auf die Ebene der Stadtbezirke, gekennzeichnet. Durch Anwendung des sogenannten Random-Last-Digits (RLD)-Verfahrens ist die Telefonstichprobe repräsentativ für *alle* Telefonnummern, einschließlich der nicht ins Telefonverzeichnis eingetragenen Anschlüsse. Wegen der hohen Telefondichte der Privathaushalte in Deutschland (96%) werden auf diese Weise weitgehend alle Privathaushalte erfasst. Innerhalb der Haushalte wird eine Person nach einem Zufallsschlüssel als Befragungsperson bestimmt.

Das Verfahren gewährleistet, dass — mit den erwähnten Einschränkungen — alle Personen der Grundgesamtheit die gleiche Chance haben, in die Befragung einbezogen zu werden. Nicht erreichte Haushalte werden bis zu sechsmal zu verschiedenen Tageszeiten angerufen.

Da die Teilnahme an der Befragung freiwillig ist, kann nicht ausgeschlossen werden, dass aufgrund der Nichtteilnahme bestimmte Personengruppen unterrepräsentiert und andere dementsprechend überrepräsentiert sind. Dies kann in einem gewissen Umfang durch einen Vergleich der Stichprobenstruktur mit Bevölkerungsstatistiken der amtlichen Statistik festgestellt werden. Soweit Abweichungen auftreten, werden diese durch eine sogenannte „Gewichtung" rechnerisch korrigiert.

In der vorliegenden Erhebung wurde durch die vorgenommene Gewichtung sichergestellt, dass die Stichprobe im Hinblick auf die Verteilungen nach

- Bundesland
- Gemeindegrößenklassen (BIK)
- Geschlecht
- Altersgruppen

mit der amtlichen Bevölkerungsstatistik übereinstimmt. Dies gilt nicht nur für die bundesweite Stichprobe, sondern auch auf der Ebene der Bundesländer.

In Bezug auf die Bundesländer ist die Stichprobe disproportional angelegt. Die Zahl der Interviews in den kleineren Bundesländern wurde auf eine Mindestgrenze von rd. 900 Befragten angehoben. Dadurch ist die Fallzahl groß genug, um Analysen auf Länderebene zu ermöglichen.[43]

Interviewmethode

Die Befragung wurde mit computerunterstützten telefonischen Interviews (CATI) durchgeführt.

Die telefonische Befragung ist im vorliegenden Fall die Methode der Wahl, weil schwer antreffbare Personen — dazu gehören sicher auch viele freiwillig und ehrenamtlich Engagierte — über das Telefon besser zu erreichen sind als mit persönlichen Interviews in der Wohnung (face to face).

Die Computerunterstützung des Interviews ermöglicht eine automatische Steuerung der Fragenabläufe im Interview. Für die vorliegende Untersuchung war dies von großem Wert, weil das Fragenprogramm damit in der gewünschten Komplexität angelegt werden konnte. Ohne Computerunterstützung wäre das anspruchsvolle „Messkonzept" für die Erfassung freiwilligen Engagements in dieser Untersuchung kaum zu realisieren gewesen. Für eine Übersicht zum Fragenprogramm verweisen wir auf Anhang 2.

Durchführung der Befragung

Nach einem Pretest im März 1999 wurde die Haupterhebung in der Zeit von Anfang Mai bis Ende Juli 1999 durchgeführt. Für die Befragung wurden geschulte Telefoninterviewer des Infratest-Stabes in

---

43 Nähere Erläuterungen und tabellarische Ergebnisse finden sich im Bericht „Bundesländer im Vergleich", a.a.O. (vgl. Fußnote in der Vorbemerkung).
Für die kleinsten zwei Bundesländer wurde auf eine Stichprobenaufstockung verzichtet. Bremen wurde mit Niedersachsen zusammengefasst, das Saarland mit Rheinland-Pfalz.

fünf Telefonstudios eingesetzt (München, Frankfurt, Bielefeld, Berlin, Parchim). Alle Studios arbeiten nach denselben Standards und sind an das zentrale System der Stichprobensteuerung angeschlossen.

Von den zufällig ausgewählten Befragungspersonen haben 55% an der Befragung teilgenommen. Die realisierte Stichprobe umfasst

14.922 Interviews
    darunter
10.010 aus der bundesweiten Basisstichprobe
 4.912 aus den Länderaufstockungen.

Die Länderaufstockungen auf mindestens 900 Befragte pro Land kommen insgesamt den neuen Ländern stärker zugute als den alten Ländern. So erhöht sich durch die Aufstockung die Zahl der Interviews

in den alten Ländern von   7.832 auf 9.517
in den neuen Ländern von   2.178 auf 5.405.

Für bundesweite Auswertungen wird die Stichprobe im Rahmen des Gewichtungsmodells „re-proportionalisiert". Durch einen rechnerischen Faktor erhält jedes Bundesland das Gewicht, das seinem Bevölkerungsanteil im Bund entspricht.

Prüfung und Hochrechnung der im Interview beschriebenen freiwilligen, ehrenamtlichen Tätigkeiten

Die befragten Personen konnten im Rahmen des Erhebungskonzepts theoretisch bis zu 30 Tätigkeiten im Bereich des freiwilligen, ehrenamtlichen Engagements nennen, die sie ausüben. Bis zu 10 Nennungen pro Person kamen tatsächlich vor. Aus diesen wurden im Interview zwei Tätigkeiten ausgewählt und genauer beschrieben: (1) die Tätigkeit, für die man am meisten Zeit aufwendet, (2) und aus den übrigen eine zufällig ausgewählte weitere Tätigkeit.

Die befragten 14.922 Personen haben im Interview insgesamt 7.769 Tätigkeiten angegeben. Ob die genannte Tätigkeit den Kriterien für die Definition freiwilligen, ehrenamtlichen Engagements entspricht, wurde im Rahmen der Datenprüfung überprüft. Die Zahl der als gültig akzeptierten Tätigkeitsangaben verringerte sich dadurch um 3,5% auf verbleibende 7.500 Tätigkeitsangaben.

Ein „unscharfer Rand" in der Abgrenzung freiwilligen Engagements ist allerdings nicht zu vermeiden. Von den 7.500 Tätigkeitsangaben wurden 630 als Angaben im Unschärfebereich gekennzeichnet. In den meisten Fällen ist hier unklar, inwieweit über die bloße Mitgliedschaft oder das Mitmachen hinaus wirklich „Aufgaben oder Arbeiten" übernommen werden. In einigen Fällen handelt es sich um Tätigkeiten im Übergangsbereich zwischen ehrenamtlicher und nebenberuflicher Tätigkeit. Letztlich schien es aber angemessen, die Einstufung der Tätigkeit durch die Befragten zu akzeptieren. Selbst wenn man hier strengere Kriterien anlegen würde, würde dies die ermittelte Quote freiwillig engagierter Personen um nicht mehr als 3 Prozentpunkte verringern.

Auch die Zuordnung der Tätigkeiten zu den 15 vorgegebenen Engagementbereichen wurde überprüft. Korrekturen wurden auch hier nur auf eindeutige Fehlzuordnungen beschränkt. Dies betraf rd. 6% der genannten Tätigkeiten. Oft kann eine Tätigkeit jedoch durchaus mit Recht verschiedenen Bereichen zugeordnet werden. Im Zweifelsfall wurde daher die Zuordnung akzeptiert, die die Befragten selbst vorgenommen haben.

Für 5.485 der 7.500 Tätigkeiten liegen im Interview erfragte genauere Merkmalsprofile vor. Die Auswertung stützt sich in weiten Teilen nur auf diese Auswahl von Tätigkeiten. Wegen der Auswahlkriterien im Interview sind dabei die weniger zeitaufwendigen Tätigkeiten unterrepräsentiert. Dieser Effekt wird in der Auswertung durch ein speziell entwickeltes Gewichtungsmodell („Tätigkeiten-Gewichtung") korrigiert. Dadurch sind unverzerrte Aussagen zu Strukturen und Verteilung *aller* freiwilligen ehrenamtlichen Tätigkeiten möglich.

Die einzelne Person kann mehrere Tätigkeiten im Bereich des freiwilligen Engagements ausüben. In der Analyse ist daher zu unterscheiden, ob Aussagen sich auf Merkmale der *Person* beziehen oder auf Merkmale einer von ihr ausgeübten *Tätigkeit*. Der Datenbestand ist so aufbereitet, dass er wahlweise — je nach Fragestellung — entweder personenbezogen oder tätigkeitsbezogen ausgewertet werden kann.

Anhang 2

Das Fragenprogramm der Erhebung

Ehrenamtliche Tätigkeiten:
sozialer und ökonomischer Kontext

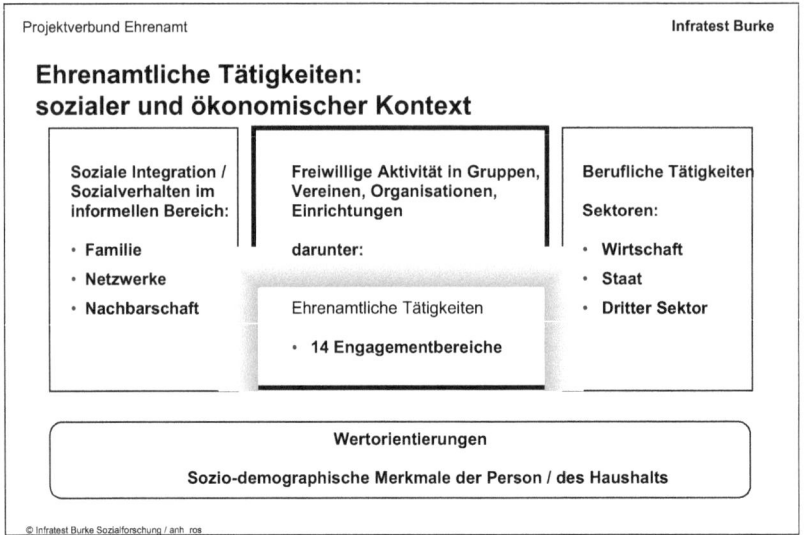

Struktur des Fragebogens

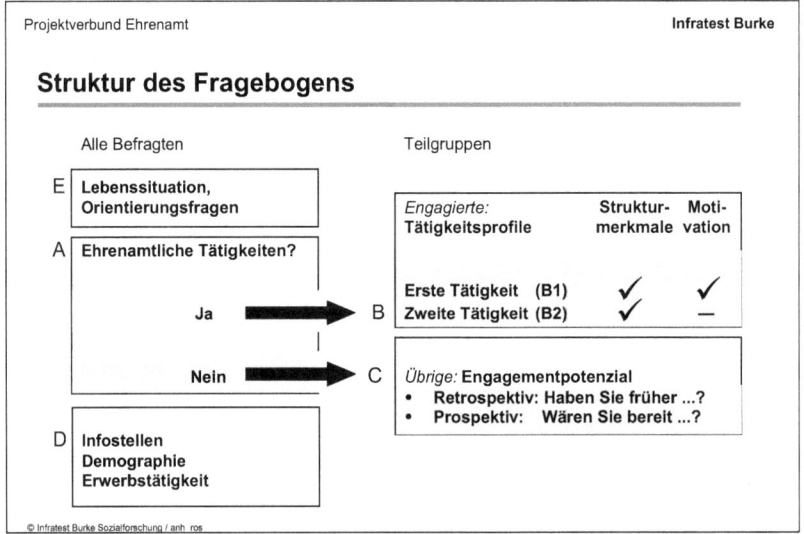

218

Übersicht über das Fragenprogramm

Teil E: Einführungsfragen

E1	Geschlecht
E2	Geburtsjahr
E3	Erwerbsstatus
E4	Falls Schüler/in Ausbildung: Art der Ausbildung
E5	Seit wann lebt man am Wohnort?
E6	Wie gern?
E7	Freundes- und Bekanntenkreis
E8/E9	Zahl der Personen im Haushalt
E10	Mit wem lebt man zusammen?
E10a	Alter des jüngsten Kindes
E11	Betreuungsperson des Kindes
E12	Gibt es eine pflegebedürftige Person?
E12a	Falls ja: Wer ist die pflegebedürftige Person?
E12b	Wer ist die Hauptpflegeperson?
E13	Unterstützungsleistungen/Nachbarschaftshilfe, die man erhält
E14	Unterstützungsleistungen/Nachbarschaftshilfe, die man selbst leistet
E15	Zugehörigkeit zu einer Konfession/Religionsgemeinschaft
E15a	Falls ja: Konfession
E15b	Kirchenbindung
E16	Politisches Interesse

Teil A: Erfassung ehrenamtlicher Tätigkeiten

A1	Aktive Beteiligung in 15 möglichen Aktivitäts- bzw. Engagementbereichen
A2	Definition „ehrenamtliches Engagement"
A3(X)	Ist man in Bereichen, in denen man sich aktiv beteiligt, auch ehrenamtlich engagiert? (Abfrage pro Bereich)
A3(X)1	Offene Texterfassung: Gruppe/Organisation/Einrichtung, in der man tätig ist; Aufgabe/Funktion oder Arbeit, die man dort ausübt
A3(X)2	Desgleichen für eine eventuelle zweite ehrenamtliche Tätigkeit bzw. Organisation im gleichen Engagementbereich
A4	Auflistung aller genannten ehrenamtlichen Tätigkeiten (bis zu 30 mögliche Nennungen); Überprüfung der Nennungen auf eventuelle Doppelnennungen, die im folgenden dann nicht berücksichtigt werden
A5	Falls mehr als eine ehrenamtliche Tätigkeit ausgeübt wird: Für welche wendet man am meisten Zeit auf? (Diese Tätigkeit wird in Teil B1 näher beschrieben)
A6	Zeitaufwand pro Woche für das gesamte ehrenamtliche Engagement
A7	Bereitschaft, weitere ehrenamtliche Aufgaben zu übernehmen
A8	Alter, in dem man sich erstmals ehrenamtlich engagiert hat
A9	Bedeutsamkeit ehrenamtlichen Engagements im eigenen Leben
A10	An Arbeitslose, die ehrenamtlich engagiert sind: Seit wann arbeitslos?
A11	Ehrenamtliches Engagement schon vorher oder danach?
A12	Wenn vorher: Seit Beginn der Arbeitslosigkeit ausgeweitet oder verringert?

Teil B1: **Strukturmerkmale und Motivationsfaktoren der ehrenamtlichen Tätigkeit, für die man am meisten Zeit aufwendet**

B1-0	Begriff, der das Engagement am besten beschreibt
B1-1	Personenkreis, um den es geht
B1-2	Organisatorischer Rahmen
B1-3	Lokale oder überregionale Orientierung der Gruppierung/Organisation
B1-4	Wenn überregional: Ist man selbst auch überregional tätig?
B1-5	Hauptinhalt der eigenen Tätigkeit
B1-6	Wenn Unfall- oder Rettungsdienst/freiwillige Feuerwehr: Ersatz für Wehrdienst oder Zivildienst?
B1-7	Wahlamt
B1-8	Leitungs- oder Vorstandsfunktion
B1-9	Ausübung allein oder im Team
B1-10	Qualifikatorische Voraussetzungen
B1-11	Anforderungen der Tätigkeit
B1-12	Fühlt man sich den Anforderungen gewachsen?
B1-13	Gibt es Weiterbildungsangebote?
B1-13a	Falls ja: Selbst schon teilgenommen?
B1-14	Interesse an einem „Tätigkeitsnachweis"
B1-15	Ist die Tätigkeit mit regelmäßigen zeitlichen Verpflichtungen verbunden?
B1-15a	Zeitliche Lage der Tätigkeit
B1-16	Zeitaufwand für die Tätigkeit: Häufigkeit
B1-17	Stunden pro Monat
B1-18	Erstattung von Auslagen
B1-19	Vergütung für die Tätigkeit
B1-20	Falls ja: Regelmäßig oder gelegentlich?
B1-21	Ist Vergütung angemessen?
B1-22	Höhe der Vergütung
B1-23	Wird die Tätigkeit von anderen Personen gegen Bezahlung ausgeübt?
B1-23a	Falls ja: Wäre man persönlich daran interessiert?
B1-24	Zusammenhang ehrenamtliche Tätigkeit mit beruflicher Tätigkeit
B1-25	Erwartungen, die man mit der ehrenamtlichen Tätigkeit verbindet
B1-26	Erfüllung dieser Erwartungen
B1-27	(entfällt, ist jetzt B1-1)
B1-28	Seit wann übt man die Tätigkeit schon aus?
B1-29	Anstoß, die Tätigkeit zu übernehmen
B1-30	Initiative dafür
B1-31	Zeitliche Begrenzung der Tätigkeit
B1-32	Schwierigkeit, die Aufgabe abzugeben
B1-33	Eigene Präferenz für Ausweitung/Einschränkung/Aufgeben der Tätigkeit
B1-34/35	Bewertung von Vorschlägen zur Verbesserung der Rahmenbedingungen ehrenamtlichen Engagements
B1-36	Überleitungstext zur zweiten Tätigkeit oder zum Schlussteil

Teil B2: *Strukturmerkmale der zweiten ehrenamtlichen Tätigkeit* [44]

Identisch wie Fragenblock B1,
jedoch ohne die Fragen 25 — 26, 29 — 30 und 34 — 35.

---

44 Falls mehr als zwei ausgeübt werden, wird eine davon zufällig ausgewählt.

Teil C: Engagementpotenzial bei Nichtengagierten

C1	Früher ehrenamtlich engagiert?
C2	Falls ja: In welchen Bereichen?
C3	Wann beendet?
C4	Bewertung aus heutiger Sicht
C5	Eventuelle persönliche Gründe für Beendigung
C6	Andere Gründe für die Beendigung
C7	Interesse, sich künftig ehrenamtlich zu engagieren
C8	Falls ja: Schon genauere Vorstellungen?
C9	Bereich/Bereiche, für die man sich interessiert
C10/11	Informationsstellen, an die man sich ggf. wenden würde
C12	Erwartungen an ein mögliches ehrenamtliches Engagement (Motive)
C13	Gründe, die gegen ehrenamtliches Engagement sprechen

Teil D: Schlussteil (wieder an alle Befragte)

D1	Bekanntheit von Informations- und Kontaktstellen
D2	Falls ja: In der Region vorhanden?
D3	Selbst schon Kontakt gehabt?
D4	Persönlich interessiert an Informationen?
	Fragen zu beruflichen Tätigkeiten:
D5a	Falls derzeit nicht erwerbstätig: Übt man irgendeine bezahlte Tätigkeit aus? (Falls ja, beziehen sich die berufsbezogenen Fragen auf diese bezahlte Tätigkeit)
D6	Wöchentliche Arbeitszeit
D7	Geringfügige Beschäftigung?
D8	Wenn derzeit ohne bezahlte Tätigkeit: Früher erwerbstätig? (Falls ja, beziehen sich die folgenden berufsbezogenen Fragen auf die frühere berufliche Tätigkeit)
D9	Entsprechender Überleitungstext
D10/11	Berufliche Stellung
D12	Berufliche Tätigkeit (Berufsbezeichnung als Text)
D13	Wirtschaftsbereich
D13a	Falls gemeinnützig/nicht gewinnorientiert: Art der Einrichtung/des Verbands
D14	Funktion als Betriebsrat/Personalrat
D15	Bewertung der eigenen finanziellen Situation
D16	Haushaltsnettoeinkommen
D17/18	Geldspenden in den letzten 12 Monaten
D19	Staatsangehörigkeit
D20	Ableistung von Wehrdienst oder Zivildienst
D21	Ableistung eines freiwilligen sozialen Jahres
D22	Höchster Bildungsabschluss
D23	Wertorientierungen

Anhang 3: Mitglieder des Projektbeirats

Frau Gabriele Albrecht-Lohmar	Bundesministerium für Bildung und Forschung
Herr J. R. Hoppe	Deutscher Verein für öffentliche und private Fürsorge
Herr Heinz Janning	Arbeitsgemeinschaft der Freiwilligenagenturen c/o Freiwilligenagentur Bremen
Herr Prof. Dr. Peter Mohler	ZUMA Zentrum für Umfragen, Methoden und Analysen
Frau Dr. Neubauer	Bundesarbeitsgemeinschaft der Seniorenorganisationen
Herr Dr. Martin Nörber	Hessischer Jugendring als Vertreter des Deutschen Bundesjugendrings
Frau Dr. Gisela Notz	Friedrich-Ebert-Stiftung Forschungsabt. Zeitgeschichte
Herr Prof. Dr. Thomas Olk	Martin-Luther-Universität Halle-Wittenberg
Frau Prof. Dr. Irmtraut Paulwitz	Evangelische Fachhochschule für Soziale Arbeit Reutlingen – Ludwigsburg
Herr Ludwig Pott	Bundesverband Arbeiterwohlfahrt, als Vertreter der Bundesarbeitsgemeinschaft der Freien Wohlfahrtspflege
Herr Dr. Eckhard Priller	Wissenschaftszentrum Berlin für Sozialforschung
Herr Prof. Dr. Thomas Rauschenbach	Universität Dortmund
Frau Regina Riedel	DAG Selbsthilfegruppen e.V.
Frau Gabriele Schulz	Deutscher Kulturrat
Frau Viola Seeger	Robert Bosch Stiftung
Frau Dr. Ursula Sottong	Deutscher Frauenrat
Herr Manfred Spangenberg	Deutscher Sportbund

MIX
Papier aus verantwortungsvollen Quellen
Paper from responsible sources
FSC® C105338

If you have any concerns about our products,
you can contact us on
ProductSafety@springernature.com

In case Publisher is established outside the EU,
the EU authorized representative is:
Springer Nature Customer Service Center GmbH
Europaplatz 3, 69115 Heidelberg, Germany

Printed by Libri Plureos GmbH
in Hamburg, Germany